中國三部曲：之三

裂變中國

冷戰、霸權秩序與兩岸外交

Divided China in Transit: Cold War, Hegemonic Order and Cross-Strait Foreign Relations

蔡東杰

從莫斯科到遠東 一九一八—一九四九

起自一九四九年之中國外交史（或兩岸之對外關係）所以具有特殊性，至少直到二十世紀末為止，原因主要來自兩岸之間因競逐單一主權與正統性所引發的對立、衝突與相互牽制。儘管如此，值得注意的是，承緒中國自清季以來的國際弱勢地位，此期間之衝突緣由，最初雖基於不同政治團體為爭取統治權所致，外部因素（特別是若干與中國關係密切的強權國家）所佔之關鍵地位實不容忽視。至於相較多數人或更關切美國扮演的角色，此處則試圖將起點拉到一九一七年後開始發生質變的中蘇關係上。如同毛澤東的名言一般，「十月革命砲聲一響，給我們送來了馬克斯列寧主義」，事實上，俄國革命送來的絕不只是思想，更是一個歷史轉捩點。

新時代、新蘇聯與新中國

國際結構重組與革命浪潮　兩岸之分裂與競爭固然源自冷戰，但所謂冷戰絕不單單只是由於美蘇雙方利益存在不可妥協之處罷了。為了更深入理解其來龍去脈，我們需要一個更宏觀敘事之框架來加以指引，至於其起點則是在一次大戰摧毀舊秩序後，未來混沌未明又充滿各種可能的一九二〇年代。

一九二〇年代的世界顯然正邁向一個嶄新的階段。由於其具有之特殊意義，個人將它稱之為「一個重整的時代」（a re-constructed era）。前述名詞帶有兩個重要的描述性意涵：首先是「舊世界」（特別指十八世紀以來的歐洲）在經歷第一次大戰創傷後，試圖重建自身結構及社會價值秩序之過程；其次則是「新世界」（歐洲以東的地區，包括俄國和整個亞洲）藉此契機努力思索自我轉型之道，希冀能拉近與進步西方的距離。至於美國，此際不啻是蟄伏在側、猶豫不決但伺機而動的旁觀者。

與歐洲在十五、六世紀自視為舊大陸不同，在此所謂「新舊」之分，是指在邁向現代時期（Modern Age）後，歐洲以其「先驅者」角色首先進入產業革命階段，繼之又以十九世紀一連串社會主義思潮及政治改革措施重組其社會結構，最終使得以歐洲為首的區域，加上北美洲以及拉丁美洲，形成具有一定「文化凝聚力」的世界核心地帶，從而扮演著推動全球化浪潮的火車頭。相對於歐洲，後起的俄國與亞洲不啻是新加入的夥伴。儘管前者自十九世紀以來始終被視為是歐洲權力平衡體系的一員，實則在認知上始終是西歐眼中的「他者」。它們普遍具有傳統的社會特徵，例如農民仍佔據人口絕大多數，缺乏足夠中產階級，以及處於工業化初期階段（甚至還未工業化）等，和工業革命前歐洲的發展狀況頗為類似。無論如何，在十九世紀末葉，部分農民由於內部政治動亂而自願或被迫地脫離解體中的農村，加入並成為城市工人先驅，創造了有限的資產階級，社會主義思潮則正逐漸萌芽。

為了解決歐洲資本滲透與內部社會動盪所帶來的壓力，部分「新世界」國家紛紛推動制度變革以圖自救，俄羅斯與中國都不例外。不過，如同托克維爾的真知灼見，「經驗告訴我們，對一個壞政府來說，最危險的時刻通常就是它開始改革的時候，……革命往往並非爆發於被苛政折磨最深之時，而是情況開始改善，人們有了呼吸空間、開始省思、相互溝通想法，並依據過去狀況來衡量自己的權利與苦痛之際，桎梏雖已減輕，反而顯得更加讓人難以忍受。」[1]這段文字雖針對十八世紀末的法國，卻與十九世紀末俄羅斯與中國統治者的處境有著驚人的相似性。在中國於一九一一年迎來一個「意外成功的革命」後，第一次世界大戰則為俄國轉型提供了關鍵催化劑。

從某個角度看來，俄國革命看來也不無意外性，如同西克史密斯（Martin Sixsmith）所言，至少針對一九一七年的「二月革命」，「這場起事沒有計劃，未經協調，連職業革命家也只能跟在後面隨波逐流」，[2]當城市底層平民自發性走上聖彼得堡街頭時，當時流亡瑞士蘇黎世的列寧，[3]如同一九一一年在紐約獲知武昌起義訊息的孫文，瞬間都恍然有些超現實感受，但他隨即掌握情勢，高喊「土地、和平、麵包、自由」口號，結合了相對剝奪感與戰爭挫折，領導多數農民起而推翻控有全國一半以上土地，並擁有政治權力的地主（約僅兩萬人左右），同時企圖以激烈而從未被嘗試過的手段（一切權力歸於蘇維埃），設法加快社會轉型以趕上西方舊世界。於此同時，歐戰也暫時抑止了西方對中國繼續經濟滲透與傾銷，使其得以藉此契機擴大工業化腳步，一方面創造出少量城市工人，另則一股社會主義潮流也逐漸在知識界蔓延開來。

概言之，這也是個「變革的時代」，只不過西方社會是「由上而下」地在穩定方面下工夫，而東方的新世界則期盼「由下而上」去重建結構，並嘗試一種具挑戰性的，甚或全新的生活方式。

蘇聯的世界觀及其中國政策

以列寧為首的俄國理想主義者在一九一七年成功建立起一個新國家，這是世界上第一個共產國家，也是某種高度「烏托邦式社會主義」（utopian socialism）

1 托克維爾（Alexis de Tocqueville, 1805-59），法國思想家與法蘭西學院院士，著有《民主在美國》與《舊制度與大革命》等經典作品，本段文字摘自後者。

2 西克史密斯（Martin Sixsmith）著，周全譯，《俄羅斯一千年》（台北：左岸文化，二〇一五年），頁三〇一。

3 列寧（Nikolai Lenin, 1870-1924）和孫文（一八六六—一九二五）無論生卒年代與經歷都極其相似，兩人都出身於基本富裕且思想開明的家庭，都因革命而長期流亡海外，孫文在一八九五至一九一一年間離開中國，列寧則從一九〇〇至一九一七年出逃國外，甚至兩人繼任者史達林和蔣中正行事風格與控制政權手段亦極類似。

在現實中首次被大規模地實踐。

但列寧及其同伴的野心並不止於此，其目標是全世界。

俄國革命者高舉的大旗是，「行將到來的我們是其前鋒隊的世界革命，……屆時各國人民將聯合成一個大家庭。」[4]這和馬克思主義終極目標基本上一致，相較過去幾個世紀聚焦「西方中心」之狹隘歷史觀，這亦是第一個將目光投射至全球範圍的思想。正如列寧在全俄羅斯蘇維埃第四次非常代表大會中所言：「我們不但善於英勇地進攻，也善於英勇地退卻，等到國際社會主義無產階級幫助我們，我們就要在世界範圍內開始第二次社會主義革命。」[5]由此，「第三國際」於焉誕生，[6]列寧也進一步闡釋其目標，「第一國際奠定了對資本主義革命之工人國際組織的基礎，第二國際雖繼續推進無產階級革命運動，但投機取向終究拉低了它的革命水準，至於第三國際則致力去除投機主義、社會沙文主義和小資產階級思想垃圾，從而確實推行無產階級專政，目的是領導世界上最大規模的革命。」

值得一提的是，單就馬克思（Karl Marx）本人而言，其內在思想雖隱含有「世界革命」的擴張性，目光毋寧還是注視著歐洲的，但面對一九二〇年代「舊世界」透過各種福利措施重整社會結構，此起彼落的共產運動紛紛歸於失敗，於是迫使第三國際的領導者必須重估其革命道路。無論列寧在一九一三年所言「到歐洲去的捷徑是經過北京和加爾各答」，抑或托洛斯基的看法「歐洲的革命看來已經退到幕後，毫無疑問，我們本身也已經從西方退到東方；……國際形勢正以這樣的方式表現得十分明顯，即通往巴黎和倫敦的道路在於阿富汗、旁遮普和孟加拉的一些城鎮」，[7]都代表了蘇共領袖對其主義擴散路徑之反省，以及對人口明顯眾多且深具潛力之東方亞洲世界的重視。

雖然對歐洲外交仍舊是重中之重，為貫徹前述戰略想法，革命後的蘇聯對中國採取了「雙軌外交」政策，首先是以「宣言攻勢」爭取好感，另則以實際談判來維護固有利權。據此，蘇聯首先由外務委員會委員翟趣林（G. V. Chicherin）在一九一八年宣稱：「蘇俄自願放棄沙皇政府在滿州地區的掠奪所得，恢復中國在此地區的主權，……蘇俄同意放棄俄羅斯人在中東、蒙古、波斯一切的土地權，並準備放棄一切賠款，……如若獲得與中國之協議，蘇俄擬放棄中東路之特權，並將南滿支線售予日本。」[8]這段話基本上延續了一九一七年托洛斯基《和平命令》的政策精神，[9]也是加拉罕日後宣言的張本，[10]但具體意義不大，原因之一是它並非正式對外政

---

4 里德（John Reed），《震撼世界的十天》（北京：人民出版社，一九五七年），頁一四四。

5 中共中央編譯局，《列寧全集》，卷二十七（北京：人民出版社，一九五八年），頁一七二。

6 第三國際（Third International, Communist International, or Comintern, 1919-43）乃是由列寧領導成立之國際共產主義組織，總部設於莫斯科，二戰期間為拉攏英美而宣布解散。在此之前，由馬克思創建的國際工人協會（International Workingmen's Association, IWA, 1864-71）一般稱為「第一國際」，隨後由世界各地工人政黨共同成立之社會主義國際（Socialist International, 1889-1916）則被稱為「第二國際」。

7 郭恆鈺，《共產主義與工人革命》（台北：東大圖書公司，一九八九年），頁一一至一二。

8 王聿均，《中蘇外交的序幕》（台北：中央研究院近代史研究所，一九七八年），頁四八。

策，其次則中國方面早在六個月前便已接收中東路並進行改組。不過，蘇聯仍在一九一九年趁「五四運動」民情輿論激昂之際展開第二波攻勢，加拉罕發表〈致中國國民及北方與南方政府宣言〉，此即所謂〈第一次對華宣言〉，強調蘇聯政府「即將俄皇政府自行侵奪，或偕日本及其他聯盟國共同侵奪之中國人民之所有者，一概歸還中國人民。……將中東路及租讓之一切礦產，森林，金產及他種產業，一概無條件歸還中國，毫不索償。……放棄中國因一九〇〇年拳匪之亂而負欠之賠款」。[11]儘管北京政府遲至一九二〇年三月才得到該文件的抄本，此宣言仍得到蘇聯預期的反應。例如北京的全國學生聯合會隨即致電蘇聯政府：「你們這次的大舉動，足為世界革命史開一新紀元，我們自當盡我們所能，與貴國恢復邦交。」《天津益世報》稱：「此實為世界人類從來未有之義舉。」《上海救國日報》也說：「這封通牒，恐怕是要開世界之先例，……如果把這些話都實行盡致了，我們中國在國際上所受不平允的待遇，一定可以擺脫。」

就在中國內部這種熱烈應和的氣氛下，加拉罕再於一九二〇年九月草擬了〈第二次對華宣言〉。值得注意的是，他雖重申了首次宣言之重要內容，但至少存在兩點差異：首先是前次宣言性質較廣泛，對象是「中國人民及南、北政府」，此次目標則直指「中國外交部」，特別是受各國法律承認的北京政府，因之政治意涵愈濃；其次，相較前次宣言強調「無條件歸還」與「毫不索償」，這次則轉稱「由中俄兩國政府商定專約」，對中東路問題也非無條件歸還。

伴隨著加拉罕「宣言攻勢」的是另一條談判路線，第一個主角則是遠東共和國代表優林（Ignatius L. Yourin）。該國乃是蘇聯在東方所成立的臨時性緩衝國，[12]主要任務有三，首先是追擊並徹底殲滅白俄勢力，其次是與國際交涉，促使日本自西伯利亞東部撤軍，最後則是與中國作試探性接觸，以解決中東路與外蒙問題。上述第三個目標正是優林於一九二〇年來華時欲解決的首要任務，但沒有任何具體結論，且隨著該國與蘇聯合併，此一任務乃由巴意開斯、越飛與加拉罕等來自莫斯科的代表接手。[13]在談判中，中東路爭議與外蒙問題乃焦點所在。中東路向來是舊俄經營北滿地區的生命線，且經南滿支線亦可打開前往北京的通道，因此具有經濟和軍事雙重價值。至於蒙古也一直是俄國南下主要發展對象之一，因其進則可窺略東北、新疆和

---

9 托洛斯基（Leon Trotsky, 1879-1940）與列寧同為布爾什維克主要領導人，革命後負責組建紅軍並出任總司令。一九一七年十月承列寧之命發布所謂《和平命令》（Decree on Peace），聲稱將放棄沙皇時期對外簽署之不平等條約與帝國主義政策。明驥，《蘇聯外交史》（台北：黎明文化，二〇〇三年），頁六〇。

10 加拉罕（Leo M. Karakhan, 1889-1937）為蘇聯外交官，曾和托洛斯基共同參與一九一七年對德談判，一九一八至二〇年擔任蘇聯外交事務全權代表，一九二四至二六年擔任駐中國大使。

11 中東路又稱「中國東方鐵路」或「大清東省鐵路」，源自中國在一八九六年《中俄密約》中允許俄國修築鐵路穿越東北，以縮短西伯利亞鐵路之特權，於一九〇三年竣工；一九〇五年，日本在日俄戰爭勝利後取得長春以南路段並稱為「南滿鐵路」。

12 所謂遠東共和國（Far East Republic）於一九二〇年建都於上烏金斯克（Verkhne-Udinsk），旋於一九二二年日本撤兵後與蘇聯合併，由此可見其臨時措置性質。

13 巴意開斯（Alexander K. Paikes）為一九二一至二二年蘇聯駐中國大使，越飛（Adolf A. Joffe）則在一九二二至二四年間繼任大使職務，其後交接給加拉罕。

黃河流域，退則又可藉戈壁沙漠自保，戰略地位極其重要。

值得注意的是，儘管汲汲於帝國主義者固有利益不免與蘇共理想邏輯相矛盾，若從革命政權對於政治穩定性之追求看來，蘇聯正因堅持意識形態異端（共產主義）而遭到西方刻意冷落孤立，此際莫斯科對獲得外國承認和國內支持的殷切需求，當有助於瞭解其行為。可以這麼說，為拉攏中國，於是有翟趣林和兩次加拉罕宣言，而為了爭取自身民眾的支持，又必須堅持在中東路和外蒙的立場。

蘇聯與孫文之接觸嘗試　儘管根據保障利益之短期角度，蘇聯主要交涉對象乃北京的直系政府與東北的奉系軍閥，但它在此同時嘗試與廣州孫文政權接觸，對未來中國歷史顯然埋下更關鍵的影響。[14]

一九一九年底，亟欲外援的孫文在上海與俄籍軍官波布夫（Popoff）交換意見。翌年，吳廷康也會晤孫氏並嘗試交流若干合作可能。[15]接著是一九二一年在桂林與孫文碰面的馬林（Hendricus Sneevliet），[16]後者向其解釋蘇聯正進行之計劃性新經濟政策，建議國民黨改組並建立軍校，且約略提到與中共合作事宜。最後是一九二二年另一位共產國際代表達林（Serge Dalin）建議國共組成聯合陣線。[17]儘管馬林與達林的「合共」建議都被拒絕了，蘇聯拉攏孫文之意圖仍極為明顯，理由則大致有三項：第一，孫中山乃具有世界知名度的革命領袖；第二，中共初期組織發展相當薄弱，改組中的國民黨不啻提供一個可資合作與利用的政治軀殼；第三，共產黨與孫文之間存在「反軍閥」的共同目標。[18]因此，即便孫文尚躊躇未決，中共仍在第三國際核准下於一九二二年通過下列決議：「工人階級尚未強大起來，自然不能發生一個強大的共產黨，……中國共產黨必須與國民黨合作，共產黨員應加入國民黨。」[19]由另一層面視之，此決議顯然有「聯絡次要敵人，打擊主要敵人」的意味，因為改組後的中國國民黨畢竟仍是個「資產階級」意識頗濃的政黨。

儘管如此，若欲瞭解此時期蘇聯與孫文密切互動之背景，或還是得對當時中國的社會與經濟環境進行深入觀察才行。

英國哲學家羅素（Bertrand Russell）一九二〇年的訪華之行雖褒貶不一，他在回國後仍做

---

14 坂野正高著，陳鵬仁等譯，《近代中國政治外交史》（台北：台灣商務印書館，二〇〇五年），頁四三六。

15 吳廷康（Grigori Voitinsky, 1893-1953）為猶太裔俄國人，一九二〇年擔任第三國際駐中國代表，奉命協助組織共產黨，一九二七年清黨後離開中國。

16 C. Martin Wilbur, *Sun Yat-Sen and Soviet Russia, 1922-1924* (New York: Columbia University Press, 1965) ,p.4; George T. Yu, *Party Politics in Republican China: the Kuomintang, 1912-1924* (California: University of California Press, 1966) ,p.162.

17 參考：李雲漢，《從容共到清黨》（台北：中國學術著作獎勵委員會，一九六六年），頁一一三；張玉法，《中國現代史》（台北：東華書局，一九八六年），頁三八〇至三八一。

18 蔡東杰，《中國外交史》（台北：風雲論壇出版社，二〇〇〇年），頁一九三。

19 吳相湘，《俄帝侵略中國史》（台北：正中書局，一九六九年），頁三一五至三一六。

出如下結論，「既然中國人口約占世界總人口的四分之一，因而即使中國人不對其他國家人民產生影響，中國問題本身也是個意義深遠的問題；事實上，中國的事態發展，無論如何都會對整個世界產生極其重要的影響，未來兩百年歷史將表明，中國人何去何從，將是影響整個世界發展的決定性因素。」[20]儘管此一睿智「預言」迄今已逐漸證明其前瞻性，一九二〇年代的中國顯然正面臨著巨大的衝擊與挑戰，變化主要呈現在兩個面向上：首先是軍閥持續混戰所引起的上層政治結構解體，其次則是隨著戰火、肆意掠奪、橫徵戰費、交通混亂與市場秩序破壞所帶來的農村崩潰。正如小島晉治與丸山松幸指出：「民族產業的凋蔽，造成失業和勞動條件降低，強迫勞動者做更大的犧牲。並且由於廉價和有利關稅大增的外國製日常用品（約佔總輸入七成）侵透到農村，給予副業的手工業以重大的打擊，把農村經濟不容分辯地納入世界商品市場。隨著農民物資購買率上升，上升的比率部分就造成經濟農產物。多為小規模經營，又為苛捐、酷稅與債務所逼迫的農民，不能不以任人擺佈的價格將農產賣了出去。以棉花大豆為首，中國農村變成低廉原料供應地的趨勢愈來愈顯著。」[21]

中國的農村基礎本即不甚穩固，尤其經過太平天國蹂躪及外國勢力介入後，傳統結構即非蕩然無存，至少已不復原有風貌，換言之，中國的「舊社會」正面臨著無可避免的崩潰命運。若進一步檢視，不難發現崩潰的根源乃由於體系本身自我控制機制失調所致：當中國的「農業－官僚」結構與西方的「商業－資本」體系接觸後，舊社會顯得脆弱且不堪一擊。[22]即便如此，「社會主義式的階級覺醒」未必應運而生，因為它還少了點催化的種子。直到一九一七年後，隨著這粒種子在遙遠的俄國生根發芽，中國也在一九二〇年代掀起了一股思想狂潮，非但「以社會主義解決中國的社會問題」乃當時許多自由派學者希望所繫，各種相關專欄論文、雜誌專號、口號和學術團體亦紛紛出籠，結果使全國上下「有若著了瘋魔一般」。究其原委，首先自然是俄國革命成功的刺激，其次則一次戰後日本同樣社會主義思潮澎湃，隨後經譯作而影響中國亦不容忽視，最後，中國學界在長久沉悶後，亦藉此於困境中尋找抒發出口。

就某方面看來，這種風潮或不過是象牙塔中的宣言，對當時處於分裂中的國家並無裨益。除一九一九年上海南北和平會議最後終歸失敗之外，北方也隨即爆發了兩次軍閥混戰（一九二〇年直皖戰爭與一九二二年第一次直奉戰爭），最後，南方的孫文一度在一九一八年被改組為「七總裁制」的軍政府架空權力，北走上海，但不久又藉陳炯明之助回粵，與舊皖系段祺瑞以及奉系張作霖共組「三角同盟」以圖北伐。不過，上述這些起落浮沉雖支配了一九二〇年代前期的中國政治，畢竟只是歷史軌跡上的小插曲，真正的重頭戲則正在醞釀當中：一九二二年，受到陳炯明叛變所激的孫文，決定改組國民黨並創建黨軍，[23]而蘇聯勢力也正藉中共有計劃地

20 Bertrand Russell, *The Problems of China* (London: George Allen & Unwin, 1922) , p.9.
21 小島晉治，丸山松幸，《中國近現代史》（台北：帕米爾書局，一九九二年），頁一一四。
22 張玉法主譯，李國祁總校訂，《劍橋中國史：晚清篇》（台北：南天書局，一九八七年），頁八至三六。
23 F. F. Liu, *A Military History of Modern China, 1924-1949* (New Jersey: Princeton University Press, 1956) , p.3.

深入中國，於是對中國現代史影響深遠的兩大政治組織（中國國民黨與中國共產黨）有了首度交集。必須這麼說，交集的表面是個政治事件，其內涵卻根植於社會轉型的巨大力量中，至於結果則影響了其後半個世紀以上中國與東亞的發展，甚至迄今猶存。

聯俄容共與首度國共合作　做為一位革命政黨領袖，孫文面臨的困境或許比蘇聯更為艱難。除了得爭取民眾認同外，由於缺乏資源並面對當時中國之特殊處境，更重要的是獲得國際勢力承認與支援。

當時，在中國境內角逐利益者主要是英國、美國、日本、法國、德國與俄國等。就日本而言，孫文在革命期間雖多受日籍友人之助，與該國政客有所往來，對日本也懷有深切信心與期望，[24]但在日本於歐戰初期向袁世凱遞交了《二十一條》要求，並在軍閥中先後選擇皖系與奉系做為支持對象後，孫文不得不說：「此後吾黨之患，仍在日本的軍閥政策；倘日本仍行其扶舊（即北方軍閥）抑新（南方政府）之手段，則中國之內亂未有已期，如此吾人亦不能不親英美而排日也，而其咎當歸之日本。」[25]反過來說，孫氏就算想親英美，恐怕也不得其門而入，如同他的理解，「英國之外交微妙而敏迅，吾人不憚稱為世界之最，尤不能不佩服其主持者之有遠識而不搖。」[26]概括言之，英國外交政策的基本觀念乃是「無恆久之友人，亦無恆久之敵人」，一切以「利益」為依歸。

英國主要利益在長江流域，因此傾向支持直系，美國則附其驥尾。雖然如此，孫文仍在一九二四年演說中提到：「余以為今美國當首先提倡此項和平計畫；以美之地位商於列強，可使他國同調。況華人素信任美國，如美國宣告將在上海或其他中立區，召集一和平會議，全國必響應之，各國必加入。」[27]孫氏所以對美國抱持希望，或許鑒於該國曾在一九二一年華盛頓會議與《九國公約》中保障中國權益之故，但這些拉攏努力終歸失敗。法國在革命前後曾對孫氏表示支持，但中國分裂後則持觀望態度，德國則一度是孫文後來爭取外交支持的活動重點之一，尤其在一九二一年後，但誠如孫氏所言，「此間因需德專門技師，然零星延聘，無補於事，必也與德國資本實業者及其政府訂一大建設計劃；中國以物資人力，德國以機器科學，共同合作，發展中國之富源」，[28]看來雙方在技術合作上的利益，恐還是大於外交承認之可能。

就在孫文於一九二〇年代前期的外交努力幾乎一事無成之時，共產主義隨著俄國革命風潮傳入中國。根據正統馬克思主義的說法，無產階級革命必爆發於資本主義社會的工人階級中。若由此推衍，則一九二〇年代的中國似乎並不具此等條件。根據統計數字顯示，當時中國的勞

24 張緒心、高理寧，《孫中山：未完成的革命》（台北：時報文化，一九九三年），頁一二七。
25 崔書琴，《孫中山與共產主義》（台北：傳記文學出版社，一九八四年），頁一七。
26 孫中山，《中國存亡問題》，第六章，〈英國百年來的外交政策〉。
27 《國父全集》，第四集，頁五二六。
28 《國父全集》，第五集，頁五五八，〈致旅居德國之鄧家彥信函〉。

工數量約在一百七十五萬到二百五十五萬之間，[29]由於缺乏普遍調查，不可能估出精確數字，但大致約占全國人口的百分之零點五左右。若想以這種力量在中國推動共產革命，無異太薄弱了些。因此，蘇聯決定雙管齊下，一方面發表親華宣言，其次則試圖針對知識分子發動一波宣傳攻勢，於是一九二〇年在上海有「馬克思主義研究會」的成立，繼之則由陳獨秀等人發起組織「中國共產黨」。[30]

正如前述，當時中國工人所佔比例甚少，特別是直到一九二一年中共「一全」大會為止，其黨員人數僅區區五十七人而已，這種緩慢的發展速度使蘇聯不得不加速推動與國民黨的聯合計劃。一九二二年，馬林趁孫中山被陳炯明迫離廣州之際，正式提出容共要求。同年九月，國民黨開始改組，陳獨秀被委為黨章起草人之一。一九二三年在〈孫越宣言〉公佈之後，[31]醞釀已久的容共終於經由一九二四年國民黨「一全」大會決議而告塵埃落定。

就外交辭令而言，〈孫越宣言〉乃是皆大歡喜的結果。在孫文方面，他得到蘇聯代表的書面援助承諾，在要求放棄特權上越飛重申加拉罕的宣言，使其在國內宣傳上有正面效果，在中東路問題上巧妙地將責任推給張作霖，而外蒙問題則反向含糊其辭以逃避輿論可能攻擊。至於在越飛方面，共同發表宣言已達到原先設定之拉攏目的，甚至得到孫文承認中東路與外蒙「現狀」之聲明。更重要的是，在宣言發表後，所謂「聯俄容共」也有了突破性發展。

歸結孫文決心「容共」之原因，大略有以下三點：首先是爭取俄國的援助。當孫氏的南方政府陷入外交困境時，蘇聯的主動示好正有如久旱甘霖般的珍貴；其次是吸取俄國的革命經驗。由於孫氏過去並不擅長群眾運動，而今改組中的國民黨便想學習俄國的方法，並嘗試建立自己的武力；最後，則是藉機容納國內隱然成為思潮主流的社會主義力量。進一步言之，既然爭取蘇聯援助是孫氏決定容共的首因，那麼他是否真由蘇聯處獲得好處呢？根據韋慕庭（C. Martin Wibur）的研究，蘇援可以分成武器、金錢和顧問等三類。在顧問方面，除鮑羅廷之外，[32]據估計至一九二六年初，廣州約有一百四十名以上俄國軍官；在金錢方面，一九二四至

29 如前文所述，即便俄國在一九一七年爆發革命時也不具此等條件，當時歐洲社會主義者普遍關注的對象其實是德國。在此，前一數據見鄭學稼，《中共興亡史》（台北：帕米爾書店，一九七〇年），頁三四六；後一數字則見郭華倫，《中共史論》（台北：國際關係研究中心，一九六九年），第一冊，頁二，所根據者乃一九一八年北京政府農商部統計結果。

30 中共真正建立中央領導組織應是在一九二一年七月「一全」大會後，參見《中共中央文件選集》（北京：中共中央黨校出版社，一九八九年），頁一至九。

31 所謂〈孫越宣言〉主要內容為：一、孫逸仙博士以為共產組織甚至蘇維埃制度，事實上均不能引用於中國。因中國並無可使此項共產主義或蘇維埃制度實施成功情形之故。……且以為中國最重要急迫之問題，乃在民國統一之成功。……越飛君向孫逸仙博士保證，中國當得俄國國民最摯熱之同情，且可以俄國援助為依賴。二、為明瞭此等地位起見，孫逸仙博士要求越飛君再度切實聲明一九二〇年九月二十七日俄國對中國通牒列舉之原則（按：即加拉罕宣言）。三、孫逸仙博士以為就目前狀況，宜於中東路管理上，覓一相當辦法，……且應與張作霖將軍商洽。四、越飛君向孫博士切實宣稱，俄國現政府決無亦從無欲在外蒙實施帝國主義政策……孫博士因此以為，俄國軍隊不必立時由外蒙撤退。至於具體實施措施，則由廖仲愷和越飛於一九二四年二月在日本商定；桂崇基，〈中山先生為什麼會聯俄容共〉，《傳記文學》，總一八九期，頁二二。

32 鮑羅廷（Michael M. Borodin, 1884-1951）為一九二三至二七年共產國際駐中國代表，以及蘇聯駐廣州政府代表，也是「聯俄容共」之蘇方負責人。

二五年間，蘇聯曾援助建立黃埔軍校三百萬盧布，並援助建立中央銀行一千一百萬盧布；武器方面，一九二四年底也有首批武器運抵黃埔軍校。[33]這些援助比起蘇聯支援馮玉祥者雖少了很多，[34]但對急欲鞏固地盤的國民黨而言，卻已是久旱甘霖且不無小補。

總的來說，容共之舉對國共雙方可說是充滿「利益互補」色彩的結果，兩者都藉此滿足了最為緊要的生存利益，不過，畢竟國共兩黨在終極政治目標與意識型態方面均相距甚遠，日後分道揚鑣自然也可以預期。

國共的合作與分流

從聯蘇到反蘇：國共分裂與外交轉彎

在國民黨「容共」之後的內部組織方面，儘管中共所佔職務比例不大，[35]從權力結構分析，似暫無坐大發展的可能，但因國民黨在重整後正處於組織擴大階段，至於社會底層的工人與農民既為其未來發展重點，也讓中共佔了相對優勢。例如，從中共黨員數由一九二三年六月「三大」的四百三十二人，迅速增至一九二七年三月「五大」時的五萬七千九百人，可知其影響所在。[36]更甚者，由於此時國民黨在結構上傾向「列寧式」作法，特別在軍隊建制上採「以黨領軍」型態，中共勢力既廣泛擴張進入政治部門，亦以此奠下進一步發展的基礎。[37]

關於「容共」對於近代中國的影響，可分成近期、中期和長期三個範疇來觀察。就近期而言，立即效果乃造成了國民黨內部分裂。中共黨員在短短兩三年內快速膨脹並非沒有道理，關鍵之一是共產黨員加入國民黨乃屬「跨黨」性質，非但沒有放棄原有黨籍，甚至迅速在國民黨內部形成自己的黨團以吸收新進份子。一九二三年的「三大」還宣示要「改組國民黨為左翼政黨」，並將「優秀的國民黨員吸收到我們黨裡來」。劉仁靜在共產國際第四次大會上也報告說：「我們要與國民黨作競爭，假使我們不參加該黨的話，則我們將要陷於孤立，……但是這只不過是一項達到目的的手段而已，……如此我們便可結合群眾傾向我們而遠離國民黨。」由於從未將自己的未來真正寄託在國民黨身上，除了積極維持獨立性之外，包括控制組織部門以便讓國民黨的擴大幾乎等於共產黨的擴大，以及控制政治宣傳部門等，都是中共勢力膨脹的來

33 C. Martin Wibur, *Sun Yat-Sen and Soviet Russia*, pp.148-209; Wibur, "Military Separatism and the Process of Reunification under the Nationalist Regime, 1922-1937," in Ping-ti Ho and Tang Tsou, eds., *China in Crisis* (Chicago: University of Chicago Press, 1968), vol.1, pp.233-235.

34 關於蘇聯援助馮玉祥部分，可參考曹伯一，《江西蘇維埃之建立及其崩潰》（台北：政治大學印行，一九六九年），頁三七至三八，與吳相湘，《俄帝侵略中國史》，頁三〇七至三〇八。

35 中共黨員在二十四席中央執行委員中僅佔三席，中執會以下的九個部長，除組織部長譚平山與農民部長林祖涵為中共黨員外，頂多工人部長廖仲愷算是左傾份子（其秘書馮菊坡為中共黨員）

36 唐少卿，〈孫中山對首次國共合作的偉大貢獻〉，《蘭州大學學報》，第一期（一九八五），頁六；田弘茂及朱雲漢編，《江澤民的歷史考卷》（台北：新新聞出版社，二〇〇〇年），頁四五附表。

37 沈雲龍，《中國共產黨之來源》（台北：中國青年黨黨史委員會，一九八七年），頁六〇；王健民，《中國共產黨史稿》（台北：正中書店，一九六五年），頁一一五至一一六。

源。無論如何，最後一個因素來自孫文。由於當時廣州政府的地位仍極險惡且不穩，為保有蘇聯珍貴外援，迫使他必須採取遷就措施，對一些內部彈劾案因此置之不理，於是造成持重溫和派的反彈，由是加深了國民黨內部的分裂態勢。

前述分裂在北伐期間隨著軍事進展而浮出檯面，乃容共的中期影響所在。

在北伐軍推進至長江流域之後，國民黨內部的左右兩派儼然已分成兩條不同的發展路線：左傾親共份子在蘇聯顧問（以鮑羅廷為首）支持下，既控制了國民黨在社會結構中的分支網路，更重要的是控制了黨中央組織。至於右派則由蔣中正為首，以黃埔軍校為中心而掌握軍事力量，並企圖藉北伐來鞏固實力，就某種層面視之，走的仍是舊軍閥的老路。[38]最後，國民黨左、右兩派傾軋在一九二七年「寧漢分裂」中爆發出來，隨即在蘇聯內部產生不同意見。托洛斯基主張退出國民黨建立蘇維埃，史達林則認為「現在退出國民黨將是嚴重錯誤」，並要求中共必須「參加未來的革命政權」。[39]前述「托史之爭」反映在中共內部則是同年的「八七會議」，結果帶來路線分裂的效果，[40]一方面導致武漢政府失敗，而國民黨右派則以國家統一和民族主義為號召，同時挾武力為後盾提出的「清黨」主張，亦迫使共產黨在一九二七年底完全脫離國民黨，從而結束了第一次的「國共合作」。

共產黨脫離國民黨而自立門戶，短期內面對的是較不利的影響，主因則是右派在掌握政權後隨即在「名義上」統一全國，傳統「成王敗寇」思想加上中共在各地掀起農民運動，使後者立即遭受全面性打擊。但長期看來，這卻是對中共有利的：由於共黨始終以群眾運動做為發展主軸，這使其相對更貼切認識社會轉型和農村解體的真相。相對地，國民黨右派在統一全國後便缺乏其他足以吸引人的口號，甚至轉向內部權力鬥爭。加上中共所持口號具有濃厚理想色彩，吸引不少社會主義者的興趣，而他們積極批判時政之立場加上政局動盪現狀，亦為其帶來不少「在野優勢」。正是以此為基礎，中共雖歷經中央軍隊五次圍剿，最後仍在陝北建立根據地，並在中日戰爭期間透過兩大勢力再度合作為自己爭取了生存發展契機。

從另一角度視之，國共第一階段的交手過程也證實了本章卷首所言，承緒中國自清季以來的對外弱勢地位，民國時期國內衝突雖主要來自不同政治團體之間的對抗，外來因素的關鍵重量絕不可忽視。一方面共產黨原本即全面受制於第三國際，[41]國民黨在沒有其他可靠國際勢力的奧援之下，也只得依賴蘇聯的援助。不過，由於雙方在意識型態上的根本差異（主要源自孫氏自有思想下產生的排斥性），此種依賴現象畢竟只是暫時的，一旦國民黨內右派獲得其他國際力量支持，必將為聯蘇政策帶來急轉彎效果，這正是北伐前期發生的主要現象。

38 F. F. Liu, *A Military History of Modern China, 1924-1949* (Princeton: Princeton University Press, 1956), pp.31-32.

39 參考：《列寧、斯大林論中國》（北京：人民出版社，一九五三年），頁一三八。

40 一九二七年八月七日，根據共產國際訓令組成之臨時中共中央政治局在漢口俄租界召開，主題為批判陳獨秀並確定未來方針，毛澤東此時提出「槍桿子出政權」主張，確立了武裝鬥爭路線。

41 陳永發，《中國共產革命七十年》（台北：聯經出版公司，一九九八年），頁九五。

民族主義浪潮與革命外交　就嚴謹的學術眼光來說，所謂「民族」（nation）雖確實是個無法獲致共識的名詞，但並不能因此否定其存在。做為推動近代歐洲成形發展之最主要力量之一，民族主義不僅造就了具現代意義的國家單位，藉由十八世紀末美國與法國兩次革命刺激，自此它也一再左右著國際關係發展。[42]進一步言之，「民族」最重要的意涵在於它在政治上彰顯的意義，[43]尤其是在凝聚群體內部團結力量以便一致對外所扮演的角色。在中國近代對外關係史上，此種思想也有著不可忽視的能量。[44]自從鴉片戰爭以來，無論由地方民眾掀起的各種排外浪潮，或朝廷中以清流派為代表的言論，都凸顯了此種意識傾向。特別是進入二十世紀後，類似浪潮更是風起雲湧，至於一九〇〇年的義和團事變、一九一一年的辛亥革命與一九一九年的五四運動，在世紀初更不啻高潮迭起。其中，五四運動對於中國外交的影響尤其值得關注。

源自歐戰遺緒之五四運動，最大的影響或許是把人民的注意力從國內的革命與軍閥混戰，轉移到自身困境之思索與對國際地位的不滿上，尤其若從「全盤西化」乃至「德先生與賽先生」等口號視之，相較一九六〇年代另一場類似但更激進的運動，五四不啻是中國近代史以來第一次「文化大革命」。且不論此刻思想界之百花齊放，歸納其立即之實際行動，可分成四個部分來說明。

對中國侵逼日甚的日本成為群眾直接發洩情緒的對象，從而激起一波反日浪潮。除了五四運動外，還包括一九二〇年山東問題大遊行，以及一九二三年因日本拒絕中國廢除《二十一條》引發之廣泛示威；其次是反基督教運動，類似活動早自清末便已開始醞釀蔓延，[45]迄於民初，由於部分人士認定教會乃帝國主義幫兇，少年中國學會自一九二三年起便發起全國性反基督教運動，並將一九二四年耶誕節前後訂為「反基督教運動週」；再者是收回教育權運動，由於外國所辦教會學校多半不尊重中國文化與傳統，甚至不接受中國教育機關監督，北京政府自一九二五年起便試圖收回教育權，但至一九三一年才成功；最後則是一連串的涉外勞資糾紛，自一八九五年《馬關條約》允許外國人在中國設廠製造後，爆發勞資衝突時有所聞，其中影響最大的是一九二五年上海的「五卅慘案」，由此衍生之「省港大罷工」甚至持續一年半之久。[46]

在前述風潮吹襲下，相較一九二〇年代北方軍閥政府採取與歐洲妥協的態度，[47]廣州政府

42 余建華，《民族主義：歷史遺產與時代風雲的交匯》（上海：學林出版社，一九九九年），頁一七至二六。

43 Eric Hobsbawm, *Nations and Nationalism since 1780* (London: Cambridge University Press, 1990).

44 李恩涵，〈論清季中國的民族主義〉，《思與言》，五卷六期（一九六八），頁二四至三二。

45 李恩涵，〈咸豐年間反基督教的言論〉、〈同治年間反基督教的言論〉，收於《近代中國史事研究論集》（台北：商務印書館，一九八二年），頁六八至一六四。

46 一九二五年五月三十日，青島與上海等地工人因抗議日本工廠非法開除，遭到流血鎮壓，史稱「五卅慘案」或「青滬慘案」，除中共隨即以國民黨名義發動示威活動之外，香港與廣州也在一九二五年六月至一九二六年十月發起大規模長期罷工，史稱「省港大罷工」，其中，六月二十三日在廣州沙面租界附近沙基地區舉辦的示威遊行活動，遭英軍鎮壓並導致死傷，被稱為「沙基慘案」或「六二三事件」。

47 例如主張「外崇國信」的段祺瑞便力主與西方妥協；參考黃征等，《段祺瑞與皖系軍閥》（鄭州：河南人民出版社，一九九〇年），頁二五〇至二六〇。

的作法則具有較多民族主義意涵。例如，中國國民黨於一九二四年發表的〈第一次全國代表大會宣言〉便聲稱：「一切不平等條約皆當取消，改定平等新約；……凡自願放棄所有特權並廢止條約的國家，中國將認為最惠國；……所有不平等條約均應重新審定；……庚子賠款當完全劃作教育經費。」同年底孫文應邀北上共商國事時，也明確表示：「講到對外問題，一定要主張廢除一切不平等條約，收回海關、租界與領事裁判權。」[48]在孫氏於一九二五年初去世後，改組後的廣州國民政府更繼續將阻止日本的大陸政策、爭取世界各國經濟援助、建立東亞集體安全體系、廢除不平等條約等，列為主要的外交方針。總而言之，藉由五四運動及其後續事件所激起的反帝國主義與反軍閥浪潮，並透過「聯俄容共」獲取蘇聯支援，從而建立軍事力量後，取得武力統一基礎的南方政府隨即在一九二六年通過決議進行北伐。

暫且略過「北伐」本身之價值評估，這時更應關注的乃中國的外交作為。

由於此際南方政府對外關係特重民族主義意識型態，使用手段也有異於平常，有人便特稱之為「革命外交」時期。根據李恩涵的看法，所謂「革命外交」的定義是：「以革命的方法與手段來解決中外間的外交問題；不顧過去條約、協定及慣例，運用大膽而強烈之手段。運用革命精神與群眾運動的強力支持，在脅迫性或半脅迫性的情況下達成外交目標。」[49]換句話說，相對於尊重既有中外權利義務現況，並將溝通管道限於合理與合法途徑之正常交涉，以民族主義情緒與排外浪潮為基礎的「革命外交」，更強調在必要時採用「體制外」的手段來完成目標。其中又有極端派及溫和派之分，前者代表人物是武漢政府的陳友仁，後者則為南京政府的伍朝樞、黃郛及王正廷等人。至於此時期（一般指一九二五至三一年左右）的重要行動包括如下幾項。

首先是收回租借地與租界。在一九二五年的「五卅慘案」及「沙基慘案」後，廣州政府便以收回租界做為解決相關問題的根本計畫。同年國民政府成立後，外交部長胡漢民更聲言將廢除不平等條約並全力支持省港大罷工。一九二六年底北伐革命軍攻克武漢後，由共黨主導之武漢政府亦採取強硬作法，除迅速組織工會並發展工運外，並企圖以立即手段來撤廢條約。其間英國駐華代表曾致送一份對華政策備忘錄給各國使節，以表明該國基本立場，但群眾隨即在北伐勝利慶祝會中與英軍發生衝突，接著便共同闖入租界強行接收。[50]顧慮到此際中國之革命風潮，英國於是採取策略性退讓，先於一九二七年陸續交還九江、漢口與鎮江等租界，一九三〇年再交還威海衛並退還庚子賠款，比利時則在一九二九年與中國簽訂專約交還天津租界。

其次是收回關稅自主權。相對於極端派採取的強硬手段，南京政府的溫和派則以談判為手段，從關稅自主權著手。國民政府在一九二七年逕行宣告自該年九月起實行關稅自主，隨即頒

48 張玉法，《中華民國史稿》（台北：聯經出版公司，一九九八年），頁一六〇至一六一。

49 李恩涵，〈北伐期間收回漢口、九江英國租界的交涉〉，《台灣師範大學歷史學報》，第十期（一九八二），頁四〇六。

50 郭廷以，《近代中國史綱》（香港：中文大學出版社，一九八〇年），頁五七〇。

佈《國定進口稅暫行條例》，除原有的百分之五進口稅外，再依貨物種類各徵附加稅，同時取消內地釐金及貨物稅。但因各國群起反對，甚至不惜威脅動武，加上北伐尚未完成，最終不得不暫停。但在北伐軍進入北京後，仍由外交部長王正廷說明以下廢約原則：「中外條約已滿期者，當然廢除；未滿期者，應經協商解除而重訂之。」在關稅自主交涉中，美國最早給予正面回應，但前提必須是中國與其他國家皆應該重訂新約。既有美國做為開端，其後英、德等十餘國也相繼簽下新約，最後則是與中國糾紛不斷之日本。[51]

第三是收回領事裁判權。自清季以來，共十九國在中國擁有領事裁判權，其中，德奧等八國已於一次大戰結束後陸續簽訂平等新約，接著墨西哥也在一九二九年宣告放棄特權。由於各國多採取觀望態度，談判乃陷於停頓。對此，中國雖單方面公佈自一九三〇年起自動撤銷各國在華領事裁判權，各國對此全無反應。翌年，外交部頒佈《管轄外國人實施條例》並再度片面宣佈自一九三二年起全面撤廢領事裁判權，但事實上又因爆發九一八事變而中輟。

必須說明的是，此處雖將重點集中在國共兩黨發展及其對外政策上，但在一九二八年以前，北京政府始終是獲國際承認的唯一合法政權，因此理論上也才應是中國外交的重心所在。不過，由於本書真正重心乃一九四九年後的中國對外關係，本章之目的也僅在進行背景介紹鋪述，因此對北洋政府若干作為乃略去不提。總而言之，從上述過程中可知，儘管國民政府（不管是武漢或南京）對於不平等待遇或多或少採取更強硬的姿態，畢竟不敵「權力對比」的國際現實。至於最終獲致突破，還是得等到一九四〇年代的二次大戰期間。

妥協與讓步：南京政府的外交方針

無可諱言地，在二十世紀上半葉，中國的外交問題與挑戰主要源自日本。至於日本所以成為此際中國的頭號外患，也源自於多重因素：除基因於日本現代化進程與中日之間實力消長之外，日本軍方地位的逐漸提昇並佔據決策角色，[52]歐洲國家因軍備競賽且最後捲入大戰而元氣大傷，以及美國在大戰後不願肩負起霸權義務等，都一步步深化日本在東亞的領導地位，並促使其確立對華侵略方針，至於一九二九年爆發的全球性經濟恐慌，則不啻是關鍵的導火線。

面對日本帝國主義勢力逐步進逼，很明顯地，南京政府的外交政策主軸乃「妥協讓步，以拖待變」。應變的理想狀態是完成統一並擁有鞏固的領導中心，前者可促進有限資源之統籌運用，後者則有助政策落實與貫徹。可惜中國在這兩方面都付之闕如。在國家統一方面，從奉系、桂系、滇系、國民軍系與閻系等主要舊軍閥仍屹立不搖，即使一九二九至三〇年「中原大

51 張玉法，《中華民國史稿》，頁一九七至九八；高殿均，《中國外交史》（台北：帕米爾書店，一九五二年），頁一七〇。

52 畢士禮（W. G. Beasley）著，葉延燊譯，《現代日本的崛起》（台北：金禾出版社，一九九二年），頁一五四；信夫清三郎，《日本近代政治史》（台北：桂冠圖書公司，一九九〇年），第四卷第四章至第五章。

戰」失利也未能加以減損，甚至還多出中國共產黨這個新挑戰者看來，所謂北伐不過僅僅完成「名義上」統一罷了。至於蔣介石在一九二七年與一九三一年兩次被迫下野，[53]以及南京政府甚至到抗戰前夕的一九三六年，實際控制範圍還不脫長江下游五省的現實看來，所謂鞏固領導中心亦屬緣木求魚。為尋求完成前述兩個目標「以便抗日」，蔣介石首先便需確立他在國民黨與南京政府中的領導地位，以補強個人威望之不足，[54]其次則是對外採取妥協政策，以爭取翦除中國共產黨這個「阻礙統一」力量以及或許是進行國家建設的時間。

當然，由此角度來詮釋所謂「安內攘外」，無疑有些美化南京政府的嫌疑。除了可能的權力私欲外，中共（而非其他舊軍閥）所以成為此政策主要對象，[55]還可以從另外兩個角度觀察：首先，相對其他舊軍閥的滿足現狀（目標只在鞏固既有地盤），儘管能量暫時有限，中共仍是唯一具有全國性目標，且未來可能直接威脅蔣氏領導權的政治勢力；其次，不管是南京政府急欲拉攏的英美等西方國家，或自一九三〇年代初期以來與其關係密切的德國，都與中共背後的蘇聯存在意識型態及其他利益上的矛盾與衝突，從這個角度看來，國共間的第一次內戰毋寧具備著若干現代國際關係當中所謂「代理人戰爭」的特質。

在實際行動方面，首先出現也是最醒目者，乃是一九三一年「九一八事變」中採取的「不抵抗政策」。事實上，蔣介石在同年發生的「萬寶山事件」中便囑咐張學良：「全國的排日運動，恐被共產黨利用，……故官民需協力抑制排日運動，宜隱忍自重，以待機會。」八月「中村事件」後又致電云：[56]「無論日本軍隊此後在東北如何尋釁，我方應予不抵抗，力避衝突，吾兄萬勿逞一時之憤，置國家民族於不顧。」[57]這些都是該項政策的張本。而蔣介石自謂之「不絕交、不宣戰、不講和、不訂約」等「四不」政策，[58]則為當時南京政府的外交指導原則。

當然，所謂的「不抵抗」並非只適用於東北問題，其後直迄抗戰爆發之前，該政策始終貫穿於整個中日雙邊交涉過程當中。甚至在「四不」政策中的「不講和」與「不訂約」也絕非鐵律。例如自一九三三年一月日軍發動長城戰役，至同年五月底雙方最後達成《塘沽協定》，中國以撤兵及放棄部分地方治理權以交換停戰為止，國府便試圖透過和平談判與簽訂雙邊條約來解決問題。[59]同樣的情況在一九三五年為解決察哈爾特殊化問題而簽訂的《秦土協定》，[60]以及

---

53 第一次由一九二七年八月十二日至一九二八年一月九日，原因是為促成寧漢合作，至於第二次則在一九三一年十二月十五日至一九三二年一月，目的在協調結束廣東獨立事件。

54 在孫中山死後，更有可能接替其地位的乃是廖仲愷、胡漢民或汪精衛，暫時應當還輪不到蔣中正，此乃由於其黨內資歷地位不足之故，參考費正清（John K. Fairbank）編，《劍橋中華民國史：下卷》（北京：中國社會科學出版社，一九九四年），頁一四八。

55 李敖、汪榮祖，《蔣介石評傳》（台北：商周文化，一九九五年），頁三六八至三六九。

56 萬寶山事件發生於一九三一年四月，在長春地區中國人與朝鮮移民之間的土地糾紛衝突事件；中村事件則發生於同年六月於大興安嶺東側，日本陸軍參謀中村震太郎因非法調查行動引發的爭端。

57 陳崇橋等，《九一八事變史》（台北：谷風出版社，一九八七年），頁一八五至一八六。

58 土屋奎二，《蔣總統秘錄》（台北：中央日報社，一九七六年），第九冊，頁一八六。

59 吳東之編，《中國外交史：中華民國時期》（鄭州：河南人民出版社，一九九〇年），頁二七七至二八八。

日本為獲得華北五省資源以支援日軍對蘇作戰而壓迫中國簽署的《何梅協定》中也不斷的出現。[61]

事實上，現實主義（realism）與理想主義（idealism）兩股力量本即經常在各國外交決策過程中不斷激盪，中國在清末時如此，迄於民初也一樣，在一九一七年參戰案時出現的狀況，從「革命外交」時期極端派與溫和派的角力中亦可看出端倪。當然，理想主義雖不能說等於「不理性」，經常高估自身力量卻是其顯著弊病，至於現實主義在重視穩健之餘，難免又存在故步自封的缺憾。無論如何，在一九三〇年代前期的戰爭醞釀途中，國府的決策階層顯然較偏重於現實主義一端，且因國際局勢對日本有利，致使其不可能放棄侵略中國的目標，最終則國內民族主義輿論的日益高漲，也逐步壓縮了高層的彈性空間，於是戰爭依舊無可避免。至於一九三七年全面爆發的抗戰，則使蔣介石再無機會建立一個強大且中央集權的國家。[62]

對日戰爭前期的中國外部援助　在美國與蘇聯這兩個影響一九五〇年代中國變局並主導兩岸分裂初期外交走向的國家中，相對蘇聯自一九二〇年代初期起便有計劃地涉入中國事務，直到一九三〇年代末為止，美國政府始終仍沿襲著數十年來維持中國門戶開放的舊政策，對日本不斷的挑釁動作予以消極忍讓，該國輿論與國會也一直以孤立主義和一連串《中立法案》為依歸，目的在儘可能避免被捲入歐洲與東亞的戰端，[63]甚至在一九三七年中日戰爭爆發後，美國一度還準備犧牲中國來換取與日本的和平關係。從某個角度來說，儘管若干美國領導人可能認為，他們應對包括東亞在內的國際事務負有平衡責任，[64]多數美國人民仍傾向將亞洲的戰爭視為「一群無關緊要的民族，為無關緊要的爭端，而進行的一場無關緊要的戰爭」，[65]此種想法當然會影響美國政府的決策。直到珍珠港事變爆發的半年之前，美國才正式宣佈將《租借法案》適用於中國，[66]並派遣飛行志願隊與軍事顧問團來華協助。儘管如此，英美兩國在一九四一年底的華盛頓高峰會中，依舊確立以「重歐輕亞」策略做為大戰過程中的主導原則。

60 由當時察哈爾省代主席秦德純與日本特務機關長土肥原賢二簽訂，見梁敬錞，《日本侵略華北史述》（台北：傳記文學出版社，一九八四年），頁六九至七〇。

61 由軍政部長兼北平軍分會代委員長何應欽與日本天津駐屯軍司令官梅津美治郎簽訂，同前註，頁三九至五三。

62 史景遷著，溫洽溢譯，《追尋現代中國：革命與戰爭》（台北：時報文化，二〇〇一年），頁五八八。

63 美國在一九三五年通過第一份《中立法》（Neutrality Act），禁止美國公民販賣軍火給國際戰爭的交戰雙方，一九三六年二月第二次《中立法》進一步禁止提供原料與貸款給交戰國，一九三七年一月和五月兩次《中立法》將戰爭定義衍伸至內戰，甚至禁止公民搭乘交戰國船隻，至於一九三九年《中立法》則修正過去不區分侵略者與受害國的立場，稍稍偏向英法一方以抵制納粹。

64 孔華潤（Warren Cohen），〈美國領導人與東亞，一九三一至三八〉，引自入江昭與孔華潤編，《巨大的轉變：美國與東亞》（上海：復旦大學出版社，一九九一年），頁二。

65 Warren Cohen, *America's Response to China: A History of Sino-American Relations* (New York: Columbia University Press, 2010), p.150.

66 租借法案（Lend-Lease Program）是美國國會在一九四一年因應二次大戰通過的法案，目的是以美國不被捲入戰爭為前提，為同盟國提供物資，使其成為「民主的兵工廠」，授權美國總統「售賣、轉移、交換、租賃、借出、或交付任何防衛物資，予美國總統認為與美國國防有至關重要之國家政府」。

實際上，美國的外交政策始終受到前段末尾所提到，理想主義與現實主義間糾葛的影響。正如季辛吉（Henry Kissinger）所言：「一九二〇年代，美國的氣氛受兩股力量所左右，一方面美國願意肯定一些放諸四海而皆準的原則，另一方面又需要為自己的孤立主義外交政策尋找合理的依據。於是美國更加強調其傳統的外交政策主張：亦即美國做為自由典範的獨特使命，民主外交政策應以道德為最優先，做出個人道德與國際道德天衣無縫的結合，公開外交的重要性，以及以國際聯盟的國際共識代替權力平衡。」[67]這種贊同某種理想主張，卻不願付諸履踐，或實則進行某種現實主義擴張，又慣於披上道德外衣的作為，正是美國外交典型，在法西斯主義於一九三〇年代瀰漫全球時也是如此。進一步來說，美國或可稱是個「被動的霸權」（passive hegemony），亦即它最初雖未主動地去承接霸權義務，但在確立了國際地位後，還是努力去貫徹其霸權之權利義務，這正是美國日後介入國共談判的重要背景。

相較美國對於涉入中國事務的躊躇，在中日戰爭初期，正如董顯光所言，「奇怪的很，此時表示願意援助中國的唯一國家，便是蘇聯。」[68]此種主動作為不僅導致一九三七年九月《中蘇互不侵犯條約》的簽訂，也極其珍貴地彌補了中國在抗戰初期的物資不足狀態。[69]當然，蘇聯的行動並不純然是種「義助」，國家利益仍是其考量重點。在一九三六年十月德、義兩國成立「軸心」，並宣告將與西方墮落的民主國家以及東方邪惡的布爾什維克主義國家宣戰後，日本旋於一個月後與德國簽訂《反共公約》，[70]此種態勢不啻使蘇聯可能陷入兩面作戰的潛在窘境。由此觀之，無論基於唇亡齒寒的想法，或者與英美兩國一樣僅將中國當作拖延日本行動的戰略棋子，當應是此際蘇聯對華政策的主要指導方針。

弔詭的是，美國置身事外而蘇聯伸手援助的局面，到了一九四〇年卻出現反轉式發展，原因是德日兩國為先解決西歐與中國這兩場主要戰事，於是在一九三九與一九四〇年分別與蘇聯這個「次要敵人」簽署保證中立的互不侵犯條約，至於蘇聯在獲得東西兩線安全保障後，一方面出兵與德國瓜分波蘭，同時也相對減少對中國政府的援助。於此同時，儘管主要盟國英國在一九三九年與日本簽訂《有田－克萊琪協定》，承認後者在中國的權力現狀，[71]但體認到「歐洲、非洲與亞洲的戰爭，都是世界衝突這個整體組成部分」的羅斯福總統，[72]終於促使美國在

---

67 季辛吉（Henry Kissinger）著，林添貴譯，《大外交》（台北：智庫文化，一九九八年），頁四八六。

68 傅啟學，《中國外交史》（台北：商務印書館，一九八七年），頁五四二。

69 中國在太平洋戰爭爆發前，共自盟國處獲得約五點一億美元貸款，其中蘇聯在一九三八至一九三九年資助的二點五億美元（實際支用一點七億）便佔了將近半數，此外，在抗戰期間自同盟國租賃的作戰飛機總數中，蘇聯飛機也佔了四成；參考羅志剛，《中蘇外交關係研究》（武昌：武漢大學出版社，一九九九年），頁一三四至一三七。

70 納粹德國先於一九三六年分別與義大利建立「柏林—羅馬軸心」以及跟日本簽訂《反共協定》，其後日本在一九四〇年加入軸心（最終共六個歐洲國家加入），義大利則於一九四一年加簽反共協定（最終共十六的政府簽署，包括中國的偽滿州國與汪精衛政權）。

71 在一九三九年四月天津事件引發日軍封鎖英租界的糾紛後，日本外相有田八郎與英國駐日大使克萊琪七月在東京簽下《有田－克萊琪協定》（Craigie-Arita Formula），英國決定退讓並「完全承認日本在中國造成之實際局勢」，中共稱其為「東方慕尼黑事件」。

72 格魯（Joseph Gery）著，蔣相澤譯，《使日十年》（北京：商務印書館，一九八三年），頁三六二。

一九四〇年通過《華錫借款合約》，開始對中國進行經濟援助，[73]至於大規模援華行動的開展，還是得等到一九四二年之後了。

美蘇拉鋸：抗戰後期的中國外交發展　蔣介石曾於一九三五年宣稱「和平未到完全絕望時期，絕不放棄和平，犧牲未到最後關頭，亦決不輕言犧牲」，呼應其前此以妥協為主之一貫外交方針。儘管在民族情緒高漲的輿論壓力下，南京政府被迫在一九三七年盧溝橋事變後宣佈將「抗戰到底」，但在此同時，仍嘗試與國際聯盟及《九國公約》締約各國接觸，商討和平解決爭端的可能性。[74]只不過受限於國家實力與國際環境等現實，這些努力都未能成功。

相較國府不放棄和平希望，在野的中共則主張略有不同。剛於一九三六年底藉《西安協定》重獲生機的共產黨，無論就力量或地位而言，都與實際外交決策過程無緣，但這並非說他們便毫無看法。早在長征途中，中共便於一九三五年發表〈八一宣言〉，強調國共應聯手抗日，同年底更在瓦窯堡政治局會議中正式提出「抗日民族統一戰線」主張。總而言之，他們既主張應正面回應日本的侵略，至於在戰略方面，毛澤東於一九三八年四月台兒莊大捷後發表的〈論持久戰〉文中，所謂「積小勝為大勝，以空間換取時間」的倡議，則為其重要之抗戰方針。

然而，正如前文一再重申，由於此際中國本身缺乏實力，所以其外交政策還是深繫於國際環境的發展。對此，一九四四年乃另一個關鍵年頭。

就美國來說，中國戰區參謀長史迪威（Joseph Stilwell）與蔣介石之間齟齬日深，雖似乎迫使其必須在對華政策上有所調整，事實上，就當時美國的對日方略來看，太平洋已成為決勝的主戰場，中國戰區的發展則大體與戰爭勝負本身無關。[75]美國所以願意撤換史迪威，基本上乃著眼於考量戰後遠東局勢而來。為獲取一個穩定的中國以減少在戰後可能的付出，美國於同年派出赫爾利（Patrick J. Hurley）使華，並開始介入調停國共關係。這種態勢在大戰結束與冷戰隨即爆發的環境刺激之下，可謂愈發明顯。例如，美國國家安全委員會曾在一九四八年報告中提到：「美國在中國的長期基本目標，在於推定一個穩定的代議制政府，來領導一個獨立統一、與美國保持親善，且能在遠東阻止蘇聯侵略的中國。」[76]這當可使我們瞭解美國介入國共內戰的原因。

至於在蘇聯方面，同樣在一九四四年，由於聯軍成功在諾曼第登陸，義大利也隨即宣布投降，在歐洲戰局看來樂觀的同時，英美等國乃開始考慮到結束亞洲戰事的問題。對此，蘇聯

---

73 吳東之編，《中國外交史：中華民國時期》，頁四五四至六一。根據四月二十日簽署的《華錫借款合約》，美方據此貸給中方兩千萬美元，中方則以雲南錫礦做為抵押。另可參考吳景平，《國民政府時期的大國外交》（賞海：上海人民出版社，二〇一二年），頁二三六至二三七。

74 董霖，《顧維鈞與中國戰時外交》（台北：傳記文學出版社，一九七八年），第一章與第二章。

75 梁敬錞，《史迪威事件》（台北：商務印書館，一九八二年），頁二六八。

76 轉引自王緝思，〈一九四五至五五年美國對華政策及其後果〉，《歷史研究》，第一期（一九八七），頁四一。

是否參戰便被視為有助於降低美國負擔的作法（羅斯福在一九四三年德黑蘭會議中已就此對史達林略有提及）。恰於此時，蘇聯與中國之間也存在著雙重問題：首先當然是其繼續支持中共與國府競爭政權的政策，其次則是由於一九四四年底伊犁獨立事件所激發出來的邊境衝突問題。[77]對美國來說，維持穩定的中國與爭取蘇聯參戰便成為一個「兩難」問題。

前述問題最終在一九四五年二月的雅爾達會議中獲致結論：無法預見自己將於兩個月後過世的羅斯福，決定以犧牲中國權益，換取蘇聯在歐洲戰事結束後儘早發兵對抗日本，以便縮短戰爭時間與美國可能的損失。為此，美國越俎代庖為中國做出的讓步承諾包括：保存外蒙古（蒙古人民共和國）現狀、恢復日俄戰爭前俄國之權利（包括庫頁島南部及其附近島嶼）、大連闢為國際港、旅順租與蘇聯為基地、中東鐵路及南滿鐵路由中蘇合營（但維持中國在滿州主權）等。由於出讓的是中國的權益，不管道德與否，站在國際法角度上，還是得由中國來背書才行，於是國民政府便在接替羅斯福擔任總統之杜魯門的要求下，被迫與蘇聯簽署協定以確保密約內容。

一九四五年六月，中國派出行政院長宋子文、外交部長王世杰與蔣經國前往俄國談判，儘管日本最終於談判簽字前四小時便宣告投降，使締約原因消失，但在蘇聯陳兵東北與新疆邊界的威脅下，中國終於同意在蘇聯保證東北領土主權與行政完整、不以軍援接濟新疆叛亂、對中國之援助應以中央政府為限等條件下，同意讓外蒙古獨立，並簽署了《中蘇友好同盟條約》。[78]中國承諾於外蒙古經公民投票決定獨立後予以承認，中東與南滿鐵路由中蘇共管三十年，大連為自由港且設施一半租與蘇聯三十年，旅順港由中蘇共同使用三十年。至於蘇聯則承諾給予中國中央政府（國民政府）以道義與物資之援助，承認中國在東北之領土、主權與行政完整，申明無干涉新疆問題之意，並於日本投降後三個星期內分三個月撤軍。

從條約本質看來，極具諷刺意味的是，此實為中國在一九四二年宣稱「廢除所有不平等條約」後，隨即再度被迫簽訂的另一項不平等條約。一方面反映出此際國際結構之複雜背景，以及中國因對日戰爭而獲致「強權」地位之幻象與不真實性，更重要者，它同時也為戰後國共權力平衡的逆轉埋下伏筆。

77 由於新疆地區實際領導人盛世才聯合國民政府排擠蘇聯勢力，迫使後者在一九四三至四四年間陸續撤出在新疆的裝備、人員與物資，但其後蘇聯仍利用一九四四年十一月的伊犁暴動派兵參戰，並進而在一九四五年初控制伊犁全境。

78 熊志勇、蘇浩，《中國近現代外交史》（北京：世界知識出版社，二〇〇五年），頁四二〇至四二三。

平壤之秋　一九四九—一九五四

自清末乃至於民國時期，甚至在中共建政後，近百年來影響中國外交決策之最重要環境因素始終有二：首先是國外強權的介入壓力，其次則是國內愈發高漲不退的民族主義情緒。至於決策者用以調適這兩股力量的考量準則，則為設法同時保全國家與政權的「生存利益」。無論從一九四九年分裂前夕的最後一瞥，以及兩岸領導者在一九五〇年代初期對當時世局及自身地位的認知，都深刻影響兩岸政權在此時期中的外交策略變化與對外關係發展。當然，美國與蘇聯仍是此際最重要的獨立歷史變數，因而其國際觀與外交政策的形塑也是此處檢視焦點之一。

二次戰後初期的全球新形勢　在經歷一段無法估計損失的歲月後，邱吉爾口中這個「受害而顫抖的世界」再度面臨一個新的挑戰。[79]至於影響二次戰後新局面誕生的則是下列幾個狀態：首先是舊世界核心的崩潰。在十五世紀以來，歐洲不但是全球化進程最主要的動力來源，自十八世紀末工業革命後，更晉升為世界的政治、經濟、文化與軍事核心所在。但經過一九一四至一八年第一次大戰衝擊後，此種地位已明顯開始動搖，二次大戰的蹂躪更使其瀕臨崩潰邊緣。其中，德國在戰敗陰霾下被迫瓦解，甚至國家地位岌岌可危，英國的保守黨甚至在戰爭未結束前的大選中便提早下台，法國則在戰後初期重回多黨內閣制的黨同伐異當中。總的來說，歐洲局勢可說一片混亂。

於此同時，帶領大戰獲勝的美國則一度掙扎於霸權與孤立政策之間。當戰爭於一九四五年結束時，此刻美國雖擁有全球四成收入與一半以上工業機械，可謂名副其實且獨一無二的超級強權（superpower），但如史斑尼爾的描述，「美國人民向來輕視權力，倘使美國被激怒了，便會訴諸武力，……但戰爭的目標僅在摧毀敵人。……美國在傳統上拒絕接受戰爭是種政治工具

---

79 史壯伯格（Roland N. Stromberg）著，《西洋現代史》（台北：正中書局，一九九一年），頁三一五。

的說法，也反對將戰爭做為政治的延伸。」[80]換言之，基於傳統上的孤立主義態度，美國通常極難決定參與戰爭（在兩次世界大戰中均是如此），且一俟戰爭結束，隨即傾向切斷與戰爭的關聯。儘管如此，二次大戰的結束與其後爆發冷戰幾乎沒有間隙，使美國陷入兩難情境之中。

無論如何，歐洲崩解帶來了全球性權力真空的浮現。除了美國之外，第二次世界大戰幾乎摧毀所有戰前（包括歐洲與日本在內）的強權國家，不管是戰勝國或戰敗國（甚至有學者認為，事實上美國乃是大戰中唯一的勝利者）。加上正如前述，美國似乎無法立即決定肩負起做為全球秩序平衡者的責任，於是從歐洲、亞洲到非洲，到處充斥著由於權力真空引發之混亂，企圖挑戰現狀者比比皆是。儘管民族獨立風潮此起彼落，新國家或新政權不斷產生，體系結構之定位與未來仍舊難以露出曙光。最後，值得注意的是蘇聯世界革命政策的影響。二次戰後的新世界雖然常被習慣稱為「兩極體系」，從而給人一種平行對立的想像空間，但美蘇兩強不管在勢力範圍或者實際國力方面都是明顯不平衡的。若此，所謂冷戰（Cold War）的最初根源又從何而來？儘管如同本書一般，梅森也認為只有回到一九一七年才能理解後來這一段長期纏鬥的來龍去脈，[81]但相較主流論述長期聚焦在意識形態差異上，地緣政治考量亦不容忽視。

除了國家利益，地緣政治永遠是影響國家外交政策之最關鍵思考點。

自從歐洲透過十六到十八世紀的地理大發現奠下了今日全球化基礎，尤其歐洲在十九世紀取得主宰地位之後，所謂世界島（the World Island）便成為其宏觀大戰略的思考核心。從地理看來，世界島意指由歐亞（Eurasia，包括歐洲、中東、東亞與南亞）與非洲所共同組成、佔全球陸地面積近六成的單一巨型大陸（從某個角度來說，歐洲不過是位於此一巨型大陸左側之超大半島）。儘管自十六世紀後，日益增長的能量與信心讓歐洲決定將自己「獨立」出去，但它始終沒有忘卻過自身的邊陲性，以及來自世界島心臟地帶（heartland）的壓力。[82]例如，首倡此一概念之麥金德便「不無憂慮」地把內亞地區（過去由遊牧民族控制，如今則由俄羅斯取代）視為某種地理「樞紐」或「心臟地帶」，據此得出「控制東歐便可支配心臟地帶、控制心臟地帶便可支配世界島、控制世界島便可支配全世界」的結論，[83]並警告若世界島大部分被置於某種單一控制之下，憑藉其整合陸地與海洋資源之龐大基礎，將可能帶來一個無可抑制的「世界帝國」。

事實上，早在前述學術推論之前，英國早已將其實踐於整個十九世紀的對俄羅斯外交當中，從黑海、波斯、阿富汗，乃至於中國新疆，[84]支配倫敦此一帶狀地緣戰略之思考與作為，最後成為某種交接給美國的「任務遺產」與「圍堵」政策之根源。可以這麼說，排除意識型態

80 史斑尼爾（John Spanier）著，方海鶯譯，《當代美國外交史》（台北：桂冠圖書公司，一九八八年），頁一五。

81 梅森（John Mason）著，何宏儒譯，《冷戰》（台北：麥田文化，二〇〇一年），頁一五至一八。

82 蔡東杰，〈新地緣時代來臨及其戰略意涵〉，《歐亞研究》，第一期（二〇一七），頁二至三。

83 Halford Mackinder, "The Geographical Pivot of History," *The Geographical Journal*, 23:4（1904）, pp.421-437; *Democratic Ideals and Reality: A Study in the Politics of Reconstruction*（London: Constable & Co., 1919）.

84 Peter Hopkirk, *The Great Game: The Struggle for Empire in Central Asia*（New York: Kodansha, 1992）.

差異不論，正因蘇聯在二次戰後立即朝東歐、西亞與東亞等面向進行填補真空的動作，特別是在希臘與土耳其的活動深深地觸動了英國長期以來的外交敏感性，在其敦促下，美國於一九四七年三月宣佈了著名的「杜魯門主義」：「我們必須協助自由的人民保護自己的國家並維護其國家完整，以對抗極權政體由於希望控制他們而展開的侵略行動；我們必須坦白承認，極權政體以直接或間接的侵略行為迫害自由人民，傷害了國際和平基礎，也因此危害了美國的國家安全。……本人相信，我們必須援助這些人民以其方式達成其目的。」[85]同年七月，肯南繼續據此發揮說道：「在這樣的環境中，顯然美國對蘇聯政策的要點，都必須是一種對俄國擴張趨勢之長程、有耐心，但堅定而警覺的圍堵。」[86]

從另一角度看來，蘇聯除懷璧其罪（接近地緣心臟地帶）外，確實不無藉機擴張以填補真空的想法。例如，史達林雖在一九四三年以解散第三國際做為「投名狀」，爭取美英在戰時予以支持，但戰後則隨即在一九四七年聯合歐洲其他八個共產黨，宣布成立共產情報局（Cominform），並在會上聲稱「世界現在已經分成兩個敵對集團，時機已經到了，蘇聯將致力協助殖民地人民驅逐任何形式之種族壓迫及殖民剝削。」[87]據此則美國的推論既未必基於想像，至於由此成形的「圍堵」（containment），加上核子軍備競賽帶來的衝突凍結性，便是所謂緊張但衝突有限的「冷戰」。

個人認為，相對於十六至十七世紀的大航海與地理發現，以及十九世紀的帝國主義擴張，二十世紀中期的冷戰無異為人類帶來另一波全球化浪潮，其特徵主要有三：首先是政治性大於經濟性。過去，不管是尋找新航路或新市場，人類的擴張動力始終集中來自對於滿足經濟利益的無窮欲求，而驅動二十世紀中期這股擴張者，表面上卻是以政治意識型態為主。為滿足或爭取更高的合法性或優勢，代表著兩種思考模式（無論是政治或經濟面向）的美國與蘇聯不斷對外爭取盟友或互挖彼此牆角，方式則包括威脅利誘或支持獨立在內。

其次是民族主義風起雲湧。儘管十九世紀被某些人稱為「民族主義的時代」，伸張族群權益始終似乎是僅屬於歐洲白種人的特權，隨著他們將民族與國家的生存利益結合為一，相對卻往往以剝奪其他民族或國家利益做為代價。不過，隨著歐洲殖民主義在戰後走向終結，獨立浪潮乃如百花齊放般四處散播。於此同時，國家地位在法律上齊一化也不容忽視。自古以來，階層性一直是各地國際社會不變之共同特徵，尤其從十九世紀至二十世紀中期，實際擁有獨立國際法身分的僅限歐美一小撮國家，至於全球各地則散落著國際地位不完整的保護國、屬國、

---

85 *Public Papers of the Presidents: Harry S. Truman, 1947* (Washington D.C.: Government Printing Office, 1963), pp.178-179.

86 肯南（George Kennan, 1904-2005）為美國圍堵政策的主要設計者，一九四二至四六年間擔任駐莫斯科使館外交官；其理論基礎大部分表現於以「X」為筆名發表的文章中，但二十年後，他又在回憶錄中對此有所補充，參見：George Kennan, "The Sources of Soviet Conduct," *Foreign Affairs*, 25:4 (1947), pp.556-582; *Memoirs,1925-1950* (Boston: Little Brown, 1967), p.378.

87 柯洛齊（Brian Crozier）著，林添貴譯，《蘇聯帝國興衰史》（台北：智庫文化，二〇〇三年），頁一一三。

自治領、殖民地、委任統治地等單位，以及受不平等條約壓迫、名雖獨立但實則自主受限的國家。在二次大戰結束後國家間的權力對比雖不可能抹滅，至少在國際法上的地位一致無二。

在此情況下，中國再度面臨了另一波的外部環境挑戰。

美國的介入中國內戰　中國在歷經八年長期對日作戰後，隨即又陷入內部戰火當中，不能不說是國、內外因素複雜交錯下的悲劇結果。

在國外部分，無論為了滿足自舊俄時代以來的領土擴張欲求，抑或由於政體轉型（建立共產政權）衍生之意識型態利益，都讓蘇聯鎖定中國為東亞地區的攻略重點。於此同時，中國人民對於國際地位與生活水準長期低落的不耐，也因為抗戰促使民族主義與群眾自覺臻於高峰而徹底爆發出來。既然執政的國民黨缺乏提供解決問題途徑的能力，身為挑戰者的共產黨自然有機會脫穎而出。更甚者，基於中國長期以來以武力解決統治權零和競賽的傳統，引發內戰衝突乃無可避免。

不過，國共雙方雖皆企圖以武力解決爭奪政權的問題，中國自民國時期以來歷經國民革命、二次革命、反袁起義、軍閥混戰、北伐、第一次國共內戰，乃至於長達八年的中日戰爭，近三十餘年之長期戰火蹂躪早已幾乎耗竭國家的所有能量，基於爭奪統治權之零和競賽特質，內戰之爆發儘管無可避免，最後勝負之決定權則或不在缺乏資源的國共雙方手上，而是由當時世界兩大主角（美國與蘇聯）來掌握。由於蘇聯在競賽初期實力不足，加之以此際主要將擴張重心放在東歐地區，因此對中共僅能給予間接援助，至於決定直接並積極介入的美國則正好相反，這便使後者在中國內戰初期扮演著更為關鍵的角色。

大體來說，美國出面介入中國問題的原因不外乎以下幾點。

首先是基於美蘇對抗的戰略思考。正如杜魯門所言：「除非我們強烈支持中國，否則蘇聯將在遠東取代日本的地位。」[88]美國在冷戰時期所承接者，部分是英國圍堵俄國的傳統，亦即阻止俄國（蘇聯）成為兼具陸上與海上強權的國家。對此，若蘇聯順利透過中國而控制東亞沿海的話，將使圍堵政策出現難以彌補的重大缺口，因而美國必須想辦法介入此間衝突乃可想而知，最起碼目的乃是阻止衝突擴大，以免危及區域安全。除此之外，即便美國在冷戰初期或許不情願甚或被動接下國際霸權的責任，[89]但既然身為霸權國家，自然會使該國政府及人民產生一種額外的責任感與榮譽心，亦即自認為對國境之外的事件有干涉之必要。對此，美國總統羅斯福自戰時便開始以中國為核心來思考未來的亞洲秩序問題。他的想法是最好中國能承擔起區域性國際警察的角色，這也是他所以拉攏中國進入「四強」的原因。[90]不過，若想使中國能確

88 Ernest R. May, *The Truman Administration and China* (New York: J.B. Lippincott Co., 1975) , p.10.

89 Robert Keohane, *After Hegemony: Cooperation and Discord in World Politiical Economy* (Princeton: Princeton University Press, 1984) , pp.39-40.

90 麥瑟（Robert L. Messer），〈美國對東亞冷戰的看法〉，入江昭與孔華潤編，《巨大的轉變：美國與東亞》（上海：復旦大學出版社，一九九一年），頁二二六至二二七。

實地擔負起此種責任，美國便得協助其早日獲致國內秩序的穩定。

最後，則是美國對國共兩黨的印象與看法。美國雖與國民政府有長期合作經驗，但自抗戰期間的「史迪威事件」以來便埋下齟齬不和的根源。至於在中共部分，由於有相當多媒體工作者乃至國會議員對其有好感，使其在宣傳方面占有優勢。這對後來發展產生兩個影響：首先是美國在調停過程中採取承認（國民黨執政）現狀但傾向中立的態度，其次則是在整個冷戰期間，儘管美國認定與蘇聯之間存在根本之思想歧異，並以此做為衝突之正當性，卻始終傾向將中國視為共產集團中的一個例外個案。[91]

總而言之，杜魯門首先聲明：「中國之民主對世界和平極為重要；國共雙方應即停止衝突，謀求和平解決方式；國民黨政府應網羅各界份子共同參與；美國調停的基本立場是不進行軍事干涉。」[92]接著便派馬歇爾為特使來華進行調停。[93]馬歇爾建議國共應馬上停止敵對行為，將雙方軍隊按相對實力訂出合理比例，同時召集全國性跨黨派會議。據此，國府代表張群、中共代表周恩來與馬歇爾共同組成「三人小組」，負責協商並監督其執行結果。根據小組決議，國共兩黨在一九四六年一整年中連續發布了以下三次停戰令：第一次在一月份，內容包括立即停止戰鬥行動、立即停止軍事調動、立即停止破壞交通、設置軍事調處執行部等。[94]在第一次停戰令發佈後，由於蘇聯自四月起逐步撤出在東北的部隊，如同一九二七年上海爭奪戰引發寧漢分裂般，爭取當時中國最現代化的東北地區再度引爆國共衝突。[95]基於雙方仍在東北地區繼續激戰的事實，於是在馬歇爾與雙方協商下，於六月再度頒佈第二次停戰令，東北的國民政府軍隊也因此停止攻勢。隨著前述停戰令生效，國府隨即宣佈召開國民大會並準備制訂憲法，中共對此提出抨擊，美國則要求國府調查民主人士被刺殺事件並停止供應軍火。由於國共部隊在張家口相持不下，和談未能順利進行，最終在馬歇爾調停下，國民政府部隊先收復張家口並開始召集國民大會，十一月第三度發布停戰令。

綜觀整個停戰協商過程，馬歇爾最初雖然抱持繼續承認蔣介石與國民政府領導權的態度，[96]但因蔣氏完全無法同意與共黨分享政權，並堅持以武力解決問題，調停可謂完全失敗，[97]

---

91 在一九四四年五月一個媒體參訪團結束延安之旅後，美國在同年七月首度與中共取得正式聯繫，派出名為「迪克西使團」（Dixie Mission）之軍事觀察組前往延安，至一九四七年三月國軍攻入延安時才撤離，前後有七人擔任過組長職務。David D. Barrett, *Dixie Mission: The U.S. Army Observer Group in Yenan, 1944*（Berkeley: University of California Press, 1970）.

92 *United State Relations with China*（The China White Paper）, pp.127-129.

93 馬歇爾（George C. Marshall, 1880-1959）在一九三九至四五年間擔任美國陸軍參謀長，一九四六至四七年退役後奉派前往中國調停內戰，一九四七年返國後接任國務卿，一九五〇年起負責推動「歐洲復興計畫」並以此於一九五三年獲頒諾貝爾和平獎。

94 據此成立「北平軍事調處執行部」。國民黨代表為鄭介民，中共代表為葉劍英，美國代表為羅伯森，同時派出四個停戰小組進行監督。

95 Tang Tsou, *America's Failure in China, 1941-1950*（Chicago: University of Chicago Press, 1963）, pp.418-421.

96 "Memorandum of Conversation by Marshall," Dec. 11, 1945, *Foreign Relations of the U.S. Diplomatic Papers*（Washington, D.C.: Government Printing Office, 1945）, pp.762-763.

97 George C. Marshall, *Marshall's Mission to China*（Arlington: University Publication of America, 1976）, pp.516-521.

馬歇爾也黯然離開中國。至於其影響則如陳納德所言：「逐漸建立一個較強勢中央政府的趨勢被逆轉了，軍事平衡再次轉移而有利於中國共產黨。」[98]

政策躊躇：從白皮書到台灣海峽中立化　一九四九年八月初，國民政府遷至廣州，顯示第二次國共內戰已接近尾聲，此時甫上任未久的美國國務卿艾奇遜（Dean G. Acheson）決定公佈所謂《對華政策白皮書》。[99]根據其內容，美國的用意可能有如下兩點：首先是撇清對於「失去中國」的責任。正如當時美國駐華大使司徒雷登所言，國務院決定發表白皮書的原因乃是欲「回顧近年來美國對華政策，以回答國會與各界的抨擊」，其中最清楚的一段指出：「中國內戰之惡果，非美國政府所能左右；此項結果不因我國之任何作為，或我國能力合理範圍以內所能為，而即可使之改變者；亦不因我國之任何所未為，而致使其發生者。」正如毛澤東的批評：「白皮書乃是一份反革命歷史文獻，它公開證明美國帝國主義曾干涉中國內政。」[100]換言之，美國的干預內戰乃是事實，而既干預又拒絕隨之而來的權利義務關係，顯然也不太理性。

其次是將失敗主因歸於國民黨。白皮書接著提到：「國民黨在戰前曾經歷十年剿共而無功。……自對日戰爭結束以來，美國政府以贈與及信用貸款方式，所給國民政府之援助，總數約二十億美元。……因此在一九四八年的重要年代中，無一次失利係由於缺乏裝備或軍火。……國軍無須被擊敗，便已自行解體。」此段敘述部分確係事實，美國在內戰期間確透過出售（僅具形式意義）、交換（以物資交換中國的服務）、租借（沿用租借法案）、贈送（包括軍火與金錢）、讓渡（讓與美國遺留於中國的物資）、借貸，以及軍事顧問團等多重方式進行援助。[101]儘管如此，若忽略美國政府在調停前後對國民政府的負面批評，以及並未完全釋出運用援助之自主性，似乎也不完全公道。

值得注意的是，理論上應該支持中共的蘇聯，在國民黨政府崩潰前夕依舊承認其合法性，甚至一路隨南京政府撤退，但原本傾向國民黨的美國卻在國府遷離南京後，將司徒雷登大使留駐原地等候與中共談判。[102]在冷戰高峰期的一九四九年，美國的行動似乎再度印證了前述介入理由之一，亦即其朝野均對中共抱持著善意與期待。如同駐北平參事克拉柏（O. Edmund Clubb）所言：「我們有理由相信，共黨領導者確實希望美國的承認。」[103]事實上，美國不僅希望透過正式外交關係來拉攏中共，以避免其真正成為蘇聯的傀儡附庸，於此同時，美國國家安

98 Claire L. Chennault, *Way of Fighters* (New York: G.P. Putnam's Sons, 1949), p.xii.

99 所謂《對華政策白皮書》正式名稱為《美國與中國的關係：特別著重一九四四年至一九四九年的階段》（*The China White Paper, originally United States Relations with China: With Special Reference to the Period 1944-1949*），參見 Dean Acheson, *Present at the Creation: My Years in the State Department* (New York: W.W. Norton, 1969), p.302.

100 簡後聰，《美國對華政策的演變與研析》（台北：大中國圖書公司，一九八五年），頁一二八。

101 吳東之編，《中國外交史：中華民國時期》（鄭州：河南人民出版社，一九九六年），頁六八三至六八四。

102 Theodore His-en Chen, "The United States and the Far East," *Current History*, 28 (1955), p.22. 當時蘇聯駐中國大使羅申（Roshchin）直到中共建政隔天的十月二日才宣布與國府斷交。

103 *Foreign Relations of the United States, 1949*, Vol. IX, p.121.

全會議也建議：「美國政府將不承諾以任何武力去防衛台灣，美國對台灣的態度主要依賴目前政府是否能建立有力的政權。」[104]

直到一九五〇年一月，杜魯門仍再度保證美國將遵守一九四三年〈開羅宣言〉與一九四五年〈波茨坦宣言〉中有關台灣的協議，聲稱：「美國對台灣或中國其他領土向無企圖，無意在台灣取得特殊利益或軍事基地，更不欲在此時以武力介入；美國政府不會採取任何足以涉入中國紛爭的行動，也不會對台灣提供軍事援助及顧問。」[105]國務卿艾奇遜同年三月於參議院外交委員會作證時也表示：「要保證台灣不致在中共的攻擊中陷落，是不可避免的，唯一的途徑便是美國的干預。……但我們為何要與整個對華目標背道而馳，只不過為了一個並非極端重要的島嶼而與中國作戰？」

顯然，堅持「一個中國」並以放棄台灣做為交換中共支持的條件，乃是此際美國外交政策的主軸。但有兩個變數是美國無法控制的，首先是中共該時仍有依賴蘇聯的必要性（包括必須考量到漫長中蘇邊界可能帶來的安全威脅），其次則是朝鮮半島的緊張局勢。因此從事實看來，美國既無法立即與中共方面取得外交聯繫或建立正式關係，又由於韓戰爆發導致雙方直接軍事敵對，歷史發展乃迫使美國向「兩個中國」過渡。至於在此期間的第一個關鍵發展，自然是所謂「台灣地位未定論」。

一九五〇年六月二十五日爆發的韓戰，如同一九三六年十二月十二日的西安事變一般，都成為改變國共關係與中國命運的歷史轉捩點。

杜魯門早在一九五〇年初便公開宣告：「台灣未來地位之決定應俟太平洋地區安全恢復，中日和約簽署後，或交由聯合國討論。」[106]這點雖顯然與上述遵守戰時宣言的聲明有所矛盾，卻為美國留下了日後談判的籌碼與空間，並使其在半島戰爭爆發後，以此做為正當性派遣第七艦隊前往台灣海峽巡弋，來維持台灣的「中立」地位。

值得注意的是，一般認為艦隊用意是保護台灣，事實則或不然。根據杜魯門在一九五〇年六月的說法：「我呼籲中華民國在台灣的政府停止所有反擊大陸的海空行動，第七艦隊將執行此一任務。」艾森豪總統於一九五三年修正艦隊任務時也指出：「我們確實沒有意願去保護一個正在朝鮮和我們作戰的國家，第七艦隊將不再擔任中國大陸的屏障。」艾里曼同樣認為，「此項任務最重要的目標，是確保海峽雙方不會橫跨海峽去攻擊對方；這種認知雖通常都認為美國政府只把焦點放在中共身上，事實上，他們也抱持同樣的理由要擔心國民政府可能越渡海峽入侵對岸，從而引發新一輪世界大戰。」[107]可見艦隊協防主要目的並非「台灣中立化」，而是「海

104 ibid. pp.392-397.

105 Staff of the Committee and the Department of State, *A Decade of American Foreign Policy Basic Documents, 1941-1949* (New York: Greenwood Press, 1968), pp.727-728. 事實上，美國雖裁撤「聯合軍事援華團」，仍於一九四九年七月派退役海軍上將柯克（Charles Cooke, Jr.）前往台北編組「技術顧問群」，擔任蔣介石的私人軍事顧問。

106 *The Department of State Bulletin*, July 3, 1950, p.5.

107 艾里曼（Bruce Elleman）著，吳潤璿譯，《看不見的屏障》（台北：八旗文化，二〇一七年），頁四二。

峽中立化」，尤其當時退守台灣的國府其實仍在海軍上佔優勢，[108]更必須防止蔣介石藉此「反攻大陸」，[109]為美國製造無謂事端。

其次，儘管有著前述糾葛，隨著美國於一九五三年派公使藍欽（Karl Rankin）抵達台灣，象徵雙方正式外交關係的恢復。更甚者，次年《中美共同防禦協定》的簽署既終結了台灣地位之爭議，同時底定了兩岸自此分治的事實。當然，一九五〇年代初期的兩岸複雜局勢，也開啟了美國政府事實上的「兩個中國」政策。

屈從現實壓力的革命家

新中國的外交政策綱領　無論如何，一九四五年的《雅爾達密約》與一九四六年美國介入調停的失敗，直接或間接埋下了國共雙方權力平衡逆轉的伏筆。約莫於一九四八年與一九四九年之交，隨著國共戰局逐漸明朗化，中共除在一九四九年三月的二中全會與同年九月的第一次中國人民協商會議中，針對未來外交工作提出指導方向外，毛澤東也在同年提出「另起爐灶、打掃乾淨屋子再請客、一邊倒」等三條方針，[110]做為下一階段處理對外關係之概念性原則。

毛澤東的三條方針，其實正反映出新政權在面對新的外交局面時所需化解的三個環境壓力來源：首先，「另起爐灶」指的是相對於正常而傳統的國際慣例，亦即新政權多半傾向承繼舊政府之對外關係遺產，中共則採取了否認與重新締造的態度，[111]可說是回應了中國自清季以來長期積壓的「民族主義」情緒，企圖顛覆過去「屈辱性外交」的發展歷史，[112]也是前章所敘革命外交時期政策的延續翻版。其次，「打掃乾淨屋子再請客」名義上雖強調先清除舊帝國主義勢力在中國境內的殘餘影響，實則指的或是徹底殲滅國民黨殘餘力量，使國內外投機者毫無另一擇選項或者坐收漁利的機會。最後，最為關鍵的「一邊倒」，則直接挑明了中共建政初期最大外交困境所在，亦即對蘇聯的嚴重依賴問題。[113]對此，將在本節下個段落中詳述。

除了前面三條方針外，做為中共新外交政策擘畫者，周恩來也在一九五二年四月一篇題為〈我們的外交方針與任務〉的文章中，以此為基礎，再加上「禮尚往來」（對資本主義國家採取後發制人作法）、「互通有無」（根據平等互利原則對外接觸）與「團結世界人民」（尤其是

108 美國在一九四五年戰爭結束時，透過《五一二公共法案》（Public Law 512），提供並轉移多達兩百一十七艘艦艇給中華民國，此外，國府除分配到日本賠償九十七艘船艦的四分之一，還接收了四十艘被拆卸武裝的日本船艦。甚至自一九四九年起，便在美國支援下進行沿海封鎖，持續到一九五八年為止。

109 時至一九五六年，蔣介石還曾試圖秘密發起「國光計畫」，從福建與廣東登陸進行反攻。

110 韓念龍主編，《當代中國外交》（北京：中國社會科學出版社，一九八七年），頁三。

111 謝益顯主編，《中國當代外交史》（北京：中國青年出版社，一九九七年），頁三至四。相對地，例如一九一二年中華民國臨時政府於一月五日發布之〈對外政策宣言〉，便聲稱「凡革命以前所有滿政府與各國締結之條約，民國均認為有效，至於條約期滿而止」。

112 周恩來，〈新中國的外交〉，《周恩來外交文選》（北京：中央文獻出版社，一九九〇年），頁一至七。

113 楊勝群、田松年，《共和國重大決策的來龍去脈》（南京：江蘇人民出版社，一九九六年），頁四六二。

聯合原先的被殖民國家）等另外三條方針。[114]顯示中共並未自我僵化在「一邊倒」的框架中，而是希望跳脫意識型態限制，保留與資本主義國家交往的彈性空間，同時預留日後所謂「三個世界」理論的張本。

無論如何，前述方針不過是中共領導者的個人看法，真正具法律效力的政策指引還是在一九四九年九月由中國人民政治協商會議第一次會議通過的《共同綱領》，[115]其中便將毛澤東的三條方針加以法律化。例如〈總綱〉第三條所謂「中華人民共和國必須取消帝國主義國家在中國的一切特權」便是「打掃乾淨屋子再請客」的延伸，至於第七章〈外交政策〉第五十五條中所謂的「對於國民黨政府與外國政府所訂立的各項條約與協定，中華人民共和國中央人民政府應加以審查，按其內容分別予以承認、廢除、修改或重訂」，則回應了「重起爐灶」的說法。

這些充滿革命性的外交政策指導，儘管正面回應了中國人民強調民族自主與求新求變之想法，嚴格說來，能否加以落實還是有賴於國家擁有的真實能量。

例如，中共在外交政策上存在之理論與實際落差，明顯反映在中蘇關係上頭。甚至在建政以前，由於戰況一度不利，中共為尋求蘇聯進一步支援，曾在一九四七年與後者簽訂所謂《哈爾濱協定》，藉此以所謂「合作發展」東北經濟以及允許蘇聯對東北地區享有特殊之交通利益等「不平等協議」，換取蘇聯更多的援助承諾，其後又於一九四八年底派員赴蘇簽訂《莫斯科協定》，允諾更多的採礦與駐軍特權交換蘇聯真正的大量軍經援助。[116]值得注意的是，即使如此，由於一九四七年因「杜魯門主義」開啟之冷戰情勢尚未明朗化，為蓄積力量防範美國進一步介入東亞事務，蘇聯並未因此便真正積極支持中共，[117]由此也可以看出，中共最初對蘇聯政策的弱勢與被動性，尤其在隨後的「一邊倒」宣示中更加明顯。

一邊倒之不得不然與挑戰　毛澤東在一九四九年六月三十日〈論人民民主專政〉文中曾如下說道：「中國人不是倒向帝國主義的一邊，就是倒向社會主義一邊，絕無例外。騎牆是不行的，第三條道路是沒有的。」接著進一步又說：「中國人找到馬克思主義，是經俄國人介紹的。在十月革命以前，中國人不知道列寧、史達林，也不知道馬克思、恩格斯。十月革命一聲炮響，給我們送來了馬克思列寧主義。十月革命幫助了全世界的也幫助了中國的先進分子，用無產階級的宇宙觀作觀察國家命運的工具，重新考慮自己的問題。走俄國人的路，這就是結論。」[118]

114《周恩來外交文選》，頁五一。
115 謝益顯主編，《中國外交史：中華人民共和國時期，一九四九至七九》（鄭州：河南人民出版社，一九八八年），頁一〇至一二。
116 張玉法，《中國現代史》（台北：東華書局，一九八六年），頁七〇三至七〇四、七一〇至七一一。不過，前述兩個協定在中國大陸官方或學界論述對蘇聯關係時，皆並未出現。
117 Andrei Ledovsky, "Mikoyan's Secret Mission to China in Jan. and Feb. 1949," *Far Eastern Affairs*, 2 (1995), p.79.
118《毛澤東選集：第四卷》（北京：人民出版社，一九九一年），頁一四七七至一四七八。

做為中國共產黨的首要領導者，儘管罕見地缺乏「俄國經驗」，[119]此言之意涵自然足以發人深思。尤其是文章發表三個月後，中共政權正式成立，毛澤東也如同先前聲明的採取了「一邊倒」向蘇聯的政策，至於此種明顯表態，不免使西方學者傾向以意識形態因素做為瞭解中蘇共互動關係的主軸。雖然這段蜜月期並不長（幾乎不到十年即已結束），且表面上的分裂原因是中共指責蘇聯的「修正主義」，因而一般人就此認為，爭執重心仍舊是「意識形態」問題。但個人仍然相信，意識形態因素儘管重要，事實是否如此則仍有待商榷。

美國學者杭特（Michael H. Hunt）在一篇由歷史觀點討論中國外交關係的文章中曾如下歸結：儘管在中共領導人早期的外交政策中，或因意識形態之緣故，採取了向蘇聯全面配合之無彈性的危險方式，中國菁英分子長久以來自尊自大的排外心態仍不可避免地逐漸浮現，從而成為支配政策另一股不可忽視的力量。[120]的確，外交決策過程中經常存在若干為一般人忽視的「文化」因素，例如部分日本學者亦習慣將國際關係當成不同文化之間的互動來處理，甚至認為，國際衝突在本質上不過反映出不同文化之間的衝突而已。[121]這種看法無疑是頗具啟發性的。國際關係發展之難以預測，原因往往便在於國情不同與文化背景迥異，讓事件背離多數觀察家的看法而產生突如其來的發展。即使所謂「突如其來」就當事國而言，不過是「理所當然」而已。

無論如何，國家利益考量永遠是重中之重。

長久以來，國際關係學者們都希望從複雜的外交事件中推衍出最基本且可供分析的原則。

例如霍斯帝（K. J. Holsti）便由利益出發，將外交政策目標分為三大類：首先是與國家生存休戚相關，多半涉及自我防禦、邊境戰略考量以及統一內部分歧等的「核心價值與利益」；其次是藉由國際行動來改善經濟、追求威望，甚至採取擴張式帝國主義等的「中程利益」，此類目標常對其他國家有所要求並具某種程度的時間性；最後則是對國際體系抱持著計畫、理想與憧憬，有時且具有哲學意涵的「長程目標」。除此之外，紐克特南（Donald Nuechterlein）也進而依據國家所面臨問題的急切性，區分生存利益、重大利益、主要利益和周邊利益等四類政策目標。[122]前述這些簡單扼要之概念都提供了一個更清楚的角度，讓我們能以較為客觀而清晰的方式，去瞭解並分析國家的外交政策演變。

---

119 在中共主要領導人中，毛澤東是極少數在建政前從未到訪蘇聯者，但他一生中「唯二」出訪經驗都是前往莫斯科，第一次是搭火車在一九四九年十二月六日至一九五〇年二月十六日前往談判《中蘇友好互助同盟條約》，第二次是一九五七年搭飛機前往參加「國際共產黨與工黨代表大會」。

120 Michael H. Hunt, "Chinese Foreign Relations in Historical Perspective," in Harry Harding, ed., *China's Foreign Relations in the 1980's*（New York: Yale University Press,1984）, pp.4-6°

121 Kenichiro Hirano, "International Cultural Conflicts and Remedies," *Japan Review of International Affairs*, 2（1988）, pp.143-164; Samuel P. Huntington, *The Clash of Civilizations and the Remaking of World Order*（New York: Simon & Schuster, 1997）.

122 K. J. Holsti, *International Politics: A framework for analysis*（New York: Prentice Hill, 1988）, pp.120-135; David Nuechterlein, "The Concept of National Interest: A Time for New Approach," *Orbis*,23:1（1979）, pp.73-92°

以一九五〇年代的中蘇共關係為例。從「利益」角度看來，任何政治團體的首要目標都是維繫「生存」，[123]若非如此，則所有政治主張都將只是幻想和空談而已。如同前章所述，孫文所以最終採納「聯俄容共」計畫，主要關鍵正在於當時只有抱持共產主義的蘇聯肯對廣州伸出援手。因此，假若暫時排除意識形態因素（甚至中共乃由蘇聯一手策劃和組織起來的歷史事實），自一九三〇年代中期乃至一九四〇年代初，對困守陝北基地等候轉機的中共而言，面臨遭封鎖窘境，最重要的外援恰巧也只有蘇聯這個「老大哥」，其關係之密切與曖昧不問可知。

只不過，前述密切性是否就導致中共完全接受蘇聯的支配？其間的「必然性」顯然值得深入思索。相較其後的「反美反帝」的外交路線，一九四九年三月五日，當毛澤東預想可能取得勝利之際，雖在第七屆中央委員會第二次全體會議中聲稱「不承認國民黨時代任何外交關係和外交人員的合法性及一切賣國條約，並取消所有帝國主義在中國的宣傳機構」，實則仍允許帝國主義經濟事業和文化事業在大城市中存在，並聲明「除與社會主義國家來往外，同時也要和資本主義國家作生意」。[124]六月十五日，毛澤東進一步表示，任何外國政府只要斷絕與蔣介石來往，新政權將樂於與其建立外交關係。同時補充說道：「中國人民願意和世界各國人民實行友好合作，恢復和發展國際之間的通商事業，以利發展生產和繁榮經濟。」這不僅是周恩來日後補充毛氏方針的源頭，就一個行將成立的新政權而言，渴望得到世界各國承認亦極為自然，因為這涉及了生存的基本問題。尤其剛領導西方贏得大戰勝利，躋身世界第一超強的美國，理論上更不應放棄尋求與其接觸的機會。不過，顯然中共的嘗試非但並未成功，甚至還被迫確立了

「一邊倒」方針，正如宇佐美滋使用的字眼，「一個失去的歷史轉機」。[125]由這個角度來看，或許美國也應在中共走向所謂「反帝反美」的路子上負些責任。

關於華府所以拒絕和解的理由，前面已略有提及。值得一提的是，光是美國的態度並不足以構成一邊倒政策的內在正當性。

由當時國際局勢看來，爆發不久的美蘇冷戰正方興未艾，雙方的歧見事實上自波茨坦會議後已愈見加深，[126]至一九四七年雖勉強對義大利、保加利亞、匈牙利、羅馬尼亞及芬蘭等國和約達成協議，對德、日兩國的和約則始終無法達成共識。[127]尤其同年美國宣布「杜魯門主義」並決定軍援希臘之後，非但兩大強權劍拔弩張，全球兩大集團之互相對抗同時隱然成形。在此狀況下，多數國家幾乎都被吸納進美蘇兩國的羽翼之下，非友即敵。對剛剛成立的北京政權而言，似乎亦僅能選擇投靠其中一邊，中間路線在當時確實不太可能。

---

123 T. W. Robinson, "The National Interest," *International Studies Quarterly*, 11 (1967), pp.137-151; Hans J. Morgenthau, *In Defense of the National Interest* (Chicago: The University of Chicago Press, 1950), pp.117-118.

124 《毛澤東選集：第四卷》，頁一四三四至一四三五。

125 宇佐美滋，《米中国交樹立交渉の研究》（東京：國際書院，一九九六年）。

126 波茨坦會議於一九四五年七月至八月間，在柏林附近的波茨坦舉行，主要討論如何處理在五月投降的納粹德國後續事宜，以及如何繼續解決日本和建立戰後秩序等問題。相較前幾次戰時會議，除蘇聯代表史達林不變外，英國由艾德禮取代邱吉爾，美國則由杜魯門取代小羅斯福。

127 Geoffrey Brunn and Victor S.Mamatey, *The World in the Twentieth Century* (Lexington: Heath, 1967), pp.547-548。

客觀來說，中共雖不放棄與美國建交，畢竟知道無法過於期待。儘管當時美國內部親共份子不少，輿論在某方面也對中共頗多支持，在政治上更當《對華政策白皮書》發表後不久，華府與國民黨關係趨於惡化恰可見縫插針，但雙方意識形態有所差異，特別美國畢竟與原先國府有過長期合作關係，這對尚未鞏固政權的中共而言，恐怕是最值得擔憂的。反觀蘇聯方面，自中共創黨伊始就不斷提供物資援助（當然也附加了許多介入條件），特別在國共衝突擴大之關鍵時刻，「蘇軍在東北將奪得的一切戰利品無償交給中共軍隊，有步槍七十萬枝，輕機槍一萬一千挺，重機槍三千挺，大炮一萬八千多門，迫擊炮二千五百門，戰車七百多輛，飛機九百架，巨大彈藥庫八百座」，此一重大挹注是連口頭承諾都沒有的美國所難以相比的。據此，對急迫尋求生存利益的中共新政權來說，採取「一邊倒」政策就更能理解了。

一九四九年十二月，基於貫徹「一邊倒」的方針（當然也可能伴隨著新中國領導人的盛氣），儘管內戰尚未完全結束，國政百廢待舉，毛澤東仍「冒險」首度出國到蘇聯為史達林祝壽，在莫斯科花了近一個月時間親自周旋，雖因被刻意冷落，經常只好「在別墅裡睡大覺」，[128]終於在次年二月簽下《中蘇友好同盟互助條約》。此份條約表面上是個為防止日本再起所簽訂的軍事同盟，主要內容則包括：締約國雙方保證共同採取一切必要措施，以期制止日本或其他直接間接在侵略行為上與日本相勾結的任何國家，重新侵略與破壞和平。[129]於此同時，蘇聯同意貸款十二億盧布（三億美元）給中共，雙方並簽署《關於中國長春鐵路、旅順口及大連的協定》，中共允諾與蘇聯共同管理中長鐵路，共同使用旅順及大連港口，同時成立「民用航空」、

「大連造船」和新疆的「中蘇石油」、「中蘇有色金屬及稀有金屬」等四個合營公司，其中最後一個公司與探採鈾礦有關，不啻是相當重要的權利出讓。[130]除此之外，根據另一個《補充協定》，中共也承諾不讓其他國家資本進入東北與新疆等地區。

值得注意的是，相對於中共此刻正積極推動從英美等所謂「帝國主義國家」手中收回利權的行動，雖藉此由蘇聯處得到好處，也付出幾乎等同於不平等條約的代價。連赫魯雪夫都說：「這些（礦權）協定的締結乃是史達林的錯，同時也是對全體中國人民的侮辱；多少世紀以來，法國、英國和美國都在剝削中國，而今蘇聯竟也加入剝削者的行列。」[131]為顧忌北京顏面與國內反應，雙方在簽訂《中蘇友好同盟互助條約》後，同意不公布其他協定內容。[132]我們有理由相信，若非基於國家核心（生存）利益的考慮，中共領導者應不會作出此類決定。

抗美援朝：由聯合走向分歧的關鍵

在《中蘇友好同盟互助條約》簽訂四個月後，北韓領

128 臧運祜，《二十世紀的中國與世界》（北京：北京大學出版社，二〇一〇年），頁一三八。
129 韓念龍主編，《當代中國外交》，頁二五。
130 張光，《中國的外交政策》（北京：世界知識出版社，一九九五年），頁一五至一六。
131 Nikita Khrushchev, trans. by Strobe Talbott, *Khrushchev Remembers* (Boston: Little Brown, 1970), p.463.
132 沈志華，〈中蘇友好同盟互助條約談判：願望和結果〉，收於李丹慧編，《北京與莫斯科：從聯盟走向對抗》（桂林：廣西師範大學出版社，二〇〇二年），頁一七三至一七四。

導者金日成在朝鮮半島挑起了戰爭。此一衝突不僅是中共建政後參加的第一個國際性戰爭，更由於「被迫」與美國對抗而影響了其後約二十年的外交走向。

戰爭的直接影響是：損失重大的美國終於認定中蘇共在意識形態上的同質性，以及對推動「世界革命」的一致立場，因而決定將中國劃入針對蘇聯之全球圍堵網內，並支持台灣與之對抗。從某方面來看，此結果當然加深了中共的「一邊倒」傾向，但另一方面，韓戰卻也是中蘇共關係發展的轉捩點之一。或可以這麼說，就在中蘇雙方狀似最為親密的「一邊倒」初期，分裂的種子已然開始悄然萌芽了。

當然，中共迄今對出兵半島的官方解釋仍然是：「新中國建國初期，面臨的主要威脅來自美國。要維護和鞏固中國的獨立與安全，不能不同美國作鬥爭。抗美援朝，保家衛國，是當時反美鬥爭中最偉大的戰略決策。它突出地體現了新中國在對外事務中愛國主義和國際主義相結合的崇高精神，保衛本國安全和世界和平的堅強決心，不畏施暴和說話算話的英雄氣概。」[133]然而，在泛道德化迷霧背後，我們似乎仍可發現，國家安全利益還是北京的重要考量之一，蘇聯也必然在其中扮演關鍵角色。

若論理性，則北京決定參與韓戰之舉，實在很難談得上是理性。

就中共而言，此刻距其政權建立還不到一年，當務之急應是如何鞏固好不容易重新統一的國家，絕非抽空去干涉鄰國事務。儘管沒有直接證據顯示（尤其是無法得知一九四九年底史毛會談細節），多數觀察家仍傾向推論：毛澤東當時並沒有將中國捲入韓戰的意圖。中共所以決定參戰，或許與中蘇共的條件交換或同盟聯合對抗（就在中蘇條約簽訂同時，美日間亦簽訂安保條約，並計劃協助日本重整武裝）有關。[134]更何況金日成的開啟戰隙，當然也得到蘇聯一定程度的允諾，只不過當時美蘇的主要角力場和著眼點都在歐洲，因而遠東事務只有交付給中共這個「代理人」來代勞。[135]由此，若說金日成和史達林「綁架」了毛澤東，或確為事實。[136]儘管如此，做出中共「被迫」參戰的推論也不完全正確，其中免不了仍有國家利益考量，特別是居於核心的生存利益。[137]

首先，杜魯門在韓戰爆發兩天後的六月二十七日派遣第七艦隊開入台灣海峽，不啻是一個絕大刺激。因為就中共而言，它寧可盡全力先解決台灣問題，韓戰無論如何只是次要考量。[138]其次，金日成無法貫徹速戰速決戰略也是個影響因素。隨著由美國主導的聯軍登陸及節節勝

---

133 韓念龍主編，《當代中國外交》，頁三五。

134 Alexander L. George and Richard Smoke, *Deterrence in American Foreign Policy: Theory and Practice* (New York: Columbia University Press, 1974) , p.150.

135 John K. Fairbank and R. Macfarquhar, ed., *The Cambridge History of China*,Vol.14, *The People's Republic, Part I, The Emergence of Revolutionary China,1949-1965* (Cambridge: Cambridge University Press,1987) , pp.272-273.

136 沈志華，《解密三十八度線：中蘇朝的合作與分歧》（台北：震撼出版，二〇一三年），頁二〇〇至二〇一。

137 張虎，《剖析中共對外戰爭》（台北：幼獅圖書公司，一九九六年），頁一九至二三。

138 事實上中共已於一九五〇年五月中旬成立福建前線司令部，積極準備犯台；參考朴斗福，《中共參加韓戰原因之研究》（台北：黎明圖書公司，一九七七年），頁一九一至一九三。

利，特別是統帥麥克阿瑟有著將軍隊推過鴨綠江，「把戰火引至中國邊境」的意圖（儘管杜魯門並不贊成），更使中共被迫仔細評估參戰的可能。[139]就在南韓軍隊於十月七日越過北緯三十八度線翌日，毛澤東發布密令指示中國軍隊以「中國人民志願軍」的名義參戰，[140]其用意是為使戰爭不致超過朝鮮半島的範圍，[141]只好透過境外決戰方式以求「禦敵於國門之外」。

由國家利益角度思索，當然更足以釐清中共終於決定出兵朝鮮之源起。必須進一步要瞭解的是：它是否有配合此意圖的能力？更甚者，在缺乏足夠能力的情況下，貫徹意圖的決心是否將被削弱？對此，蘇聯當然是「惟一能夠」且應「非常願意」幫中共達成目的之關鍵國家。但由後續發展看來，這次合作顯然並不愉快。且不論蘇聯所謂空中支援一開始便立即跳票，[142]中共在一九六四年〈中國共產黨中央委員會致蘇聯共產黨中央委員會的信〉中，也透露了若干秋後算賬的味道：「為了軍事目的，我們作出了巨大的犧牲，耗費了大量的金錢……我們連本帶利全部償還了當時從蘇聯得到的貸款，……這就是說，在抗美援朝戰爭中向中國提供的軍事物資並不是無償的。」此處既特別強調「並非無償」，似乎就暗示了當初曾以此做為談判條件之一。其他類似的說法在後來頻頻出現，不但全力抨擊且更為露骨。

若同意促使中蘇共分裂的種子在韓戰過程中萌芽了，那麼，應該有道理再往前追溯埋下種子的根源。以下幾個歷史事實或許有助於釐清此點。

首先，早在一九二七年寧漢分裂時期，史達林便採取了支持國民黨（蔣介石）以抵制日本的政策。[143]其後，自第二次世界大戰時期乃至於國共內戰階段，史達林不僅從未明顯表態支持中共，甚至據傳還曾建議中共在長江畔停住，以便與國民政府形成長期對峙態勢，[144] 因為對蘇聯而言，分裂的中國不但能消除其南邊的領土威脅，且可加深中共對其依賴程度，不啻一舉兩得。對此，例如毛澤東雖在一九四五年「七大」中聲稱「蘇聯毫無疑問是中國最好的朋友」，依舊不無忿怒地指出，「由於國際無產階級長期不提供援助，我們只好學會自力更生」。到了一九五〇年代初期，即使蘇聯一再以中國代表權爭議為由，拒絕出席安理會，仍有許多人認為，蘇聯並非真心希望中共進入聯合國，所以要求中共參與韓戰，主要因素或許亦不過想製造中共和美國直接正面的衝突，換言之，是藉由某種「逼上梁山」的方式，迫使中共倒向蘇聯的一方。[145]

---

139 中共參戰評估之一是美國使用原子彈機率不高。Goncharov Sergei, John Lewis and Xue Litai, *Uncertain Partners: Starlin, Mao and the Korean War*（Stanford: Stanford University Press, 1995）, pp.164-67; Harold Hinton, *Communist China in World Politics*（Boston: Houghton Mifflin, 1966）, p.109.

140 周恩來至一九五〇年十月三日仍試圖透過印度與英國轉告美國，三十八度線乃北京底線；裴堅章編，《中華人民共和國外交史：第一卷》（北京：世界知識出版，一九九八年），頁一八九。

141 Allen S. Whiting, *China Crosses the Yalu: the Decision to Enter the Korean War*（New York: Macmillian.1960）, pp.68-93.

142 陳永發，《中國共產革命七十年》（台北：聯經出版公司，二〇〇一年），頁五五三。

143 Conrad Brandt, *Stalin's Failure in China*（Cambridge Mass.: Havard University Press,1958）.

144 John Gittings, *The World and China,1922-1972*（New York: Harper and Row,1974）, p.150.

145 John K. Fairbank and R. Macfarquhar, ed., The Cambridge History of China, Vol.14, pp.278-279.

雖然前述「邏輯性」推論缺乏直接證據支持，我們仍然有理由相信，中、蘇共最終走向分裂，絕非一朝一夕所致。

就中共立場來說，建政初期由於在物資上急需仰賴蘇聯支援，雙方長達數千公里的邊界安全亦不容在此刻向老大哥挑釁，加上種種國際環境制約，致使其被迫在心有嫌隙的狀況下仍採取追隨政策。但這種情況不可能長久，畢竟國家長期執行違反自身利益的外交政策實在不太理性。因此，中共所以與蘇聯維持一段時間的蜜月期，原因或不過由於還沒有找到適當的爆發點而已。一旦國內情形獲得初步掌控，雙方之間的衝突便可能一觸即發。正是以此為前提，史達林在一九五三的去世，不啻給了中共一個難得的扭轉契機。

史達林的存在及其中國政策內涵之複雜性，對中共試圖轉變政策的想法而言，無疑是一個重大的障礙。事實看來，史氏從未真心全意地支持過中共，即使有也是基於利用它做為遠東代理人的理由。北京對此當然心知肚明，但如前述，為鞏固剛剛建立起來的新政權，不得不和蘇聯虛與委蛇。儘管如此，史達林對中共的影響也並非只是物質支援而已。更重要的是，毛澤東亦試圖藉由對史達林地位的吹捧，將蘇聯式個人崇拜移植到自己身上。例如，《人民日報》在一九四九年十二月九日史達林七十歲生日時，便將對他的頌贊推到頂點。就在此刻，毛澤東似乎是以「中國的史達林」自居了。只不過這種充滿道德虛矯感的自我泛正義化作法，原本即是種最危險不過的路子，一旦未來決定與蘇聯老大哥分道揚鑣，史達林神話外衣的剝落，勢必連帶影響甚至動搖毛澤東本身的威望基礎。此時，或許毛澤東應該明白兩人在統治信念的建構上走的是同一條道路，而且毛澤東對史達林事實上處於某種依賴狀態。換句話說，這種尾大不掉的政策最終逼使毛澤東陷入一種對史達林愛憎交織的兩難當中。

無論如何，史達林在一九五三年去世加上蘇聯隨即爆發內部鬥爭，顯然為中共帶來了突破困境的機會。由於參與韓戰的緣故，中共得以更有效率地動員運用資源，致使其經濟在一九五二年恢復到抗戰以前的最高水準，內部形勢顯然已趨向暫時穩定。[146]尤其蘇聯在史達林死後進入權力轉移期的激烈鬥爭狀態，無暇他顧，讓中共得以在生存利益上得到喘息機會，進而將目光轉移到國家「中程目標」上。可以這麼說，史達林去世帶來的第一個直接而重大的影響，就是韓戰的結束。原先有關韓戰停戰的談判一直困難重重，蘇聯的從中作梗可想而知。但就在一九五三年三月史達林死後，重新開啟的談判便以意想不到的速度進行並隨即完成。在大約三個月後的六月八日，《戰俘遣返協定》締結，韓戰也就此宣告結束。這對中共來講不但解下了一大包袱，且使其獲得調整外交策略並開展新局面的機會。

接下來關鍵性的兩項進展，首先是周恩來與印度總理尼赫魯在一九五四年會面，接著則是一九五五年印尼萬隆會議召開，這顯示「重新站起來」的中國已準備好「走自己的道路」了。

---

146 Maurice Meisner, *Mao's China and After: A History of the People's Republic* (New York: Free Press, 1986), pp.73-76.

柳暗花明又一村

近乎無解之國內外困境　相較在一九三〇年代第一次內戰中略居上風，國民黨在一九四五至四九年的第二次國共內戰中不僅遭遇失敗，甚且差點全面崩潰。究其來由，不外乎經濟與軍事兩個方面的原因。

在經濟方面，戰後經濟的失調與動盪所以成為國民政府之致命傷，首先是因為戰時消耗過鉅，導致生產大量萎縮且物資嚴重不足的結果；其次是由於中共廣泛破壞交通路線，使得城市經濟為之孤立；再者，在軍用浩繁的情況下，美國援助又因《對華政策白皮書》的公佈宣告斷絕；最後則是國民政府人謀不臧，也讓它喪失民間信用。這一連串惡劣處境雖然是長期戰爭的直接結果，更為深遠的背景則種因於中國自民國以來便始終不曾真正獲得統一的政治現實，於是任何能控制大局且落實理性政策的政府也無由出現。例如馬歇爾使華時，杜魯門明確要求他轉告蔣介石，由於中國「無法統一且陷於內戰分裂」，因而恐將難以繼續取得來自美國的援助。[147]儘管國民政府對其經濟困境採取了諸如一九四七年《經濟緊急措置方案》以及一九四八年《財政經濟緊急處分令》等控制通貨膨脹與企圖進行貨幣改革之大刀闊斧措施，整體看來，中國的經濟結構仍無法擺脫徹底崩潰的命運。[148]

至於在軍事方面，進一步在東北地區獲得蘇聯援助的中共，則因控制農村並收納復員軍隊後掌握充足兵源，且藉由中日戰後經濟蕭條與社會動盪的契機，根據在野優勢贏得民心向背，再加上許多政治失意者投靠，力量明顯增強。結果是，中國共產黨擁有的正規部隊從一九四五年戰後的三十九萬人激增至一九四六年底的一百一十五萬，雖相較國府的四百萬部隊仍有差距，但到一九四七年底已達到一百六十萬人規模，在此消彼長之下，與國府部隊已不分軒輊。[149]於此同時，中共武器質量也大幅提昇，使其得以在一九四七年秋天發動所謂「全面攻勢」，掌握擊潰國府的契機。

在上述經濟與軍事雙重困境的壓迫下，由於民心渙散與政治上樹倒猢猻散，儘管美國國會在一九四八年四月重新通過援華法案，並將部分物資於該年底運抵中國，顯然為時已晚。[150]殘餘的國民黨力量最後只能在一九四九年底，集結於台灣這個剛由日本手中收回不久的海中小島上。從相對角度視之，此際國民黨面臨的生存壓力不僅遠較剛剛成立的中共政權更大，實際上，其所能運用的籌碼也更有限。在多數觀察家眼中，這個偏安政府幾乎沒有繼續生存下去的可能性。[151]

---

147 U.S. Department of State, *United States Relations with China with Special Reference to the Period 1944-1949* (Stanford: Stanford University Press, 1967), p.606.
148 史景遷著，溫恰溢譯，《追尋現代中國：革命與戰爭》（台北：時報出版公司，二〇〇一年），頁六六四。
149 F. F. Liu, *A Military History of Modern China, 1924-1949*, p.280.
150 邵宗海，《美國介入國共和談的角色》（台北：五南圖書公司，一九九五年），頁三二九。
151 Immanuel C. Y. Hsu, *The Rise of Modern China* (New York: Oxford Oniversity Press, 1983), p.632-633.

此時，做為影響中國未來最關鍵力量來源的美國，為回應國內對於中國變局之輿論壓力，採取了兩個步驟的作法：首先是在一九四九年八月公佈《對華政策白皮書》，一方面試圖撇清與當前局勢的關係，更重要的是讓中美關係回到「從頭開始」的原點；其次則是等待中共的善意回應，以及與新中國建立正式關係的機會。於此同時，一方面毛澤東所謂「將與世界上所有國家建立正常外交關係」的宣告，毋寧乃是有助於美國此種政策的，[152]其效果顯然也將繼續壓縮台灣既有政權的生存空間。就在此時，不僅美國國務卿直接向一九四九年十二月赴美「就醫」的李宗仁表達毫無防衛台灣的意願，國務院甚至在一九五〇年一月通令駐外館處，說明台灣對美國的國家安全不具價值，[153]並宣布不再對台灣的國府軍隊提供援助。

至此，從各種角度來看，台灣的未來命運似乎都已然注定了。

生存契機：中美共同防禦條約簽訂

無論如何，一方面毛澤東在一九四九年底親自率團訪問莫斯科之舉，動搖了美國對雙方關係之預期與判斷，韓戰的爆發更因導致美國與中共直接對抗，從而一舉扭轉了兩岸關係發展。[154]

其實，除了金日成素來便有統一朝鮮半島的企圖，美國在一九五〇年將南韓（其實也包括台灣）排除在其《東亞軍事安全計劃》陳述之外，對北韓來說也是可能的誘因。[155]無論如何，為了增加美國對華政策的彈性空間，同時考量一旦中共或任何共產集團勢力取得台灣，將使美國的西太平洋防線出現重大缺口，致使所謂「圍堵」政策功虧一簣，[156]杜魯門總統隨即當機立斷，派遣第七艦隊進入台灣海峽，阻止兩岸國共之間擴大軍事衝突，其次則重新解釋台灣的法律地位問題，於是衍生出「台灣中立」或「台灣地位未定」等相關問題，其理由如同國務卿杜勒斯（John Dulles）面告顧維鈞所言：「假使美國業已將台灣視為中國的領土，則不僅中國代表權問題必須得立即處理，美國也將失去將第七艦隊部署在台灣海峽的依據。」[157]

事實上，台灣地位問題的源起，乃因〈開羅宣言〉與〈波茨坦宣言〉雖均要求日本在戰後放棄對台灣的主權，卻未曾明確說明其未來歸屬所致。此舉雖來自美國為自己預留之政策空間，倘若中國內部不存在政治動盪或主權競賽，此爭議之最終解決原本問題不大，此時則恰好讓美國有了運作的機會。對於其宣示，台灣方面雖堅持「美國政府之建議不應改變開羅宣言中所預期的台灣地位」，[158]由於美國同時恢復對台軍援並派遣藍欽為公使前來，等於恢復與國府的

---

152 《中華人民共和國對外關係文件集》（第一集）（北京：世界知識出版社），頁三；袁明、哈丁主編，《中美關係史上沉重的一頁》（北京：北京大學出版社，一九八九年），頁二一三至二二〇。

153 Hundah Chiu, ed., *China and the Taiwan Question* (New York: Praeger, 1979), Document 4, pp.215-18.

154 William M. Bueler, *U.S. China Policy and the Problem of Taiwan* (Boulder: Colorado Associated University Press, 1971), p.10.

155 劉國興，《評估美國杜魯門總統之中國政策》（台北：商務印書館，一九八四年），頁七五至七六。

156 Gaddis Smith, *Dean Acheson* (New York: Cooper Square Publishers, 1972), pp.173-188.

157 陳志奇，《美國對華政策三十年》（台北：中華日報社，一九八一年），頁五四。

158 潘振球編，《中華民國史事紀要》，民國三十九年四月至六月份，頁九〇四至九〇六。

官方交往，因此台灣在態度上乃傾向消極合作。至於中共則直接訴諸聯合國等國際場合，控訴美國此舉純係「侵略性行為」。[159]

隨著中共與美國在朝鮮半島的交戰愈趨激烈，在國會及民間輿論的強大壓力下，籠罩在冷戰初期意識型態濃霧中的美國，外交政策彈性不僅愈來愈小，在同盟位置上也愈發趨近台灣。首先是美國亞太事務助理國務卿魯斯克（Dean Rusk）在一九五一年五月宣稱，「儘管所轄領土很小」，美國仍承認在台灣的國民政府為中國之合法政權；[160]其次是雖然英國、蘇聯與印度等均表示反對，美國仍單獨安排台灣與日本在一九五二年四月締結終戰條約，於此值得注意的是，無論《舊金山和約》或《中日和約》都僅規定日本放棄對台澎列嶼的一切權利要求，至於其未來歸屬問題則未曾進一步說明，不啻是某種預留政策空間的作法。[161]再者，為了在南方開闢一個次要戰場，以便牽制北京並迫使其簽署韓戰協議，[162]艾森豪總統則在一九五三年二月解除台灣海峽中立化，除宣示不再干預台灣對中共採取軍事行動外，且將駐華使節提升為大使層級。

最後也是最重要者，當然是一九五四年十二月的《中美共同防禦條約》。

在此之前，為報復美國主導簽訂的《東南亞公約》，同時也為徹底解決國家統一問題，北京在同年八月二十二日公佈了〈解放台灣聯合宣言〉，除開始在福建沿海集結部隊之外，亦再度向金門展開砲擊行動。就理性層次看來，隨著台灣與美國之關係愈趨緊密，與考量到特別是本身跨海打擊能力之薄弱，中共在此時挑戰台灣安全問題或許有些不智。但在其內部因一九五二年「三反」與「五反」運動進行過度民粹動員，導致社會情勢略傾不穩的情況下，趁著美國在戰後必短暫回歸傳統孤立主義的「慣性空隙」進行冒險舉措，似乎也可以理解。只不過，中共未曾料到的是，冷戰氛圍早已壓縮了前述空隙，面對其挑釁行為，美國決定以正面態度加以回應，這也是前述條約源起。

從具國際法規範性的同盟條約角度來看，台灣的國府政權的確因此獲得了更高的安全係數保障。但另一方面，台灣的行動（特別是反攻大陸的軍事嘗試）亦無異受到嚴重限制。主要原因是，美國的政策乃在於「保衛」台灣（做為籌碼）而已，並不願因此致使其捲入與中共的任何軍事衝突。[163]對此，台灣方面勉強接受以「換文」方式，同意在向大陸採取任何軍事行動前都會先徵求美國默許，美國的協防範圍也僅限台澎，而未及金馬（目的在避免可能的擦槍走火）。[164]不過，由於中共在一九五五年初發動一連串沿海島嶼爭奪戰，終於導致美國國會通過所

159 參見〈我國特派代表在聯合國安理會上控訴美國武裝侵略台灣的演說〉，梅孜主編，《美台關係重要資料選編》（北京：時事出版社，一九九七年），頁二至七。

160 *China: U.S. Policy since 1945* (Washington D.C.: Inc. Congressional Quarterly, 1980), p.95.

161 參考丘宏達主編，《現代國際法基本文件》（台北：三民書局，一九八九年），頁四五五（金山和約第二條第二款）與頁四五九（中日和約第二條）。

162 Bruce Elleman and S.C.M. Paine, eds., *Naval Power and Expeditionary Warfare: Peripheral Campaigns and New Theatres of Naval Warfare* (London: Routledge, 2011), pp.197-212.

163 Earl C. Ravenal, "Approaching China, Defending Taiwan," *Foreign Affairs*, 50:1 (1971), pp.44-58.

164 胡為真，《美國對華一個中國政策之演變》（台北：商務印書館，二〇〇一年），頁一八。

謂《台灣決議案》，授權美國總統得動用武裝部隊來協防與台澎相關的領土（暗指金馬），這對中共可說相當不利。

總的來說，在兩岸分裂的最初五年當中，由於雙方各自存在著程度與性質各異之政權鞏固挑戰，加上美國與蘇聯為安排其冷戰全球佈局而進行介入，致使「生存利益」成為國共在分裂初期外交策略中的主要考量。至於一九五〇年的韓戰，則是此期間影響未來發展最重要的關鍵事件。據此，大陸與蘇聯以及台灣和美國，隱隱然隔著海峽形成兩個層次的同盟對抗態勢。對美蘇來說，此乃霸權對抗的結果，特別是美國被迫將圍堵線由陸上（原希望能聯共抗蘇）轉而透過「列島戰略」而後撤至島鏈沿線。[165]至於兩岸之間所欲解決的則主要是「主權競合」的問題，亦即決定誰才是正統政府。

除此之外，雖然未若北京一般做出明白宣示，但台灣「一邊倒」向美國的程度，其實遠較中蘇關係來得深刻密切，在若干外交與軍事決策上甚至不具完全主權地位，這也是在觀察這段歷史時應特別注意的部分。

165 Michael Schuller, *The American Occupation of Japan: the Origins of Cold War in Asia* (New York: Oxford University Press, 1985), pp.53-54.

獨立與依賴　一九五五—一九六〇

如果說一九五〇年的韓戰是台灣命運的轉捩點，那麼一九五四年的中美條約則最終讓兩岸分裂局面塵埃落定。基於美國身為戰後無疑之超級強權，蘇聯又缺乏在東亞協助中共擴張的意願與能力，至於國府既無力反攻，中共短期內也不可能擁有與美國直接對抗的能量，於是在海峽天塹阻絕之下，某種「權力平衡」乃奠定了中國陷入長期分治的局面。接著，在政權分裂後第二個五年當中，基於各自擁有的不同權力要素與國內外環境的挑戰，兩岸繼續以單一主權與正統性競賽為核心，重新調整對外策略，並在評估短期發展可能後，思考其未來可能之外交路徑。

第一戰場：分裂國家與邦交競爭

現今的國際體系乃是由歐洲歷經數百年的實踐，加之以其全球擴張所樹立起來的。值得注意的，包括「人民、土地、政府、主權」等當下對國家單位之特徵描述，[166]並非是種恆久慣常現象；更甚者，儘管其真正起始點不容易被明確指出來（以歐洲歷史論，約略在十三至十四世紀之間，但各國發展程度不一），一般認為，一六四八年結束三十年戰爭的西發利亞會議乃關鍵所在。[167]因此，許多人也將今日之世界稱為某種「西發利亞體系」（Westphalian state system）。其中，國家之間的互動能否順利進行，以及國際秩序能否確保，都有賴於「主權國家」這個最重要法律主體來負責落實，至於國家的法律存在，最重要的條件是獲得「承認」，亦即由其他既存主體接納其為合法的國際社會成員。一旦獲得承認，該國便得以享有並承擔國際法下的一切權利義務，可與其他國家進行正常的外交互動關

166 J. G. Starke, *An Introduction to International Law* (London: Butterworths, 1972), p.101.

167 Derek Croxton, "The Peace of Westphalia of 1648 and the Origins of Sovereignty," *The International History Review*, 21:3 (1999), pp.569-592; A. Claire Cutler, "Critical Reflections on the Westphalian Assumptions of International Law and Organization," *Review of International Studies*, 27:2 (2001), pp.133-150; Andreas Osiander, "Sovereignty, International Relations, and the Westphalian Myth," *International Organization*, 55:2 (2001), pp.251-287.

係，[168]同時擁有獨立且不容他國侵犯的「主權」（sovereignty）地位。

理論上，所謂主權具有「單一性」，亦即在一個國家中，僅有一個被承認而具合法性的政府得以享有。但冷戰爆發以來的國際環境顯然創造出若干例外個案，此即一般所稱的「分裂國家」（divided nation）現象，包括歐洲的德國，以及東亞的中國、韓國和越南等。針對這種特殊現象，卡蒂（Gilbert Caty）指出：「分裂國家係法律上雖繼續存在一個國家，但同時分裂成為國際法上具有同等地位之兩個可行使主權的部分國家，但其分裂狀態乃是暫時性的。」[169]韓德森（Gregory Henderson）等人則認為：「分裂國家係具有民族認同感、共同歷史傳統，以及政治統合經驗的一個國家，分裂成兩個不同的政治單位。」[170]前述兩個說法雖然企圖從法律面以及實踐面去描述分裂的特殊現象，但都忽略了一個重點，亦即其中具「零和賽局」（zero-sum game）特性的競爭現象。換句話說，分裂中的兩個政治單位都在聲稱「具管轄被對方所據有土地之合法性」情況下，希望以消滅對方來滿足主權單一性要求。當然，最直截了當的解決辦法乃訴諸武力。[171]然而，分裂國家現象既因冷戰之特殊環境所致，其解決也不能不考量到同樣的背景。

在此，且先重述一次前面提過的觀點：二次戰後的新世界雖然常被習慣稱為「兩極體系」，從而給人一種平行對立的想像空間，但美蘇不管在勢力範圍或綜合國力方面都明顯不對等。即便蘇聯因更靠近所謂「心臟地帶」，致使它遭到為鞏固霸權之美國所鎖定，畢竟美國不比英國（實力更強且與潛在敵人差距更大），從權力面看來，或無須只透過「圍堵」在外面繞圈子，大可揮軍直搗黃龍。事實是，如同史派克曼（Nicholas J. Spykman）的看法，他改編了麥金德的地緣區分標準，將全球陸地切割成心臟地帶（歐亞大陸內側）、邊緣地帶（rim-land，美洲與歐亞大陸發生接觸之地帶，亦即麥金德所謂位於心臟地帶邊緣的內新月形地帶）、離岸島嶼與大陸（麥金德指稱之島嶼大型陸地和外新月形地帶）等三部分，[172]且相較麥金德，他認為支配心臟地帶無助制霸世界，並主張美國只有支配邊緣地帶或與邊緣地帶結盟，才是最佳戰略選擇。

個人認為，史派克曼的想法後來雖成為「圍堵」的指導原則，但華府心知肚明，這只是次佳選項。美國所以不直接切入心臟地帶，「實不能也，非不想為也」，至於制約美國戰略之最主要障礙，並非權力要素，而是其特殊之政治文化與制度，前者指的是孤立主義傳統，後者則是既無效率又傾向短視的民主。正因受此制約無法積極作為，美國只能退而求其次，如同英國一般，在邊緣地帶紮營打轉，甚至在沒有赤裸裸現實主義與帝國政策的支撐下，美國既須找一

168 丘宏達主編，《現代國際法》（台北：三民書局，一九八九年），頁二一三、二二二至二二三。

169 Gilbert Caty, *Le Statut Juridique des Etats divises* (Paris: Editions A. Pedone, 1969), p.112.

170 Gregory Henderson, Richard Lebow and John Stoessinger, eds., *Divided Nations in a Divided World* (New York: David McKay Co. Inc., 1974), p.434.

171 John H. Herz, "Korea and Germany as Divided Nations: the Systemic Impact," *Asian Survey*, 15:11 (1975), p.959.

172 Nicholas J. Spykman, "Geography and Foreign Policy," *American Political Science Review*, 32:1 (1938), pp.28-50; *The Geography of the Peace* (New York: Harcourt, Brace and Company, 1944).

些泛道德化藉口（與蘇聯進行意識形態對抗）來提供戰略正當性，也只能透過緩衝區（分裂國家）來爭取應變時間，再加上隨後爆發之核武軍備競賽（蘇聯於一九四九年八月首度進行原子彈試爆），美蘇之間只能夠「冷戰」也就成了定局。

正因兩強不願被捲入無謂的戰火當中，在其共同制約下，被迫陷入分裂的政治單位只好自行尋求外交途徑解決問題，亦即爭取更多國家承認來強化自身合法性。

為此，毛澤東於一九四九年十月一日代表新政權宣佈：「本政府為代表中華人民共和國全國人民的唯一合法政府，凡願遵守平等互利及互相尊重領土主權等項原則的任何外國政府，本政府均願意與之建立外交關係。」其後，除蘇聯隨即在次日與其正式建交外，還有另外九個共產集團社會主義國家在一個月之內與其建立外交關係。[173]不過，與共產集團國家建交畢竟僅具有象徵意義，實質突破有賴於與資本主義西方國家改善關係，其中，首先具代表性的便是英國。儘管英國已不復是全球霸權，在東亞的經濟地位也每況愈下，截至一九四九年初為止，在華資產估計仍約有十億美元左右。[174]如同美國般，英國最初也抱持觀望態度，例如其外相便於一九四九年九月聲稱：「英國政府將不試圖干涉中國選擇其政府，但中國曾承諾將尊重某些國家義務。」但因香港地區安全告急，英國為維持最起碼國際地位起見，勢必不可能犧牲香港來跟隨美國腳步，於是終在次年一月六日宣告承認北京新政權。[175]由此帶來了短暫的骨牌效應，亦即在一個星期之內，陸續又有挪威、丹麥、芬蘭與瑞典等四個北歐國家和中共建立官方關係。[176]

在最初的邦交競賽中，台灣看似當然居於絕對劣勢，因為它非但缺乏必要的權力要素（特別是土地面積與人口數量），起初也沒有任何強國願意表態為其背書，但此種劣勢突然為朝鮮半島戰事所扭轉。由於中共被迫與美國對抗，致使多數國家都轉向觀望態度。例如，在一九五〇至五三年的韓戰期間，中共對外關係幾乎陷入停滯狀態。值得注意的是，儘管其邦交狀態自韓戰結束後開始有所改善，但因美國在一九五三年後重新選擇站到台灣一方，迄於一九五〇年代末為止，中共的外交擴張並不代表台灣外交空間的縮小，因為後者的邦交國數字也在持續緩步上升當中，不僅沒有任何國家棄台灣而轉與中共建交，台北的邦交國總數在一九五九年達四十五個，占當時全球主權國家數量三分之一弱，北京則只有三十二個。所以會產生此種「異常」狀況，當然與一九五四年《中美共同防禦條約》有著直接的關係。由於美國欲強化其支持台灣的正當性，自然會為其營造有利的國際空間。其後，中共的外交拓展一直要到一九六〇代後才

173 《周恩來外交文選》（北京：中央文獻出版社，一九九〇年），頁六。

174 吳承明，《帝國主義在舊中國的投資》（北京：人民出版社，一九五六年），頁五二。

175 英國雖承認中共政權，但兩國並未隨即建交，關鍵在於英國並未同時支持中共取代台灣在聯合國的席位；《周恩來外交文選》，頁二二。另可參考汪浩，《冷戰中的兩面派：英國的臺灣政策，一九四九至一九五八》（台北：有鹿文化，二〇一四年）。

176 這些國家所以在英國之後與中共建交，係因受到美國擴張在歐貿易所壓迫，或為保障原本在中國之舊投資所致，參考謝益顯主編，《中國外交史：中華人民共和國時期，一九四九至七九》，頁二一九。

出現爆炸性的突破發展。

第二戰場：聯合國席位問題　除了以邦交拉鋸戰來拉高自身主權係數之外，兩岸外交競賽的另一個新戰場乃是國際組織，特別是聯合國席位問題。儘管國際組織並非自二次大戰後才開始出現，但一九五〇年代後的國際情勢，的確為此類機制塑造了相對有利的發展環境，尤其在冷戰期間，至於其中最具代表性者當屬「聯合國」。

說到聯合國，還是得從美國談起。雖說不同於其他傳統大國面臨之窘境，美國在二戰後變得更為強大，除了工業產能有增無減，同時在一定時間內壟斷核武且駐軍範圍遍及全球，[177]但如前述，由於受到政治文化與制度約束，致使其必須另闢蹊徑來保障其擴張之利益。據此，早自一九一九年威爾遜總統帶著「國際聯盟」草案前往巴黎開始，國際制度便成為美國選定之利益白手套，至於一九四二年的《聯合國宣言》既埋下美國戰後秩序設計之伏筆，[178]一九四五年的《聯合國憲章》甚至在日本投降前三個月便開始起草，並於十月底通過成立。這個新制度乍看之下像是歐洲傳統權力平衡之「制度化」版本，尤其是安全理事會常任理事國及其否決權的設置，但關鍵差別在於，同樣擁有否決權的大國之間本質上是不平等的，除了蘇聯受到美國圍堵壓制外，英國、法國與中國則明顯與美國實力懸殊，且須仰賴後者才能生存。更甚者，聯合國並非美國用以控制戰後秩序的單一工具，甚至更加重要的還包括一九四七年建立的「布萊頓森林體系」，[179]其目的在於強化美國的經濟統治並保障其回饋。

可以這麼說，美國的設計固然未必萬無一失，沒料到很快就面對挑戰，此即一九四五年國共對立引發的「中國問題」。非但內戰大大減損了美國設想中，中國做為「東亞守門員」的價值，蘇聯支持之中共戰勝原先華府代理人國民黨，更讓白宮決策圈陣腳大亂。關於其波折過程，前面篇幅已有略述，值得注意的是，中共於一九四九年十月建政之後，隨即於十一月致電聯合國，聲稱已取代中華民國政府而統治全中國，因此，由中華民國政府派駐聯合國的代表應無權繼續代表中國，[180]從而掀起了延續二十餘年的「中國代表權」爭議。

對此，當時的聯合國秘書長賴伊（Trygve Lie）最初以該份電報「並非來自聯合國會員國」為由，擱置不予處理，美國、英國、菲律賓與澳大利亞則公開支持台北。蘇聯為了聲援北京，在一九五〇年一月首度提案要求表決中國代表權問題，並宣佈暫停出席安理會以示抗議；其後

177 蘇聯雖在一九四九年首次試爆原子彈，且一九五三年較美國更早試爆氫彈，但因缺乏長程投射能力，直到一九五七年發射首顆人造衛星後，核武威懾能力才追近美國。

178 Townsend Hoopes and Douglas Brinkley, *FDR and the Creation of the UN* (New Haven: Yale University Press, 1997); William Manchester and Paul Reid, *The Last Lion: Defender of the Realm* (New York: Little Brown and Company, 2012).

179 布萊頓森林體系（Bretton Wood System）存在於一九四七至一九七三年之間，包括國際貨幣基金、關稅貿易總協定（一九九五年轉型為世界貿易組織）、國際復興開發銀行（世界銀行）三個主要單位，其核心機制則為每盎司黃金固定等於三十五美元之規定。

180 周煦，《聯合國與國際政治》（台北：黎明圖書公司，一九九三年），頁四八。

該議案雖遭否決，周恩來仍陸續致電聯合國進行力爭。在此情況下，賴伊的立場轉趨中立，[181]於同年三月提出一份備忘錄，主張「中國問題在聯合國歷史上是獨特的，這並非是因為牽涉一個政府的革命變遷，而是因為第一次有兩個敵對政府並存著」，因此，解決方法應將「代表權」與「承認」問題分開處理，亦即可接受中共政權控制中國大陸的現實，並使其取得聯合國席位，但並不因此否認台灣目前擁有的主權地位。[182]此項建議雖已對中共方面有利，由於凸顯「兩個中國」的主張，最終未能被國共雙方接受。

就台灣而言，面對外交空間緊縮的巨大壓力，既缺乏與中共對抗的實際能力，此時也僅能凸出意識型態主張，以便聯合想法接近的國家結成反共聯盟，阻止中共進入聯合國以及擴張其邦交版圖。[183]例如，蔣介石便在一九五〇年五月接見美國記者訪問團時表示，避免第三次世界大戰的第一步，便是聯合民主國家協助中國並確保台灣，第二步則是將共產力量限制於中國境內，使其不至於向外擴張。[184]接著，外交部長葉公超也針對台灣被排除在一九五一年舊金山會議之外的情況發表聲明：「美國政府現正領導自由世界與共產侵略鬥爭，然而在此一問題上，竟與少數國家之承認共產侵略果實者採取一致行動，其矛盾殊難索解。時至今日，自由國家對世界共產主義之挑釁，其缺乏適當準備，在此一歷史性的錯誤中實已表露無遺。」[185]由此當可發現，缺乏籌碼的國府僅能透過「冷戰對抗」與「大戰威嚇」等議題來拉攏其他國家，特別是自稱民主集團領導者的美國。

隨著《中蘇友好同盟互助條約》簽署以及韓戰爆發，美國在聯合國席位問題上乃傾向支持台灣的立場，主張「任何革命政府如希望取得聯合國代表權，皆必須以取得人民同意且行使有效統治權為前提，更重要的是，它們同時須願意履行憲章義務，並徹底尊重人權和基本自由。」[186]中共既因參與韓戰而遭譴責為破壞和平的侵略者，不啻直接違反了憲章宗旨中「維持國際和平及安全」之基本規範。換言之，美國表面上所持理由乃是否能履行憲章規範的「主觀」標準。[187]

美國選擇支持台灣顯非國府宣傳拉攏有效所致，首先或迫於其民主機制與韓戰爆發帶來的

181 值得一提的是，賴伊的看法或非其獨立見解。由於此際毛澤東正於莫斯科與蘇聯進行談判，美國為加以反制或為累積籌碼，杜魯門也祭出所謂「台灣地位未定論」，整體情勢混沌未明。尤其「並存著兩個敵對政府」本即為內戰常態，絕不獨特。

182 John G. Stoessinger, *The United Nations and Superpowers: U.S.-Soviet Interaction in the United Nations* (New York: Random House, 1966), pp.27-28.

183 Y.S. Wang, "Foundation of the Republic of China's Foreign Policy," in Y.S. Wang ed., *Foreign Policy of the Republic of China in Taiwan* (New York: Praeger, 1990), p.2.

184 《蔣總統思想言論集》（台北：中央文物供應社，一九六六年），卷二十八，頁四五。

185 高朗，《中華民國外交關係之演變，一九五〇至七二》（台北：五南出版社，一九九三年），頁二五。

186 John G. Stoessinger, *The United Nations and Superpowers*, p.28.

187 Lelend M. Goodrich, et al., *Charter of United Nations: Commentary and Document* (New York: Columbia University Press, 1969), pp.79-80.

普遍輿論壓力，[188]其次則是基於現實主義的考量，亦即當時對美國而言，最重要議題還是抗衡蘇聯擴張，若能達成「聯中制蘇」自然是最佳結果，但因該選項短期間近乎不可能，只好退而求其次，先選擇「聯台制中」來爭取時間並累積籌碼，辦法則是先聲稱中國代表權乃是個程序問題，然後再循會議規則擱置相關動議。如同當時國府駐美大使顧維鈞所言：「美國所以認為這是個程序問題，顯然是為了想留有活動餘地，萬一情況發生變化，美國在承認中共問題上需要改變政策的話，便可以自由行動。」[189]可謂一語道破美國企圖彈性操作的真相。

總而言之，由於美國明顯表態，中共闖關聯合國席位之企圖乃接連受挫。儘管中國代表權爭議自此成為聯合國大會中的年度戲碼，直到一九六〇年代新興民族國家獨立風潮爆發，並進而改變大會互動生態之前，由於「締造者」美國始終能控制會議中多數表決票，因此其「擱置辦法」策略得以生效，致使該議案甚至連獲得討論的機會都不可能。在這種情況下，北京的聯合國突圍戰只能繼續陷於困境當中。

歧路：走向獨立與深化依賴

由一邊倒漸趨自主之策略變化　學者們一般將中共外交政策從一九五〇年代起，劃分為幾個不同的時期，[190]儘管分期斷代大同小異，標準仍略有差別，至於本書則是以中共當時提出的重點政策為準據，例如首先是一九五〇年代的「一邊倒」政策，其次是一九六〇年代的「中間地帶」理論，第三是一九七〇年代的「三個世界論」，接下來則是一九八〇年代的「獨立自主」外交，以及一九九〇年代後的「大國外交」。[191]從某個角度看來，儘管在每個時期中都似乎由不同口號來引導特定之策略目標，大方向仍舊是顯而易見的，亦即隨著國力上升，並基於中共與美蘇兩大超強之間的三角關係變化，來調整其外交作法。

依此看法，在一九四九到六〇年間，至少表面看來，中共採取的策略是絕對緊密地與蘇聯站在一起，相反地，對美國則採取十分敵視的立場。

毛澤東在一九四九年六月三十日發表的〈論人民民主專政〉文中雖明白指出，要在國際社會上「聯合世界上以平等待我的民族和各國人民，共同奮鬥」，但在宣稱將「一邊倒」向蘇聯

---

188 William M. Bueler, *U.S. China Policy and the Problem of Taiwan* (Boulder: Colorado Associated University Press, 1971), p.19.

189 引自張樹德，《中國重返聯合國紀實》（哈爾濱：黑龍江人民出版社，一九九九年），頁一二四。

190 何漢理（Harry Harding）曾將中共外交政策的演進分為：激進結盟（一九五〇年代）、激進的不結盟（一九六〇年代前期）、革命的孤立主義（一九六〇年代後期）、改良的半結盟（一九七〇年代前期）、保守的結盟（一九七〇年代末以來）等時期，也頗值得參酌，Harry Harding, "Change and Continuity in Chinese Foreign Policy," *Problems of Communism*, 32（1983）, pp.2-8.

191 Hickey, Dennis Van Vranken, "Peking's Growing Political, Economic, and Military Ties with Latin America," in David S. Chou, ed., *Peking's Foreign Policy in the 1980s*（Taipei: Institute of International Relations,1989）, pp.389-391。同時參考尹慶耀，《中共的統戰外交》（台北：幼獅出版公司，一九八五年），頁四至一二；張小明，〈冷戰時期新中國的四次對外戰略抉擇〉，劉山、薛君度編，《中國外交新論》（北京：世界知識出版社，一九九七年），頁一至二〇。

之前提下，此際聯合的對象只能是以蘇聯為首之意識型態相同的社會主義國家，並根據此一意識形態考量標準，將國際體系劃分為以美國為首之「反動的帝國主義陣營」，以及由蘇聯為首之「進步的和平民主陣營」。最後，毛澤東認定，「帝國主義稱霸世界的時代，已由社會主義蘇聯的成立以及整個和平民主陣營的鞏固團結，而永遠宣告結束了。」[192]直到一九五六年，毛澤東還重申中國不能走中間路線，原因首先是因為美國乃是個帝國主義強權，其次是身為弱國的中共不可能在美蘇間左右逢源，最重要的是，美國並不可靠。[193]

從現實層面視之，中共的「一邊倒」政策其實與建國初期極度依賴蘇聯援助的情勢有關，[194]但這種援助既以蘇聯利益為主要考量，當然未必符合中國的利益，同時與中共建政時高漲的民粹輿論浪潮相牴觸。為回應內部的民族主義情緒，毛澤東早在一九四八年便聲稱：「我們的方針放在什麼基點上？放在自己力量的基點上叫做自力更生。」[195]周恩來也在一九四九年接著說：「我們對外交問題有個基本的立場，即中華民族獨立的立場，也就是獨立自主與自力更生的立場。」[196]儘管如此，根據現實主義者的看法，國家的外交政策除須符合國家利益（或執政者利益）之外，更重要的還是得符合國家的「能力」，以當時中共的能力而言，想真正邁向獨立自主顯然不可能，因此，即便宣稱「一邊倒與獨立自主並不相悖」，[197]不過是自圓其說罷了。不過，若因此推論中共放棄了獨立自主路線也並不正確。更確切的說，北京使用的是種迂迴漸進的手段，亦即先以「中間地帶」來分散「一邊倒」暗示的依賴性，然後設法以「三個世界」為真正的「獨立自主」鋪路。

所謂「中間地帶」的說法，首先出現於毛澤東在一九四六年與美國記者斯特朗（Anna Louis Strong）的交談中，「美國和蘇聯中間隔著極其遼闊的中間地帶，這裡有歐、亞、非三洲的許多資本主義國家和殖民地、半殖民地國家；美國反動派在沒有壓服這些國家之前，是談不到進攻蘇聯的；……我相信，不要很久，這些國家將會認識到真正壓迫他們的是誰，是蘇聯還是美國。」[198]值得注意的是，相較此時毛澤東還是從站在社會主義集團內部的角度審視著美蘇兩強之間的中間地帶，隨著冷戰結構發展將近十年，上述說法也開始出現修正。

在一九五六年蘇伊士運河事件後，[199]毛澤東根據最新國際情勢發展提出了「兩類矛盾」與「三種力量」觀點，前者指的是帝國主義國家之間以及帝國主義國家與受壓迫者之間的矛盾，

---

192 《毛澤東選集：第五卷》（北京：人民出版社，一九九一年），頁五〇至五一。
193 廖光生，《排外與中國政治》（台北：三民書局，一九八八年），頁一三四。
194 不管是一邊倒向蘇聯或日後與其分裂，中共的行為根源似乎都與國家安全考量有關，參考盧子健，《一九四九以後的中共外交史》（台北：風雲論壇出版社，一九九〇年），頁二二。
195 《毛澤東選集：第四卷》，頁一一三二。
196 《周恩來選集》（北京：人民出版社，一九八〇年），頁三二一。
197 李壽源主編，《國際關係與中國外交》（北京：北京廣播學院，一九九九年），頁三四。
198 尹慶耀，《中共的統戰外交》，頁四五至四七。
199 蘇伊士運河事件也稱為第二次中東戰爭，源自埃及總統納瑟（Nasser）在一九五六年將蘇伊士運河收歸國有的決定，結果引發以色列藉機聯合英法向埃及發起戰爭，在蘇聯宣稱將出兵之威脅下，美國施壓英法兩國退出以避免可能的世界大戰。

後者指美國帝國主義、英法帝國主義與被壓迫民族等。由此，所謂「中間地帶」之概念內涵亦慢慢開始質變。根據一九六四年一月二十一日《人民日報》社論指出，中間地帶可分為兩個部分，第一是指亞非與拉丁美洲已獨立和正在爭取獨立的國家，第二則是指西歐、日本、大洋洲和加拿大等資本主義國家。其次，中間地帶的性質也有所改變，不再是美國進攻蘇聯的緩衝區，而是可能被其直接侵略的目標。最後，北京對兩個中間地帶並非給予同等看待，前者乃是反美統一戰線的主力，後者則具有兩重性質，亦即既剝削和壓迫別人，自己又受到美國的控制與干涉。

總而言之，中間地帶理論既是北京基於自身實力限制下，想盡辦法「聯絡次要敵人以打擊主要敵人」之必然選擇，也展現出它對國際體系結構變遷之認知。[200]

如同卡普蘭對所謂「鬆散兩極體系」之認知，[201]此時美蘇兩大陣營確實不如想像中具凝聚力，例如一九六〇年代逐漸從戰後廢墟中復甦的西歐等國與日本，對美國的經濟與安全政策使經常不表全然贊同，至於經獨立風潮崛起的第三世界新興國家，更是中共的最佳「天然」盟友。根據毛澤東在一九五六年「八大」上所聲稱「亞洲、非洲和拉丁美洲各國的民族獨立解放運動，……我們都必須給予積極的支持」，[202]可知中共亟思利用並聯合這些國家的反美情緒，來打擊「美帝」這個主要敵人。例如，前述《人民日報》社論當中也如此提到：「美帝建立世界霸權的政策，不能不遭到其他主要資本主義國家的反抗，……西歐各國和日本等已恢復了元氣，重振了實力，它們要衝破美國在政治上、軍事上對它們的限制，走向獨立發展的道路。……為粉碎美帝國主義稱霸世界的罪惡計畫，全世界人民，一切受美國侵略、控制、干涉和欺負的國家必須結成廣泛的統一戰線，加強共同的鬥爭。」由此應可以看出，中共在外交策略上的「動態性」與「積極性」；前者意味它絕不長期墨守某種外交口號，後者則暗示北京將設法主動去塑造自身的定位與空間。

中共之自我定位與實踐　即使在高度依賴蘇聯的一九五〇年代，中共也絕非僅將自己定位為蘇聯的附庸，或社會主義大家庭中的小老弟而已。從某個角度視之，雖然未曾明白宣示，中共始終積極參與東亞地區的國際事務，面對國家統一問題亦復如此。

首先是參與韓戰。毛澤東在一九五一年十月於政治協商會議上指出：「如果不是美國軍隊佔領我國的台灣，侵略朝鮮民主主義人民共和國，並打到了我國東北邊疆，中國人民是不會和美國作戰的。」[203]充分且全面地說明了其參戰理由。無論如何，當中共在一九五〇年十月八日宣

200 李捷，《毛澤東與新中國的內政外交》（北京：中國青年出版社，二〇〇三年），頁五六至五八。
201 卡普蘭（Morton Kaplan）著，薄智躍譯，《國際政治的系統和過程》（上海：上海人民出版社，二〇〇八年），頁七二至八〇。
202 沙丁等，《中國和拉丁美洲關係簡史》（河南：河南人民出版社，一九八六年），頁三三六至三三七。
203 引自謝益顯主編，《中國當代外交史》（北京：中國青年出版社，一九九六年），頁四六。

佈將派遣「抗美援朝志願軍」越界時，以當時中共軍隊裝備和全球最強大國家之對比，此一決策確實讓許多美國主政者不敢置信。[204]尤其隨著共軍在戰爭中成功與聯軍形成拉鋸態勢，儘管代價慘重，[205]並帶來中美近二十年對峙，無疑仍大幅提高了國際地位，使其得以參加一九五四年四月為解決朝鮮戰爭問題所召開的日內瓦會議，這也是中共建政後參與的第一個重要國際會議。長期看來，此項經歷對它日後爭取第三世界國家外交支持是有正面幫助的。

中共藉由參與韓戰取得的國際地位利多，很快便凸顯在其南疆問題上。

首先是中印關係。印度在一九四七年獨立後，便開始尋求解決自一九一四年《西姆拉草約》懸而未決的邊界問題。[206]即使在中共一九五一年派兵入藏後，印度方面一再表示「驚異與遺憾」並要求「調整西藏在中國宗主權範圍內的合法自治要求」，甚至在中共參與韓戰後還趁機進佔西藏邊境若干地區，[207]隨著北京國際地位因韓戰而有提高，印度乃決定讓步，在一九五三年簽訂《中印關於中國西藏地方和印度之間的通商和交通協定》，從而初步解決了西藏問題。雙方在〈序言〉明確表示，「同意基於互相尊重領土主權、互不侵犯、互不干涉內政、平等互惠、和平共處的原則，締結本協定。」周恩來在一九五四年六月訪問印度並與尼赫魯會面時，亦再度重申了上述所謂「和平共處五原則」。除此之外，為解決因一九五四年奠邊府戰役留下的中南半島殘局，日內瓦會議在解決韓戰問題後隨即對此展開討論，中共也獲邀參與，不啻亦具有相當象徵意義。因為中共以參戰者身分討論朝鮮問題，其地位固毋庸置疑，但針對中南半島問題，則顯然其他國家也承認它所扮演之區域性潛在角色，對其地位提昇更具積極暗示。

在前述有利背景下，中共於一九五五年四月參與了由二十九個國家組成，在印尼萬隆舉行的「亞非會議」。雖然中共既非發起國，亦非主辦國，在大會進行中沒有顯著的影響地位，甚至若干國家還當面質疑它在鄰國境內進行的顛覆活動，但或許仍可以這麼假設，這次會議對毛澤東的國際戰略布局思考應具有相當啟發作用：在難以腳踏兩條船的美蘇冷戰僵局中，若想要既反美又背離蘇聯，只有進入新興的亞非第三勢力真空地帶中才能借力使力。於是在一九五七年至六四年間，毛澤東丟棄了原先「騎牆是不行的，第三條道路是沒有的」想法，逐步發展出「中間地帶」理論，希望以另一種世界觀來重塑有利於己的外交環境。[208]

至於中共在此時期進行的另一個重要舉動，則是一九五八年的金門炮戰，這也是兩岸最後

---

204 陳永發，《中國共產革命七十年》（台北：聯經出版公司，一九九八年），頁五三四。

205 據估計，中共約動員兩百三十萬名軍隊，外加無數民工，結果傷亡三十六萬人（也有估計約一百至一百三十萬人），耗費達人民幣一百億元以上。Hao Yu-Fan and Zhai Zhi-Hai, "China's Decision to Enter the Korea War: History Revisited," *China Quarterly*, 121（1991）, p.114.

206 西姆拉談判（Simla Cenvention）乃一九一三年由中華民國、英屬印度和西藏政府三方，在印度北部城市西姆拉針對中國與西藏關係以及三邊劃界問題所召開的會議。中國方面由於不同意英國提出之「麥克馬洪線」而宣布退出，英國則以支持其獨立，在一九一四年單獨與西藏締約。

207 謝益顯主編，《中國外交史：中華人民共和國時期，一九四九至七九》，頁一二至一四。

208 Samuel Kim, "Mao Zedong and China's Changing World View," in J. Hsiung and S. Kim, ed., *China in the Global Community*（New York: Praeger, 1980）, pp.30-31; Herbert S. Yee, "The Three World Theory and Post-Mao China's Global Strategy," *International Affairs*, 59:2（1983）, pp.240-241.

一次大規模的武裝衝突。美國國務卿杜勒斯雖公開警告中共「若膽敢公然發動武裝侵略，美國將視為對整個亞洲的侵略戰爭」，[209]周恩來也在亞非會議中回應「中國人民同美國人民是友好的，中國人民不要同美國打仗，中國政府願意同美國政府坐下來談判，討論和緩遠東緊張局勢的問題，特別是和緩台灣地區的緊張局勢問題」，北京仍作了武力冒險。

事實上，在此之前的一九五四至五六年間，北京與華府已就解決台灣問題進行過高達七十三次會談，但無共識。其後，不僅南韓總統李承晚於一九五四年呼籲美國應支援南韓與台灣聯合攻擊大陸，部分美國參議員提案將台灣納入一九五五年成立的「東南亞公約組織」中，台灣持續增加在金馬地區駐軍（約佔部隊總數三分之一），美國也擴大在台海地區的空中偵查與軍事演習行動，國務院甚至在一九五八年對其駐外使節發布備忘錄，再度肯定共產主義在中國不會長久的說法，並聲稱美國的不承認政策將加速共產主義在中國的滅亡。[210]這一連串發展不啻都是對中共政權的強烈刺激，結果則是在美國發布前述備忘錄兩個星期後，金門炮戰爆發。

對此，毛澤東有兩種說法，其一是一九五八年七月十八日在中央軍委會緊急擴大會議中宣稱，「世界上有一個地方叫中東，最近那裡很熱鬧，搞得我們遠東也不太平，人家唱大戲我們不能只做看客，政治局做出了一個決定：砲打金門！」[211]其二則是藉此測知美國協防金馬之意圖，並促進內部團結。[212]由於一九五四年《中美共同防禦條約》規定之協防範圍僅限「台澎」而未及「金馬」，儘管在台灣方面敦促下，美國在隨後一九五五年《台灣決議案》中以「台澎及該地區相關領土」對協防金馬作出曖昧表示，實際作為仍有待觀察。據此，炮戰不啻有測試

「紅線」之戰術意味。更甚者，由於金馬鄰近大陸沿海，在兩岸分裂之際具有象徵統一前景之「地緣臍帶」意義，此舉同時也在測試退守台灣之國府，究竟仍有反攻圖謀或已決定偏安一隅。

台灣持續深化對美依賴　在台灣方面，蔣介石雖在一九四九年底宣示：「……自從抗戰以來，一般同志……，尤其對於美國，格外存有一份依賴心理，以為如果沒有美國的支持和援助，我們就不能反共，更不能對抗蘇聯帝國主義者。其實，……如果我們不自暴自棄，而能自立自強，……則形勢一經造成，勝利基礎一經奠定，他們就會錦上添花來幫我們。」[213]基於極度缺乏資源的現實，爭取美援依舊成為台灣外交重點，[214]甚至迄今亦然。儘管仍有人質疑美援對

---

209 Harold C. Hinton, *Communist China in World Politics* (Boston: Houghton Mifflin, 1966) , p.262.

210 Melvin Gurtov and Hwang Byong-Moo, *China under Threat: the Politics of Struggle and Diplomacy* (Washington D.C.: Johns Hopkins University Press, 1980) , pp.76-81.

211 沈衛平，《金門大戰》（台北：中國之翼出版社，二〇〇〇年），頁二〇。

212 《毛澤東思想萬歲》（台北：國際關係研究所複印本，一九六九年），頁二三八至二四一。

213 《蔣總統思想言論集：卷十九》（台北：中央文物供應社，一九六六年），頁四〇〇。

214 美國的援助包括資金、原料與機器設備等，這些不但抑止了惡性的通貨膨脹循環，並為經濟發展提供適當的基金，同時也使台灣的工農業能迅速恢復正常運作。根據統計，美國在一九五〇至六三年間對台經援合計約十三億美元，見《台灣統計資料》（台北：經濟建設委員會，一九九〇年），頁二五一至六六。同時參考Bruce Cumings, "The Origin and Development of the Northeast Asian Political Economy: Industrial Sectors, Product Cycles, and Political Consequences," *International Organization*, 38:1 (1984) , pp.1-40.

台灣經濟發展的角色，[215]藉由提供援助帶來的穩定局面與及時提供發展資本，加上美國片面開放國內市場與容忍台灣的自我貿易保護措施，[216]依舊對台灣戰後經濟復甦提供了正面助益。

基本上，美國對台經濟援助乃是對歐洲「馬歇爾計劃」的衍生物，在「經濟合作署」結束了其中國業務後，[217]美國國會便授權將其剩餘款項改用於包括台灣在內的東南亞地區。[218]從一九五〇年代初期，援助內容幾乎全屬防衛性支援物資看來，政治及戰略意涵相當濃厚。進一步來說，正因美援之政治象徵意涵，其目的既在穩定國府政權，使後者成為有效籌碼，美援顧問團實際上也提昇了國府在控制預算以及制定計劃方面的能力，[219]並協助台灣在進口替代階段初期得以鞏固其發展成果。[220]更甚者，由於美國的冷戰霸權特徵受到其主張之自由貿易政策沖抵，使其集團內部國家（包括日本、南韓與台灣等）得以獲致向上流動的公平競爭機會，當有助於累積台灣未來在與大陸恢復互動時的經濟籌碼。

在此一階段當中，台灣對美國依賴關係的深化，應是最顯著的特徵。由於對美國而言，援助台灣之利益在於做為制衡中共並構成全球冷戰圍堵網的戰略棋子，因此台灣在獲取援助之餘，自也必須滿足美國的前述利益。於是，「漢賊不兩立」與「意識型態對抗」也成為台北的外交主軸。

值得注意的是，所謂「漢賊不兩立」其實也是北京的政策焦點，例如中共在一九四九年公佈的《中國人民政治協商會議共同綱領》第五十六條中便聲明：「凡與國民黨反動派斷絕關係，並對中華人民共和國採取友好態度的外國政府，中華人民共和國中央人民政府可在平等、互利及相互尊重領土主權的基礎上，與之談判，建立外交關係。」[221]周恩來也曾指出：「在任何國際組織、國際會議、國際活動中，如果出現『兩個中國』，即在中華人民共和國之外還出現其他『中國』，不論是用『中華民國』、『台灣中國』、『台灣政府』、『台灣當局』或其他的名義出現，我們寧可不參加。」[222]

---

215 文馨瑩，《經濟奇蹟的背後：台灣美援經驗的政經分析》（台北：自立晚報社，一九九〇年）；書中除批駁美國提供援助的真正原因之外，並指出其中軍援非但遠多於經援，且由於美國介入控制援助運用，台灣也並非完全自主的。

216 Robert Wade, "East Asia's Economic Success: Conflicting Perspectives, Partial Insights, Shaky Evidences," *World Politics*, 44:2（1992）, p.312.

217 經濟合作署（Economic Cooperation Administration, ECA）係根據一九四八年四月之《對外援助法》成立之美國政府機構，除負責於歐洲執行規模超過一百億美元之「馬歇爾計畫」外，其中國分署先於同年七月在上海成立，一九四九年停止大陸業務，一九五一年轉而與「行政院美援運作委員會」合作，共同在台灣管理並執行美援之運用。

218 Robert E. Wood, *From Marshall Plan to Debt Crisis, Foreign Aid and Development Choices in the World Economy*（Berkeley: University of California Press, 1986）, pp.59-60.

219 Peter Evans, "Class, State, and Dependence in East Asia: Lessons of Latin Americanists," in Frederick Deyo, ed., *The Political Economy of the New Asian Industrialism.*（Ithaca: Cornell University Press, 1984）, p.10-11.

220 丁庭宇與馬康莊編，《台灣社會變遷的經驗》（台北：巨流圖書公司，一九八六年），頁四八。

221 Harold C. Hinton, ed., *The People's Republic of China, 1949-1979: A Documentary Survey*, Vol.1（Wilmington, Delware: Scholarly Resources Inc., 1980）, p.55.

222 《周恩來外交文選》，頁二五七。

這種強調「一個中國」，並讓外交競爭成為某種「零和競賽」政策作為，雖源自中國本身內部正統性競爭所致，但切斷彼此之間幾乎所有聯繫，致使互動完全失去彈性的作法，無疑顯示出由於冷戰初期國際環境特徵帶來的外在制約影響。可以這麼說，至少在整個一九五〇年代，兩岸的對外策略其實都不具備全然的獨立自主性，只不過台灣對美國的依賴程度更大且更顯著一些罷了。

三角關係質變及其影響

中美的重建互動管道　儘管中共與美國遲至一九七〇年代末才建立正式外交關係，但美國與台灣簽署防禦條約之目的，原本即在施壓北京並累積談判籌碼。隨著中共在一九五〇年代末開始與蘇聯拉開距離，並希望有機會「聯美制蘇」來補充安全缺口，雙方之嘗試接觸也是可以想像的。

在一九四九年美國嘗試與中共建交失敗後，雙方關係暫時中止，甚至更因韓戰爆發而兵戎相見。但在一九五四年為解決朝鮮停戰後續問題以及中南半島紛爭而召開的日內瓦會議中，雙方再度重建了對話管道。首先要解決的，是戰爭期間美國扣留中國留學生與中共拘禁美國人士問題。不過，雙方在歷經四度會談後仍無結論。在日內瓦會議結束後，為繼續努力解決糾紛，雙方在一九五四年九月二日至一九五五年七月十五日間，續派代表在日內瓦進行領事級談判。

從某個角度來看，關於遣返或釋放僑民及遭到關押人士，本來並非重大難解的議題，所以延宕不決，或許是中共藉此找尋談判時機並延長接觸的結果。北京非常清楚，美國乃是台灣唯一且最有力的外交支柱，為求達成解放台灣此一「當前最重要的任務」，[223]與美國會談本身便是向台灣施壓的最佳手段。

由於中共在一九五三年藉簽署中印條約宣示「和平共處五原則」，周恩來也在亞非會議中宣示願與美國「坐下來談判」的善意，於是在英國斡旋下，美國決定自一九五五年八月一日起，由駐捷克大使強森（Alexis Johnson）與中共駐波蘭大使王炳南繼續在日內瓦展開大使級會談。[224]在此期間，中共國防部長彭德懷並曾釋放出願意緩和台灣海峽氣氛的善意訊息。[225]無論結果如何，對談層級的提高都是中共的一大外交收穫。在因此帶來的危機意識下，台灣方面亦要求美國保證，談判並不意味著對中共的承認，亦不應損及我方利益。[226]至於會談內容，則包括「關於雙方平民回國問題」與「關於雙方有所爭執的其他實際問題」等兩個議題。前者問題不

223 賈慶國，〈從台灣海峽危機到中美大使級會談〉，袁明與哈丁編，《中美關係史上沉重的一頁》（北京：北京大學出版社，一九八九年），頁三四六。

224 文厚（Alfred D. Wilhelm, Jr.）著，林添貴譯，《談判桌上的中國人》（台北：新新聞文化，一九九五年），頁一七四至一七六。

225 引自林正義，《台灣安全三角習題》（台北：桂冠圖書公司，一九九七年），頁九。

226 顧維鈞，《顧維鈞回憶錄》（北京：中華書局，一九九三年），第十二冊，頁三六二至三六三。

大，後者則因中共要求解除「禁運」並繼續提昇談判至外長層級而出現歧見，主因是美國要求北京聲明「放棄以武力解決台灣問題」，但在中共承諾可接受不在海峽動武（其實僅限於不對美國部隊動武）後，美國又堅持在海峽地區有「單獨和集體自衛的固有權利」，除此之外，美國也有意迴避關於禁運的問題。由於始終無法正式進入實質問題談判，美方又於一九五七年十二月十二日第七十三會議中委派非大使級人員出席，終於使這次漫長會談從彼此僵持，進而宣告破局結束。

事實上，就在美中持續於日內瓦進行對談時，冷戰的對峙場景也從意外登場的朝鮮半島，轉向美蘇真正聚焦的中東與東歐地區，無論一九五六年七月爆發的蘇伊士運河危機，抑或同年十月蘇聯武力干預匈牙利民主運動的事件，不僅催促美國在一九五七年一月提出所謂「艾森豪主義」，[227]同年十月蘇聯首度發射人造衛星，更加劇了美蘇軍備競賽的激烈程度。

隨著冷戰對峙熱度升高與前述會談觸礁，台灣再度成為美中雙方角力的棋子。除持續擴大對台灣軍經援助之外，美國強化了對中共的外交聲明攻勢，至於後者則採取「以戰逼和」策略，在一九五八年八月發動金門炮戰。對此，美國國務卿杜勒斯在九月四日公佈〈新港聲明〉，宣稱：「總統尚未根據該項決議案（按：指一九五五年台灣決議案）作出任何決定，……如果他判斷情勢急迫必須採取行動時，……總統將毫不猶豫作出這樣的決定。」[228]事實證明，美國前述「硬中帶軟」的宣示並未奏效，反而是北京的「邊打邊談」戰爭邊緣政策收到嚇阻效果。周恩來繼之於九月六日發布〈關於台灣海峽地區形勢的聲明〉，[229]雖強調台灣純屬中國內政問題，但也聲稱願與美國恢復談判以謀求和平解決。最後，中美終於在一九五八年九月十五日於波蘭華沙重開會談。

在新一輪談判中，美國以全面停火做為主要訴求，中共則要求其表態，同意台澎列嶼爭議乃中國內政問題，但保證以和平方法來解決。由於美國仍有賴在雙邊敵意完全消除前利用台灣做為籌碼，加上若在此讓步，亦將對全球各地盟邦做出負面示範，因此勢不可能妥協。不過，為避免捲入不必要的戰火，杜勒斯仍在九月三十日宣示，將以自金馬地區撤軍來交換中共方面的停火。對此，基於金馬對台灣本即「外交意義重於戰略意義」的現實（必要時逼美方做出參戰承諾），台灣立即提出嚴重抗議。但中共也不同意，基於金馬地區具有將台灣政權與中國大陸聯繫在一起的象徵意義，他們寧願讓國民黨政府據有金馬，並在十月六日公佈以下〈告台灣同胞書〉：「我們都是中國人。……金門戰鬥，屬於懲罰性質。……建議舉行談判，實行和平解決。……這是中國內部貴我兩方有關的問題，不是中美兩方有關的問題。……美國人總是要

227 美國總統艾森豪在一九五七年一月五日演說指出，若中東國家受到另一國家（蘇聯）武裝侵略，隨時可向美國要求經濟或軍事援助，且只要這些國家面臨「國際共產主義控制之任何國家的武裝侵略」，將據此要求國會授權他動用軍力保衛中東的主權獨立與領土完整。

228 陳志奇，《美國對華政策三十年》（台北：中華日報社，一九八一年），頁一四九至一五一。

229 梅孜主編，《美台關係重要資料選編》，頁一三至一四。

走的，不走不行。」

儘管中共在發布上述文件的同時，也宣佈停止砲轟七天，自此情勢趨於平緩，但根本問題（美國的不干預或承認現狀）始終無法解決。加上美中此時缺乏共識及進一步交往誘因，於是華沙大使級會談雖一直持續到一九七〇年二月為止，總共開了一百三十六次雙邊會議，終究是個消極溝通管道罷了，對實質關係進展並無裨益。

綜觀華府與北京在此時期之接觸過程，以下幾點值得注意：首先，由美國不斷以類似「宗主國」角色，代替台灣出面與中共展開斡旋看來（近似清廷在十九世紀末為越南與朝鮮出頭），台灣在其中實僅居第二層級的次要消極地位，由此其政策之對美依賴性也愈發明顯；其次，美中正式會談幾乎已構成對後者「事實承認」，非但連駐華大使藍欽也秘密建議美國應採取「兩個中國」政策，[230]雖未必屬於主流意見，一九五九年由施樂伯（Robert A. Scalapino）執筆的《康隆報告》（The Conlon Report）便主張儘早與北京建交，更大膽地建議讓中華民國改成「台灣共和國」；[231]最後，儘管中美在一九七八年正式建交有其時代性利益考量，但在此之前長達十年的接觸經驗，不能不說為雙方日後達成關係正常化奠下重要之基礎。

相對於美中之間的努力不懈嘗試接觸，台灣的工具地位乃一目瞭然。

中蘇間關係的走向分裂　前文一再強調，在毛澤東與史達林以及中蘇共之間，本即存在某種長期且微妙之「亦敵亦友」關係。儘管海曼（Hans Heymann, Jr.）指出，蘇聯對中共「技術轉移項目範圍之廣，實為當代歷史所僅見」，[232]甚至包括原子彈樣品與相關製造技術資料，但是即使在一九四五年底，當中共極度依賴蘇聯援助以進行國共內戰時，它既得被迫面對《雅爾達密約》帶來的尷尬處境，在考慮是否與美國交往時，亦得先對蘇聯進佔東北的可能性預作準備。[233]相對地，甚至早自一九三〇年代起，史達林便懷疑毛澤東有類似「狄托主義」（Titoism）自立山頭嫌疑，因此對他處處設防。在兩國領導者存有此等心結的情況下，毛澤東雖聲稱「這次締結的中蘇條約和協定，使中蘇兩大國的友誼用法律形式固定下來，這樣就便利於我們放手進行國內的建設工作，和共同對付可能的帝國主義侵略」，[234]非常明顯，中國此時全力維繫與蘇聯的關係，主要來自國家安全與戰略利益的考量，後來鬧翻亦源於這一方面的原因。

可以這麼說，雙方「由合而分」之近因乃韓戰的直接結果。

一方面史達林在與金日成秘密商談南侵事宜時，完全未知會中共，結果在戰爭失利且美軍

---

230 Karl Rankin, *China Assignment*（Seattle: University of Washington Press, 1964）, p.264.

231 US Congress, Senate, Committee of Foreign Relations, Hearings: "US Policy in Asia," November 1, 1959.

232 Hans Heymann, Jr., "Acquisition and Diffusion of Technology in China," in Joint Economic Committee, U.S. Congress, *China: A Reassessment of the Economy*（Washington, D.C.: U.S. Government Printing Office, 1975）, p.678.

233 J.K. Fairbank and R. Macfarquhar, eds., *The Cambridge History of China*, Vol.14（Cambridge: Cambridge University Press,1987）, pp.262-263.

234《毛澤東外交文選》（北京：中央文獻出版社，一九九四年），頁一三一。

迫近鴨綠江後，又施壓中共進行反擊。再者，儘管中共出兵朝鮮亦有其自身利益考量，蘇聯仍口頭承諾將給予若干協助，只不過多數未被兑現，以致中共國防委員會副主席龍雲至一九五七年還抱怨：「讓我們一肩承擔抗美援朝戰爭費用，太沒道理了。二次大戰時，美國也貸款給它的盟國，後來有的國家不願意還錢，美國也就算了。但蘇聯借我們的錢，不但要十年還清，還要付利息，我們為社會主義而戰，結果竟落到這樣的下場！」[235]

在此期間，蘇聯雖支持中共的「第一次五年計劃」（一九五三至五七年），在日內瓦會議與聯合國席位問題上也積極聲援，導火線仍出現在一九五八年。首先是蘇聯提議與中共合組西太平洋艦隊，使毛澤東懷疑赫魯雪夫可能企圖控制其海上武力。[236]接著在該年八月金門炮戰中，蘇聯面遲遲不肯表態支持，甚至赫魯雪夫在九月份還親訪美國宣揚其「和平共存」（peaceful coexistence）的外交政策，在十月爆發的中印邊界衝突中也採取中立姿態。[237]這一連串問題對中蘇關係帶來的傷害，即使赫魯雪夫在一九五九年親赴北京慶祝中共建國十週年紀念活動也未能弭平。當然，正如本書前述觀點，中共或早就希望找機會擺脫蘇聯的約制，以便走出真正獨立自主的道路，只不過如此做的勇氣首先必須來自史達林的去世，其次則有賴於「中間地帶論」等新世界觀的催化。

在新世界觀提供北京尋找生存空間的藍圖後，蘇聯新領導人赫魯雪夫的「批史」則間接解開了史達林崇拜對毛澤東的陰影和禁錮。赫魯雪夫的行為可以很容易理解為想消除史達林的影響以建立個人的新權威，卻意外給了毛澤東一個機會，可以將「史達林時期的蘇聯」與「赫魯雪夫時期的蘇聯」劃上界線，一方面繼續「捧史」來鞏固自己的個人崇拜，同時藉由批判所謂「修正主義」達成反蘇自主的目標。據此，中蘇共關係在一九六〇年代便無可避免地面臨全面分裂的結果。

中共首先發起的行動主軸是一系列文字攻勢，[238]爭辯主題環繞在世界革命、社會主義過渡、與帝國主義者和平共存，以及個人崇拜問題等。面對北京的口舌式攻擊，蘇聯在同年七月決定全面撤回顧問，對前者造成的打擊則更為沈重。正如中共大聲疾呼：「你們不顧我們的反對，背棄了國際關係的準則，在一個月的短期間內悍然撤走在中國的一千三百九十名蘇聯專家，撕毀三百四十三個合同，廢除了二百五十七個科學技術合作項目。……蘇聯專家分布在我國二百五十多個企業和事業單位，……（這些專家的撤回）使我國一些重大的設計項目和科學研究項目被迫停頓，使一些正在施工的建設項目被迫停工，使一些正在試驗的廠礦不能如期投入生產。你們這種背信棄義的行動，破壞了我國國民經濟的原定計劃，給中國的社會主義建設

---

235 Harry Schwartz, *Tsars, Mandarins and Commissars* (Garden City: Anchor Press, 1973), p.160.

236 Harry Gelman, *The Soviet Far East Buildup and Soviet Risk-Taking Against China* (Santa Monica: Rand Corporation, 1982), pp.6-8.

237 A. Doak Barnett, *China and the Major Powers in East Asia* (Washington D.C.: The Brookings Institution, 1977), pp.20-87.

238 首篇文章為一九六〇年四月《紅旗》雜誌第八期的〈列寧主義萬歲〉一文。

事業造成了重大的損失。」[239]

何況，此時中共正面臨一九五八年「大躍進運動」失敗，以及一九五九至六一年連續三年的大飢荒侵襲，蘇聯撤回援助造成的損失不問可知。結果是，中共終於被迫「走自己的路」，尤其是毛澤東在個人威望受到內憂外患打擊後，更冒險採取了諸如「文化大革命」等激進手段。正所謂「外交乃內政的延長」，在其內政趨於不穩的情況下，外交自也難有突破，台灣因此取得在兩岸競逐的有利契機。換言之，由於中共被迫在國力有限的情況下，同時挑戰美蘇兩強，所付出代價除讓本身陷入左支右絀的窘境外，短期內勢必無法透過武力來解決統一問題，甚至內部還出現調整權力分配的聲浪。由此，台灣也暫時免於成為美國可能妥協下的犧牲品。

239 中共於一九六四年二月二十九日給蘇共中央的信，原載於同年五月九日的《人民日報》。

第三世界　一九六一—一九六五

兩岸自分治以來便不斷進行著邦交戰，最初目的當然是為了爭奪單一主權，過程中同時隱含著國際觀與外交策略的變化及運用。大體言之，北京方面雖擁有更多籌碼且遠較主動積極，但受困於長期無法與美國建立正常關係，又與蘇聯漸行漸遠，致使其暫時無法取得明顯優勢。至於台灣方面則儘管資源極為有限，透過深化對美國的依賴，卻能在分裂後二十年內於外交競賽中長期領先，不能不說也算某種奇蹟。不過，這種狀況畢竟並非正常狀態，隨著國際環境內涵變化，中共乃趁機漸次進行扭轉，至於一九六四至六五年與一九七一至七四年，則為其中具關鍵性的兩個轉折時期。此處先就第一部分加以論述。

美蘇兩極結構之鬆動

冷戰對抗的緊繃與鬆弛　若說第一次大戰帶來了某種「合法性」的真空狀態，亦即由於舊式帝國外交崩解以致體系重整，第二次大戰則帶來了「權力結構」的真空狀態。[240]當英國霸權自世界各地節節敗退之際，美國其實並未立即作好承接角色之準備，蘇聯則在一旁蠢蠢欲動。

相較美國在大戰剛結束後的一九四〇年代末期擁有全球四成收入與一半的工業機械，國民生產毛額（GNP）從一九四〇年的一千億暴增至一九六五年的六千七百五十億美元，核武彈頭更從一九四六年的六枚，在一九六二年古巴飛彈危機前夕來到兩萬八千枚以上，單單史達林在一九三〇年代的大清洗運動，直接及間接犧牲者估計便超過兩千萬人，在二次大戰的蹂躪與損耗下，蘇聯不僅死亡超過兩千萬名軍民，尤其面對納粹長驅入境之肆虐，整個莫斯科以西的國土幾乎陷入一片殘破當中。正如前述，不僅所謂冷戰的「兩極體系」根本不具對等性，這也是季辛吉所以將圍堵政策稱為美國「實力最強時之最軟弱政策」的緣故。[241]

儘管蘇聯勉強能與美國並駕齊驅的原因，或如其末代領導者戈巴契夫所言，來自國民精神

---

240 John L. Gaddis, *We Now Know: Rethinking Cold War History* (New York: Oxford University Press, 1997) , p.4.

241 Henry Kissinger, *Diplomacy* (New York: Simon & Schuster, 1994) , Ch.18.

層次的支持：「毫無疑問，在當時那個年代，蘇聯人民普遍情緒高昂，寧願為前途而犧牲他們當時的利益。今天有許多人想否認這點，不過再否認也是徒然。」[242]更關鍵的變數，應該還是美國對其開國理想（天命觀下之孤立主義）的堅持，以及決策者陷入理想與現實兩難情境所致。結果讓美國不敢運用現實權力要素來壓制蘇聯，反而訴諸不切實際的意識型態以及不穩定的軍備與同盟競爭。一般認為，一九四七年乃所謂「冷戰」的起點。該年美國除提出「杜魯門主義」與「馬歇爾計劃」來正面回應蘇聯的擴張之外，[243]後者也成立「共黨情報局」並提出「莫洛托夫計劃」來一別苗頭。[244]

值得注意的是，蘇聯的「行為根源」誠如肯南所言：「他們不安全感太大了；他們所特有的狂熱主義，不曾受到任何妥協傳統的節制，所以任何永久性的權力分享都不可想像。他們所發源的世界，……又帶來一種對敵對力量永久和平共存的懷疑。」[245]史斑尼爾的說法或許更為客觀一些：「由國際社會角度來看，蘇聯的行為是可以瞭解的。在這個社會中，國與國間經常發生衝突，成員彼此也不信任，甚至心生恐懼。因此，每個國家都必須增強本身力量來對抗潛在的敵人。……鑒於蘇聯歷史上長期遭到來自西方的侵略，……更由於在意識型態上假設資本主義國家是難以寬恕的敵人，因而增加了蘇聯的危機意識。」[246]無論如何，蘇聯此種主觀假設最終因美國國務卿杜勒斯提出「大規模報復」與「戰爭邊緣」政策而獲得「證實」，後者的說法更在一九五二年總結為「新視野」（New Look）政策，主張美國可自由選定使用核武的時機。[247]

然而，政策歸政策，現實歸現實。就在冷戰似乎邁向高峰之際，首度和解嘗試也悄悄在一九五五年登場。美、英、法、蘇在該年簽署結束佔領奧地利的條約，並同意其成為中立國，從而讓奧國成為蘇聯在二戰末期佔領區中唯一撤軍的地方。蘇聯選擇退讓的原因雖或與史達林死後政局調整有關，只不過一九五六年的蘇伊士運河危機以及蘇軍入侵匈牙利，隨即為此次短暫和解畫上句點，美蘇關係重新陷入緊繃當中。其後，包括赫魯雪夫積極推銷「和平共存」外交，以及一九五七年蘇聯因率先成功發射人造衛星而首度取得軍備競賽優勢等，雖都有助於勢力均衡與緩和情勢，美蘇對抗氛圍隨即因一九六一年柏林危機與翌年的古巴飛彈危機而再度升高。

值得一提的是，一九五五至六一年間國際情勢之迅速來回轉換，一方面反映出冷戰在開端之際仍充滿著不確定性，至於前述兩次危機雖重燃衝突風險，美蘇仍以讓人驚異之理性、積極與速度，在一九六三年六月建立「熱線」，隨後聯合英國在七月達成《部分核子禁試條約》，[248]目的在去除後繼者（包括中共）取得核武之正當性，以共同維持冷戰架構之最起碼秩序。[249]

---

242 Mikhail Gorbachev, *Gorbachev: On My Country and the World* (New York: Columbia University Press, 1999), p.48.

243 Joseph M. Jones, *The Fifteen Weeks* (New York: Viking Press, 1955), pp.17-23.

244 張盛發，《史達林與冷戰》（台北：淑馨出版社，二〇〇〇年），頁四一五。

245 X (George Kennan), "The Sources of Soviet Conduct," *Foreign Affairs*, 25:4 (1947), pp.566-582.

246 史斑尼爾（John Spanier）著，《當代美國外交史》（台北：桂冠圖書公司，一九八八年），頁二九。

247 John Mason, *The Cold War, 1945-1991* (New York: Routledge, 1996), p.48.

248 賈德（Tony Judt）著，黃中憲譯，《戰後歐洲六十年：卷二》（台北：左岸文化，二〇一二年），頁三六。

前述美蘇在「對抗」（competition）與「和解」（detente）選項之間的拉鋸，既凸顯出核武威脅下兩國高層試圖將決策拉回現實的努力，也可看出他們受制於國際環境變化的無奈。無論如何，此處更重視的是，基於北京與台北在冷戰初期均相當依賴美蘇兩強的現實，其對外關係自也受到國際大環境脈絡起伏的直接影響。例如，一九五四年《中美共同防禦條約》便是第一波冷戰高峰的產物，一九五五年中美在華沙的大使級談判也襯托在首度和解嘗試的背景下，至於在冷戰對抗再度升高同時，前述雙邊會談只能一事無成，甚至中共還於一九五八年訴諸發動炮戰等冒險性政策。由此當可瞭解國際環境變化對於國家外交決策之影響，儘管其間未必存在全然地正相關聯繫。

民族獨立風潮與第三世界成形　從全球視野來看，大國中心與兩極結構固然是我們觀察冷戰世界時的慣常角度，實則國際政治體系內涵在冷戰初期的一九五〇年代便開始浮現明顯之質變跡象。其中最重要者，便是由帝國主義時代的「層級性」結構（母國與殖民地），在聯合國揭櫫一國一票之平等原則後，隨後透過民族獨立風潮而逐漸朝「平行性」結構邁進，至少所有國家法理上都擁有相同的獨立主權。

在一九四七至六二年間，幾乎所有的舊歐洲殖民國家都被迫撤離亞非兩大洲，從而釋放出全球近四分之三的陸地，並造就了佔當前國家總數三分之二的新成員。這批國家基於歷史與地理限制，各方面表現都與歐美國家有著明顯差距，經濟發展經常陷入惡性循環，政治表現也不甚穩定，加上多數分享著遭殖民之發展歷程相似性，且處於美蘇兩大集團夾縫之中，於是往往被總稱為「第三世界」（the Third World）。[250]此類國家多以農業經濟為主，共同特點是平均國民所得不高，至於人口迅速增長、發展停滯與高度政治動盪則為主要障礙，外債問題更是常見的危機來源。[251]

雖分享著類似之殖民記憶，彼此之間也存在著嚴重的結構性差異，第三世界國家仍試圖利用身處於冷戰東西衝突對抗體系下的位置，透過集體手段結成獨立集團來共同捍衛自身生存機會。進言之，其目的是想藉由「等距外交」來從中取利，至於首次的大型努力則為一九五五年在印尼萬隆召開的「亞非會議」。[252]根據一九五四年底籌備會議發布的〈聯合公報〉，此集會目

249 儘管如此，中國仍在一九六四年首度試爆原子彈，一九六七年再度試爆氫彈。

250 所謂「第三世界」一詞最早可見Frantz Fanon, *The Wretched of the Earth* (New York: Grove Press, 1965) 一書，其意涵同時參考：Irving Louis Horowitz, "Three World of Development." in Frank Tachau, ed., *The Developing Nations: What Path to Modernization?* (New York: Dodd & Mead Co., 1972), pp.51-58.

251 L.G. Reynolds, *The Three Worlds of Economics* (New Haven: Yale University Press, 1971), pp.97-98; S.D. Muni, "The Third World: Concept and Controversy," *Third World Quarterly*, 1:1 (1979), pp.119-128. 部分觀點指出，第三世界的債務實屬工業國家對發展中國家進行的「新式掠奪」或「新殖民主義」，因全球資本淨流動主要仍由南方流向北方地區。

252 印度總理尼赫魯（Nehru）曾在會中以貨幣兌換為標準，分享了他對「三個世界」的個人觀點。第一世界國家擁有可自由兌換的貨幣，第二世界國家只能在社會主義集團內部彼此兌換貨幣，第三世界國家的貨幣則甚至自己都無法兌換。

的在促進亞非國家的合作與友好關係，討論各國社會、經濟與文化等相關發展，且共同研商關於民族主義與殖民主義等攸關議題。各國在會議中強烈宣示，將與美蘇糾葛保持距離，決定以「不結盟」做為共同外交綱領，並於最後宣言中揭櫫所謂的「十項原則」，包括：尊重基本人權與聯合國憲章宗旨、尊重所有國家的主權和領土完整、承認各民族一律平等、不干涉他國內政、尊重各國依據聯合國憲章所有的自衛權、不使用集體防禦措施來為特定大國服務、不以侵略威脅他國主權、依聯合國憲章和平解決爭端、促進相互合作、尊重國際義務。[253]

其後，除了在一九五七年於開羅召開「亞非人民團結會議」，並在一九六一年於南斯拉夫貝爾格勒召開第一屆「不結盟大會」之外，第三世界國家同時開始利用聯合國大會中的平等表決機制，以及亞非國家逐漸佔有之數量優勢，首先在一九六〇年通過〈給予殖民地國家與人民獨立的宣言〉，譴責所有外國（主要指西方國家）征服與剝削其他民族的行為，並主張立即採取措施將權力轉移給被殖民者；接著在一九六一年又於聯合國中組織「殖民主義特別委員會」（非自治領土委員會）進一步清算殖民主義舊帳。據估計，全球在一九四五年仍有七億五千萬人受到殖民統治，但至一九八五年已剩下不到三百萬人。一九六四年，藉由聯合國在日內瓦召開「貿易暨開發會議」（UNCTAD）之際，會中佔多數的貧窮國家亦進而組織「七七集團」提出共同議題，並要求改變不公平的國際經濟秩序。

總的來說，第三世界的團結運動自戰後獨立風潮迄於一九六〇年代，雖可謂風起雲湧，印度甘地夫人且稱其為「歷史上最偉大的和平運動」，[254]但從國際現實看來，由於普遍缺乏權力要素做為談判籌碼，在發展程度上亦遠落後於工業化國家，因此南北對話進展有限，所訴求目標亦多半未能實現。儘管如此，這些國家仍成為兩岸邦交競賽中的新戰場。其中，北京首先以參與「亞非會議」來進行拉攏工作，並針對第三世界國家彼此差異性定出「求同存異」的外交方針，[255]其內涵正如周恩來所言：「我們亞非各國人民爭取自由和獨立的過程是不同的，但是我們爭取和鞏固各自的自由和獨立的意志是一致的。不管我們各國的具體情況如何不同，我們大多數國家都需要克服殖民主義統治所造成的落後狀態。」[256]更甚者，周恩來不僅利用參與萬隆會議來拉近與第三世界國家的關係，也利用參加會中的東亞八國外長會議，討論遠東局勢的機會，向美國放出願意和平解決台灣問題的空氣。不過，中共雖然在這個外交新戰場中佔了上風，結果卻是由台灣後來居上，在一九六〇年代初期爭取與新國家建交時取得實際優勢。究其原委，自然與美國的表態支持，以及南方國家對美國的實質依賴有關。

253 方連慶等編，《戰後國際關係史》（北京：北京大學出版社，一九九九年），頁二八一至二八二。
254 貝恩內克（Walther L. Bernecker）著，朱章才譯，《第三世界的覺醒與貧困》（台北：麥田出版，二〇〇〇年），頁一九六。
255 謝益顯主編，《中國當代外交史》（北京：中國青年出版社，一九九六年），頁一〇〇至一〇一。
256《周恩來外交文選》（北京：中央文獻出版社，一九九〇年），頁一一三至一一四。

兩岸內部發展與決策特色　正所謂「外交乃內政的延長」，在觀察兩岸對外關係發展的同時，既須注意國際環境變化帶來的制約性影響，內部情況自然更值得注意。從這個角度視之，台灣在分裂初期的發展似乎較大陸來得穩定一些，至於其起步則是以一連串土地改革做為基礎。

儘管最初改革可能是「極溫和且極不徹底的」[257]，根據統計顯示，在一九四七至五二年這段期間，台灣農業生產年增加率不但高達百分之十三點五，[258]全島經濟局面隨著穩定下來，從而開啟了台灣經濟「成長與分配並重」的發展模式。[259]值得注意的是，這些改革在解決土地問題並帶來農村繁榮之餘，也造成財富與政治權力重新分配。[260]國府所以進行徹底變革的原因之一，乃基於內戰失敗經驗，大陸的失去即因其無法有效控制農村，因此在台改革首要目標便在爭取農民支持。[261]換言之，「土改決策動機之社會與政治迫切性，遠大於經濟的必要性」，[262]但其經濟外溢效果仍讓「台灣農產在一九五四至六七年達到百分之四點四的年成長率，較亞洲任何地區均快；此項農業快速成長不但遏止了鄉村對政府的不滿，亦穩定了工業投資的氣氛。」[263]歸結台灣做為改革典範的經驗，光復初期特殊的政權轉移方式（外來移入性政權）使台灣土地改革的「政策制訂者」（決策者）與「土地所有者」（既得利益者）並不重疊，而日據時期對大租戶的整頓也早就使土地分配趨向零碎化，都不僅有利於土地改革政策的推動，同時為台灣發展經驗之「特殊性」所在。

相較台灣經濟順利復甦，中國大陸則顯得步履蹣跚。其原由除因幅員廣大，面對的問題自然更加複雜之外，毛澤東最初過於重視「民粹主義」或「群眾路線」亦必須加以注意。[264] 值得一提的是，儘管過程中伴隨著激進與部分暴力手段，以全國為範圍的土地改革仍於一九五二年

---

257 劉進慶，《台灣戰後經濟分析》（台北：人間出版社，一九九五年），頁七七。

258 John F. Copper, *Taiwan: Nation-State or Province?* (Colorado: Westview Press, 1990) , p.78；不過隨著工業化開展，農業產值跟著降低，至一九六〇年代降到百分之四點五左右。

259 高希均、李誠主編，《台灣經驗四十年》（台北：天下文化，一九九一年），頁一三二。

260 由於出租地不能隨意收回，無形中降低並使佃農享受部分土地價格，暗含重新分配財富的意味；地主離開農村將注意力轉向都市，亦使新興自耕農取代其留下來的政治真空。Martin M.C. Yang, *Socio-Economic Results of Land Reform in Taiwan* (Honolulu: East-West Center Press, 1970) , pp.353-366.

261 為穩固台灣做為反攻基地的地位或也是推動改革的主因之一。至於在土改中為緩和與地主關係發給的補償性實物債券與國有企業股票也有間接鼓勵民間資本興起的效果。

262 H.H. Michael Hsiao, *Government Agricultural Strategies in Taiwan and South Korea* (Taipei: Academia Sinica, 1981) , pp.101-164; "Land Reform in East Asia Revisited: an Ingrediant of an East Asian Developmental Model," in John Tessitore and Susan Woolfson, eds. *The Asian Development Model and the Caribbean Basic Initiatives* (New York: CCEIA, 1985) , pp.2-5.

263 Robert Wade, *Governing the Market: Economic Theory and the Role of Government in East Asian Industrialization* (Princeton, N.J.: Princeton University Press, 1989) , p.81.

264 Flemming Christiansen and Shirin M. Rai, *Chinese Politics and Society* (New York: Simon & Schuster, 1996) , Ch.3 and Ch.6.

基本完成，從而實踐了自洪秀全乃至孫文以來的「耕者有其田」理想。[265]其次，在一九五七年結束第一次「五年計劃」時，成果頗為豐碩。以產業結構為例，工業總值從一九五二年佔工農總產值百分之四十三，至一九五七年已增至百分之五十六以上，工業成長比農業快了四倍。[266]但就在同時，毛澤東企圖深化向社會主義制度過渡的實驗，同時展開大規模群眾性政治運動，特別是一九五六年的「百家爭鳴與百花齊放」，以及一九五七年接著登場的「大鳴大放」。類似運動在經濟面的反映則是起自一九五八的「大躍進」，宣稱要在七年內超過英國，十五年內趕上美國，代表性舉措便是在全國各地建立起人民公社。[267]

中共在建政初期屢屢訴諸民粹口號，原因或許有四：首先是回應中國自清季以來累積不退之激進民族主義思潮，其次與社會主義政黨本身之高度意識型態性有關，[268]第三是迫於國家尚未真正落實統一之內政壓力，[269]最後不可排除的，則是毛澤東的個人式性格與想法。無論如何，儘管農民對於「大躍進」的群眾路線給予熱切響應，結果卻是一九五九年堪稱中國在二十世紀最嚴重之連續性飢荒，加上翌年中蘇共分裂導致蘇聯援助撤離，影響愈發難以估計。[270]面對此一建政十年來最大的政治難題與挑戰，中共不僅未儘快回歸政策正軌，反而在一九五九年發起「反右」鬥爭，希望以政治手段轉移經濟問題焦點，反倒導致政治與經濟雙重動盪，終於迫使毛澤東在一九六二年被迫暫時退居二線領導地位。

雖然經濟發展路徑與表現不一，兩岸自一九四九年以來，外交決策都明顯呈現「黨政合一」乃至「以黨領政」的共同特色。儘管都有著名義上的正式外交單位，實則均僅不過是附屬在執政黨高層以下的執行機關罷了。在這個時期裡頭，高層單位（國民黨中常會與共產黨政治局，甚至是金字塔頂層個位數領導者）才是最後決策的真正來源。進一步言之，「以黨領政」或許還不足以描述此際北京與台北的決策過程，確切地說，更須關切的是某種「個人式」（蔣介石與毛澤東）領導風格及其後續影響。相對於國民黨在一九五〇年黨務改造案中強調的「鞏固領導中心」，毛澤東也被塑造成新中國「最偉大的舵手與導師」，藉此，配合「白色恐怖」或全面批鬥整肅等政治壓制手段，和以意識形態為名之後設正當性，理性討論空間有限也可以想見。

個人式領導統御儘管未必有利於外交理性，至少至一九六〇年代中期為止，兩岸的對外作

265 天兒慧著，廖怡錚譯，《巨龍的胎動：毛澤東、鄧小平與中華人民共和國》（台北：台灣商務印書館，二〇一六年），頁一一八。

266 陳永發，《中國共產革命七十年》（台北：聯經出版公司，一九九八年），頁五六六。

267 Frederick Teiwes, *Politics and Purges in China: Rectification and the Decline of Party Norms, 1950-1965* (New York: M.E. Sharpe, 1993) , pp.xxvi-xxix.

268 Mel Gurtov and Byong Moo Hwang, *China's Security: The New Roles of the Military* (Boulder: Lynne Rienner Publishers, 1998) , pp.4-5.

269 中共在建政初期將全國分為七大行政區，凸顯地方諸侯特色，一九五三年提出「反對宗派主義」與「清除割據現象」後，次年便爆發所謂「高饒事件」；朱新民等，《中國大陸研究》（台北：五南出版社，一九八五年），頁一一六至一一七。

270 麥克法夸爾、費正清編，《劍橋中華人民共和國史：上卷》（北京：中國社會科學出版社，二〇〇七年），頁二九二至二九三。

為似乎還能維持著一定程度的理性，領導者大致仍根據國際現實主義邏輯來進行決策。[271]推究其原因，在台灣方面，可能來自與大陸實力對比引發的生存壓力，以及由於深化依賴美國導致決策自主權受限所致。至於大陸方面，則毛澤東的領導地位雖顯而易見，仍未及絕對的地步，無論是地區性準割據勢力，或者如周恩來、劉少奇及鄧小平等黨內次級領導者，都能對其構成相當的牽制作用。

總而言之，一九五八至六二年因政策錯誤導致的經濟動盪，以及同時並進的中蘇共分裂事件，在削弱了中共本身外交所恃國力之餘，也有助於舒緩台灣面對的國際空間壓力，尤其在美國支持下，從而有助於後者穩住陣腳。值得注意的是，劉少奇等穩健派在一九六二年上台，雖一度將大陸的經濟與外交發展拉回理性常軌，也導致兩岸外交另一轉折點的出現，只不過由於毛澤東無法容忍權力旁落而發動了「文化大革命」，結果又為中國的內、外部發展帶來另一波災難，對此將在下一章中敘述。

建交浪潮與勢力消長　在一九五五年的亞非會議之後，第三世界的民族獨立風潮愈發風起雲湧，例如，非洲便在一九五六至六五年間爆炸性地出現了三十個獨立國家，此一狀況無疑為兩岸之間關於爭取新建交國的需求，提供了一個「新市場」，隨即帶來短兵相接的態勢。[272]毛澤東便曾親自喊話，「我們的共同敵人是美帝國主義，我們大家都站在一條戰線上，大家需要互相團結，互相支援，……為了戰勝帝國主義的反動統治，必須結成廣泛的統一戰線」，同時表示，「世界各國人民的正義鬥爭，都將得到並繼續得到六億五千萬中國人民的堅決支持」。[273]於此同時，北京方面除陸續邀請二十二個國家的領導者到中國大陸訪問外，周恩來亦親自帶團出訪三次：首先是一九五六至五七年訪問東南亞的八個國家，其次是一九六〇年出訪南亞與蒙古等六個國家，接著是一九六三至六四年訪問中東與北非國家。[274]

儘管中共為爭取新邦交國不遺餘力，結果在一九六〇年代初期似乎不甚理想。事實證明，特別在一九六〇至六三年間，與台灣建交的新獨立國家顯然比中共多了許多。中共雖爭取到九個新邦交國，相對地台灣方面卻增加了十八個。推究其原因，除由於中蘇共交惡導致其外交陷入孤立外，美國自一九六一年起針對中國代表權問題在聯合國大會改採的「重要問題」策略也值得注意。由於大量新會員加入，導致美國對聯合國大會控制力明顯下降，使得原先的「擱置辦法」不再具有充分的圍堵性，於是華府乃改變其提案策略，轉而訴諸中國代表權問題應屬於《憲章》第十八條的「重要問題」，須經大會成員三分之二以上表決始能決定。[275]為維持足夠之

---

271 Thomas J. Christensen, "Chinese Realpolitik," *Foreign Affairs*, 75:5 (1996), pp.37-40; Yong Deng, "The Chinese Conception of National Interests in International Relations," *The China Quarterly*, 154 (1998), pp.320-323.

272 謝益顯，《折衝與共處》（鄭州：河南人民出版社，一九九一年），頁五七至七〇。

273 參考《人民日報》，一九六〇年五月四日、九日、十日。

274 韓念龍主編，《當代中國外交》（北京：中國社會科學出版社，一九八七年），頁一三八至一四〇。

275 周煦，《聯合國與國際政治》（台北：黎明出版公司，一九九三年），頁四九至五〇。

投票門檻，美國也必須儘可能協助台灣增加邦交國數量。

無論如何，情況在一九六四年產生了扭轉性變化。

在一年當中，兩岸的邦交國數量差距一下子由一九六三年的二十二國，拉近到一九六四年只有十個國家，這也是在一九七〇年局勢翻轉之前，雙方差距最接近的一次。尤其在競爭最激烈，最終「將大陸抬進聯合國去」的非洲地區，兩岸建交國家數目不僅在一九六四年扯平，中共甚至在一九六五年以十六國首度超前台灣的十四個邦交國。[276]為了爭取非洲新興獨立國家，台灣自一九六一年起便放棄杯葛外蒙古入會案，使得長期的入會僵局得以化解，外長沈昌煥也在一九六三年前往非洲進行訪問，由此可見該地區的影響力，但終究無力回天。

在兩岸邦交競賽當中，北京所以首次爭取到勢力消長的契機，主要原因可能來自於國際環境變化，以及特別是美國對外政策的變化。在國際背景方面，一九五五年首次和解嘗試失敗後，不但冷戰氛圍隨之升高，蘇聯在一九六〇年擊落美國U-2高空偵察機的事件，更激化了雙方對立情勢。儘管美國總統甘迺迪企圖以「彈性反應」戰略來緩解情緒，[277]但一九六一年接連爆發的「豬玀灣事件」與第二次柏林危機，加上一九六二年的古巴飛彈危機，仍再度將冷戰推向另一高峰。值得注意的是，就在飛彈危機幾乎將美蘇兩國引向戰爭邊緣的同時，也促使兩國決策者恢復外交理性，由此導致了一九六三年的第二次和解嘗試，至於代表性重要成就則屬前述當年美蘇的《熱線協議》以及《部分核子禁試條約》。[278]正是在這種國際對峙趨緩之背景下，由於美國修正其全球戰略，也為北京的外交活動增加了更多的有利空間。

中美台三角關係的轉變　直到一九六三年為止，美國對北京的政策很清楚，就是阻止其進入聯合國，至於理由，根據艾森豪時期國務卿赫特（Christian A. Herter）的說法，表面上包括中共違反協議繼續囚禁美國人民、威脅以武力進攻台灣，以及受聯合國指控為侵略者等。到了甘迺迪總統時期，他對於兩岸問題雖仍維持過去的定見，例如對中共在一九六二年增兵福建的行動便表示「美國的立場被明確認知是極重要的，我們的基本立場是我們一貫反對在這個地區使用武力，……艾森豪總統致力與中共協商，以便相互在台灣地區戒除使用武力的政策，我們仍繼續支持」，[279]但此際國際環境浮現之兩項變化，卻深深地影響了冷戰內涵與美國的外交政策。

首先是因一九六二年古巴危機而再度激化的冷戰對抗，由於同年蘇聯發射了第一顆偵查用人造衛星，從而將雙方軍備對抗由核子嚇阻昇高為太空競賽，再加上洲際飛彈出現以及蘇聯在武器存量上逐步逼近，都大幅削弱了美國的安全空間。[280]其次，則是美國在一九六〇年代與

276 高朗，《中華民國外交關係之演變，一九五〇至七二》（台北：五南出版社，一九九三年），頁七八。

277 面對美蘇核武競賽激化與國際危機不斷發生，甘迺迪在一九六一年以「彈性反應」（flexible response）政策取代艾森豪時期的「大規模毀滅」，更重視常規武力以及對現實情況之判斷。

278 Glenn T. Seaborg, *Kennedy, Khrushchev, and the Test Ban* (Berkeley: University of California Press, 1981) , pp.216-218.

279 *The Department of State Bulletin*, July, 1, 1963, pp.2-6.

280 Bruce Russett and Harvey Starr, *World Politics: the Menu for Choice* (New York: W.H. Freeman and Co., 1992) , Ch.12.

第三世界交往過程中面臨的困境。儘管美國慣常使用「外援」來拉攏這些國家，以為可以用錢擺平問題，但因美國往往同時明示或暗示地要求它們配合自身的冷戰政策，多少引發正追求自主性之亞非國家的反感，更別說美國有著長期歧視黑人的傳統，其境內黑人民權運動也在一九六三年如火如荼攀向高峰，讓第三世界在種族平等原則上無法信任美國。最後，由於抱持自由資本主義信條，美國不肯接受階級鬥爭與社會革命之必要性，自然可以想像。前述這一連串因素，既使美國無法確保來自發展中國家的外交支持，由於前者凸顯出美國有「聯中制蘇」的迫切性，後者則暗示美國在聯合國大會中壓制中國代表權問題的作法可能無法持久，於是，美國的對華政策勢必作出調整。

一方面繼續透過華沙大使級對談以維繫溝通管道，美國也在一九六一年底於國務院下設置「遠東局」（Far East Bureau），以研究對中共政權可能採取的新政策，其中包括與中共進行裁軍談判、要求台灣部隊退出金馬，以及利用某種形式讓中共得以進入聯合國等。[281]正是在這種情況下，所謂「關係正常化」的腳步悄悄地開展了。例如遠東助理國務卿希爾曼（Roger Hilsman）於一九六三年十二月在舊金山聯邦俱樂部所發表的一份演說，便經常被視為華府對北京政策正產生轉變之重要指標：「今天我們對中共政策所尋求的是門戶開放；我們決定保持這扇門敞開而不關閉它，以因應可能的改變以及任何有利於美國和中國人民利益之發展。」[282]

這段話雖在甘迺迪被刺兩週之後才公開，還是可以反映出此時期美國政府的內部設想。另一個重要插曲出現在一九六四年十月，由於中共在越南局勢逐步升高之際宣佈成功試爆原子彈，不但使其躋身世界核子強權之一，同時再度迫使美國必須重新思考與中共的關係。最後是一九六六年三月十六日，國務卿魯斯克（Dean Rusk）在眾議院外交委員會亞太小組會議上，提出了美國對中共政策的「十大原則」，其中，對台灣問題的看法是：「我們應信守對於中華民國及對於在台灣那些不願意生活在共產主義之下人們所做的承諾，……繼續阻止將中華民國排出聯合國或所屬機構的努力。」至於對北京方面，除了說明「美國無意攻擊中國大陸」及要求「應該繼續保持在華沙和北京的直接外交接觸」之外，還強調：「對中共的政策和態度並非永遠不變的；我們必須避免假定美國與中共統治者之間，有種無止境和無可避免的敵對狀態存在。……在不危及美國其他權益的前提下，我們應繼續擴大中共與我們之間非官方接觸的可能性。」[283]

此種帶有政策宣示性的聲明和前述希爾曼的演說都顯示出，隨著長期核子僵局形成、衛星技術帶來安全透明化威脅、和解時代來臨，與意識型態衝突的逐漸淡化，美國領導者對中共的

281 James C. Thomson, Jr. et al., *Sentimental Imperialists: The American Experience in East Asia*（New York: Harper & Row, 1981）, p.223.

282 *The Department of State Bulletin*, Jan 6, 1964, pp.1-17; see also *The Department of State Press Release* No. 618, December 12, 1963.

283 *The Department of State Bulletin*, Feb 14, 1966, pp.255-257.

看法已慢慢且理性地有了根本改變。

進一步來說，美國對中共圍堵政策的鬆綁，也暗示著後者有可能突破外交困境，至於其成果則直接反映在前述一九六四年與非洲國家的建交潮上。相對於美國逐漸開始對中共釋放善意，台灣的安全空間自也隨之縮小。只不過從一九六二年的特種戰爭到一九六四年的東京灣事件，越戰持續升級既吸引了中共與美國的目光，台灣也藉此繼續維持其外交安全。[284]

中蘇關係持續惡化　一九五七至五八年是中蘇共正式決裂前的最後一道黎明。其後中共便在一九五八年發動以「大躍進」為名的新經濟政策，企圖以民粹動員方式來建立經濟自主以擺脫對蘇聯的依賴。接著又在一九六〇年以〈列寧主義萬歲〉一文，指桑罵槐地揭開對「反蘇修」的宣傳攻勢，希望藉此切斷對蘇聯的政治依賴，進而爭取主導社會主義集團內部的意識型態。至於蘇聯除在一九五八年金門炮戰中持觀望態度之外，對一九五九年的中印邊界糾葛不僅保持緘默，甚至還與印度簽約協助其建造火力發電廠。最後一擊則是在一九六〇年，赫魯雪夫邀集了五十一個國家的共黨代表召開「布加勒斯特會議」，公開在會中嚴詞抨擊中共，隨後更片面撕毀與北京的雙邊合作協定，大規模撤回駐華顧問人員，甚至在新疆邊界挑起糾紛。[285]

就在中蘇上空烏雲密布之際，一九六〇年代前期的下列三個事件，更使雙方陷入無法回復之谷底。首先還是一九六二年的古巴飛彈危機。由於蘇聯選擇放棄古巴，屈服在美國的嚇阻威脅之下，使中共明白莫斯科絕不可能替其出頭與美國對抗。更甚者，蘇聯不僅在同年「十七國裁軍會議」上提出防止核子擴散問題，還與英美兩國聯手在一九六三年七月簽署了《部分核子禁試條約》，共同阻截後進追趕者，[286]不啻指出蘇聯其實是保障既存霸權的共謀者。[287]其次是在一九六二年中印戰爭當中，蘇聯所持的親近印度姿態，其間細節將在後面詳述。最後則是一九六四年的中蘇邊界衝突。儘管赫魯雪夫在同年被罷黜下臺，提供了雙邊關係緩和的契機，北京也藉此機會派周恩來與賀龍率領代表團前往蘇聯，準備與新領導階層展開會談，僵局始終未解。

自清末以降，東北與新疆的邊界問題原本即是中蘇兩國長期糾葛所在，甚至一九四五年國民政府所以願意在日本投降後還與蘇聯簽訂《中蘇友好同盟條約》，部分也是由於蘇聯陳兵邊境威脅所致。就在雙方關係轉趨微妙之際，蘇聯首先在一九六〇年於新疆博孜艾格爾山口附近推進巡邏線，導致兩國針對邊界問題相互叫囂，接著在一九六二年中共因「大躍進」運動失敗後，普遍性飢荒一方面迫使伊犁和塔城地區六萬多名維吾爾人逃往蘇聯，後者也不無策動伊寧

284 蔡政文等，《我國對外政策及行動取向》（台北：業強出版社，一九九三年），頁一六。

285 尹慶耀，《中共外交與對外關係》（台北：國際關係研究所，一九七三年），頁三〇。

286 尤其分別在一九六〇與六四年首度試爆的法國與中共，導致法國在一九六四年與北京建交，共同譴責美國擴大介入越戰的作為；法國甚至在一九六六年挑釁式地退出北約運作。

287 謝益顯主編，《中國外交史：中華人民共和國時期，一九四九至七九》（鄭州：河南人民出版社，一九八八年），頁三〇〇至三〇三。

暴動之嫌疑。其後，當一九六四年雙方終於在北京坐下來，針對兩國歷史性劃界問題展開全面談判之後，蘇聯又開始在東北的黑龍江邊界挑起紛爭。惱羞成怒的北京於是搬出「不平等條約」問題來進行反擊，認為蘇聯早自舊俄時期開始便不斷以帝國主義者姿態掠奪中國領土，至今仍未思修正。[288]

前述歧見與紛爭雖使中蘇齟齬不斷，蘇聯總理柯錫金仍於一九六五年訪問北京，希望能以談判解決問題。於此同時，蘇聯也召集十九個國家的共黨代表開會，企圖以集體力量對北京施壓，只不過中共並不準備讓步，甚至繼續與蘇聯透過機關報（人民日報與真理報）展開一場口水戰。

值得注意的是，在中蘇關係於一九六五年左右跌落谷底時，在一九六四年以壓倒性多數當選美國總統的詹森，也在翌年二月批准「滾雷行動」計畫，決定擴大介入中南半島戰爭，雖未必針對北京而來，此種形勢仍使中共自覺正受到美蘇兩大霸權的「兩面夾擊」。至於其因應辦法，則是決定採取「既反帝又反修」的左右開弓政策，亦即同時與美蘇兩國展開對抗。從外交作為應適切配合國家所具備實際能力之「理性決策」角度看來，這顯然是繼一九五〇年參與韓戰後又一「瘋狂」行徑。當時中國大陸內部正因經濟動盪延燒至政治領導分歧，不要說與美蘇兩強同時為敵，即使僅僅選擇和蘇聯一邊翻臉，也純屬「螳臂當車」的不理性之舉。固然從「外交乃內政之延長」角度，或可想像其決策背後的思考脈絡，但因中共隨即陷入「文化大革命」的狂飆浪潮中，終於帶來另一段外交低潮期。

西藏問題與中印戰爭　中國大陸除領土相當遼闊外，其鄰接國家包括北韓、俄羅斯、蒙古、阿富汗、巴基斯坦、印度、尼泊爾、不丹、緬甸、寮國、越南，以及原屬蘇聯加盟共和國的哈薩克、吉爾吉斯與塔吉克等，共有十四個國家比鄰，其數量之多，可謂世界第一。在如此複雜之周邊背景下，且不論要如何走出去，光是處理好涉及其安全利益及戰略選擇之附近變化，便足以讓人焦頭爛額。

正所謂「千里之行，始於足下」，在放眼遼闊之第三世界之前，先處理好周邊麻煩自是必要之舉。中共在思索關於自身在區域中之國際定位問題時，始終不僅將自己視為是個「共產代理人」而已。進一步來說，這個問題還受到三個層次的國家利益影響：首先就短期來看，重點是如何去維持國家主體安全；其次就中期發展而言，則是如何利用與周邊國家的關係來抗衡蘇聯；最後，在長期利益方面，則著眼於恢復中國在東亞地區的傳統領導角色。這些想法始終縈繞在多數中共領導者心中，至於其最初政策指導原則乃周恩來在一九五四年提出的「和平共處五原則」。

288 蘇起，《論中蘇共關係正常化》（台北：三民書局，一九九二年），頁二三。

值得一提的是，所謂「和平共處」並非放諸四海而皆準。首先，它可說是種「策略性」的運作。例如中共曾宣示：「社會主義國家實行和平共處政策，有利於爭取社會主義建設的和平國際環境，有利於揭露帝國主義的侵略政策和戰爭政策，有利於孤立帝國主義的侵略和戰爭勢力。」；其次，它也具有「選擇性」特色。「把和平共處做為社會主義國家對外政策的總路線，是錯誤的；……和平共處……不能隨心所欲加以解釋。在任何時候，都不應把和平共處引申到被壓迫民族與壓迫民族，被壓迫國家與壓迫國家，被壓迫階級與壓迫階級之間的關係方面。」[289]

當然，北京所以特別強調「選擇性」特徵的緣故，是為了攻擊並區隔赫魯雪夫採取之「和平共存」政策。不過，即使是在被壓迫國家間，「和平共處」一旦觸及真正的國家利益底線，還是有不能妥協的必要，中印關係便是一例。早在雙方於一九五〇年四月正式建立外交關係之前，印度便曾在一九四九年協助美國進入西藏，向達賴喇嘛表示將援助其獨立的意願，同時英美印三國也在倫敦召開會議，決定共同保障西藏的自治權利。[290]從某個角度來看，印度當然不希望中國佔有西藏這個戰略制高點，從而威脅其國家安全，英國的舉動是延續自十九世紀以來壓制內亞陸權勢力之傳統政策，美國則是將西藏地區視為全球圍堵政策的一環，至於隨後在一九五一年派兵入藏的中共政權，考量者則與印度類似，都聚焦在安全性的國家利益上。

中印關於西藏地區的邊界問題可分為三段來觀察：首先是包括新疆、西藏與拉達克接壤的西段邊界，其次是西藏的阿里地區與印度接壤的中段邊界，最後則是不丹以東的東段邊界。[291]這些糾紛雖都是短期間無法解決的，中印兩國畢竟試圖透過一九五四年的條約來互表善意，培養和平談判的氣氛。但情況自一九五〇年代末起開始有了轉變，首先是一九五八年的金門炮戰與第二次台海危機，其次是一九五九年的西藏暴動、中印邊境摩擦與香港難民潮，接著又有一九六〇年起中蘇共的公開決裂，以及中國大陸內部因大躍進失敗所帶來的普遍飢荒，最後則是美國自一九六二年起有在越南進行「代理人戰爭」的可能，這些都迫使中共必須重新思索其邊境政策。

面對內憂外患，中共始終認為，台灣海峽與藏印邊境的緊張情勢乃是美國對其總體戰略的兩面，亦即一方面唆使印度騷擾西藏，同時鼓勵台灣反攻大陸，藉此造成「兩面夾擊」的態勢，[292]因此決定在一九六二年增兵福建並進入備戰狀態。此種推斷雖顯然高估了美國在台灣海峽的對抗意願，在印度方面則或許不無可能。例如美國駐印大使便曾在參議院外交委員會中公開陳述支持印度行動的必要性，甘迺迪也曾承認，援助印度符合美國的利益。[293]更重要的是，

289 參見一九六三年六月十七日《人民日報》所載〈關於國際共產主義運動總路線的建議－中共中央對蘇共中央一九六三年三月三十日來信的覆信〉。

290 謝益顯主編，《中國外交史：中華人民共和國時期，一九四九至七九》，頁二二一。

291 請參考一九五九年九月十日，香港《大公報》所載〈尼赫魯總理給周總理的信〉，以及同日《人民日報》所載〈周恩來總理寫信答覆尼赫魯總理〉。

292 Allen S. Whiting, *The Chinese Calculus of Deterrence* (Chicago: University of Chicago Press, 1975), p.63.

293 *Ambassador's Journal* (Boston: Houghton Mifflin, 1969), p.381; *Peking Review*, Nov 16, 1962, p.6.

相較台灣的軍事舉措受到美國嚴密監控，[294]印度則在一九五八至五九年間成立「邊境公路開發委員會」，開始推動「前進政策」，[295]一方面至一九六一年為止，已在爭議地區設置五十餘個據點，一九六二年初又繼續增建四十餘個邊防哨站。對此，北京立即提出嚴重抗議，印度總理尼赫魯則仍堅持，根據《西姆拉草約》劃定的「麥克馬洪線」乃是兩國的合法邊界。[296]由於中共在一九六二年七月十日對印度的行動作出軍事反擊，戰爭也隨之爆發。

在正式軍事衝突爆發後，中共雖未曾放棄和平磋商的機會，尼赫魯在國內民族主義輿論及國會壓力下，只願以同意「原則問題」為前提，進行「討論」而非「談判」，姿態十分強硬。[297]對此，中共決定在十月份發動大規模攻勢，企圖以戰促和，隨後在十月二十四日與十一月二十一日兩度發出和談聲明，宣稱將主動停火並後撤防線二十公里以示誠意，最終在一九六三年二月完成撤軍，同時歸還全部戰俘。歸結中共所以「前倨後恭」的原因，理由相當明顯：首先是為了縮短衝突期間避免美蘇兩強有介入干預的機會，其次則礙於大陸內部當時的經濟動盪情況，本來也沒有力量進行長期持久戰，何況西藏離北京幾乎「遠在天邊」，漫長的補給後勤乃一大挑戰。更甚者，中共所以採取軍事手段，原即希望逼使印度坐上談判桌，自然應適可而止。

總而言之，由於印度亦自知無法久戰，於是雙方還是回到正常的外交管道上，歷經數十輪象徵性對談，問題迄今依舊無解。所謂麥克馬洪線成為中國的「實質控制線」以及印度口中的「傳統邊界」。印度再也沒人提起「前進政策」，至於尼赫魯則終生沒有從此一羞辱性擊敗中復原。[298]

中南半島衝突與北京之態度　在一九四五年以前，除泰國（原稱暹羅）外，整個東南亞地區分別在英、美、法、荷等四個國家的帝國主義政策下成為殖民地，隨著第二次大戰結束，這些地區也紛紛掀起民族獨立風潮。其中，相對於美、英、荷等國較和平地進行政權轉移，控制中南半島東側的法國最初則仍企圖維持舊有殖民地。在一九四六年展開的雙邊談判中，法國以推動「自治」來交換特別是越南所提的「獨立」要求，結果雙方於三月六日簽署《三六協定》，但是因法國駐印度支那專員尚達禮（Thierry d' Argenlieu）在六月片面宣佈南越獨立，並於七月間邀集來自柬埔寨與老撾的代表共組「印度支那聯邦」（Federation of Indo-China），於是戰爭也隨即爆發，此後一直持續到一九五四年的奠邊府戰役為止。[299]

在衝突過程中，中共始終表態支持北越的胡志明政府，同時出席為解決殘局所召開的一九

---

294 事實上，台灣在一九六二年三月似也有若干準備，包括提前一年徵召新兵入伍、延長原訂退伍軍人之服役期限，以及組建動員船艦；甚至美國在同年六月派至台灣的新任大使柯克（Alan Kirk），也是曾在二戰期間於歐洲戰場指揮兩棲作戰的退役海軍上將，確不無聯想空間。

295 一九五九年八月的「朗久事件」，也被認為是一九六二年戰爭之序幕與導火線；師博主編，《一九六二：中印大戰紀實》（北京：中國大地出版社，一九九三年），頁七〇至七一。

296 Neville Maxwell, *India's China War* (London: Jonathan Cape, 1970), p.75.

297 張虎，《剖析中共對外戰爭》（台北：幼獅文化公司，一九九六年），頁一一二。

298 林納（Bertil Lintner）著，林玉菁譯，《中國的印度戰爭》（台北：馬可孛羅，二〇一八年），頁一三三。

299 Martin Windrow, *The French Indochina War 1946–54* (Oxford: Osprey Publishing, 2013).

五四年日內瓦會議。會議歷時七十五天，共舉行過八次全體會議以及二十三次部分會議，主要參與者除中、美、英、法、蘇五國外，還有南、北越以及柬埔寨和老撾等四個印度支那政權。在最後各方達成的協議中，南、北越決定以北緯十七度為界，並由中立的國際委員會來監督停戰，一方面法國陸續撤軍，印度支那各國則在一九五五至五六年間各自舉行全國性公民投票。在此一區域性問題中，法國介入的原因乃為繼續保有威望利益，彌補因二次大戰遭德國佔領而受傷的民族情緒。美國是為了逐步取代法國以保障東南亞圍堵網的完整性。[300]至於中共，一方面是基於意識型態的共同性，此外則不無國家安全考量。

值得注意的是，儘管此時台灣保有聯合國席位，甚至擔任安理會常任理事國，但對此問題毫無置喙餘地，可見其頭銜之不切實際。

在一九五四至六〇年間，美國一共向南越提供了約十六億美元的援助，就每人平均受援數字看來，南越可說是當時全球最大的接受美援國家。雖然美國公眾對這個遠在東南亞的國家幾乎一無所知，該國不僅有百分之八十五的軍事開支與百分之六十七的政府開支由美國承擔，美國在南越顧問團人數也從一九五四年的兩百人增至一九六〇年的兩千人，[301]甫於一九六一年上任的甘迺迪甚至一口氣派出一萬六千五百人。由於美國將越南問題視為「共黨集團是否願意維持現狀」的指標，因此在援助該國的政策上，從艾森豪到詹森總統都採取了一致的作法。無疑地，畢竟韓戰剛剛結束，越南又與中國咫尺相望，無論美國的動機為何，這些作法都加深了北京的疑慮。特別是在美國於一九六一年發動所謂「特種戰爭」，開始在此處試水溫，並於翌年成立「美國駐越南軍事援助司令部」之後，中共便於同年與北越領導階層商談對策，除無償協助其武裝，並在一九六三年派軍前往協防。

比起在韓戰初期的猶豫不定，北京在越南問題上似乎採取了更為堅定且強硬的態度。除了國家安全利益考量外，中蘇共此刻已公開攤牌的事實，當然必須加以關注。換言之，儘管「保衛北越抵抗美國侵略，是中蘇當時少數能取得共識的問題之一」，[302]問題是，倘使中共若未能搶在蘇聯之前與北越保持密切合作關係，一旦蘇越之間建立起直接聯繫，甚至北越倒向蘇聯（這也是戰後的現實），它勢將面臨同時來自南北兩端的安全威脅。因此，隨著美國擴大支持南越方面攻勢，宣稱要將「北越炸回石器時代去」，[303]中共也自一九六五年起，先後派出各類軍事人員共達三十二萬人規模。當然，另外必須瞭解的一點是，中共此時所以能在對北越外交上比蘇聯搶得先機，部分原因也是因為蘇聯與胡志明的互動也存有疑慮之故。[304]總而言之，中共自此

---

300 Department of State, *Documents of American Foreign Relations, 1952-1954*, Vol.13, p.2180.

301 莊慕求譯，《美國對越南南方的干涉與侵略政策》（北京：世界知識出版社，一九六三年），頁三七。

302 姚楠等譯，《戰後東南亞史》（上海：上海譯文出版社，一九八四年），頁三一九。

303 James P. Harrison, "History's Heaviest Bombing," in Jayne Werner and Lun Doan Huynh, eds., *The Vietnam War: Vietnamese and American Perspectives* (New York: M.E. Sharpe, 1993), p.135.

304 這是由於胡志明與毛澤東一樣，太具民族性與獨立性，因此不易操控之故。J. Guy and T. Pauker, "Southeast Asia," in Kurt London, ed., *The Soviet Impact on World Politics* (New York: Hawthorn Books, 1974), p.148.

便與北越保持著大致良好的互動關係，直到一九七五年戰爭結束為止。

相較越南問題並未直接涉及兩岸關係，一九六〇至六一年的中緬邊界衝突，則結束了另一側為人忽略的國共內戰。為解決在內戰末期由雲南撤至緬北的國軍殘餘部隊，北京以勘界為由，與緬甸共同發動「聯合勘界警衛作戰」（台灣稱江拉基地保衛戰）。由於部分美援武器遭到繳獲，證明台灣違反使用美援規範，致使緬甸據此向聯合國控訴中華民國侵略，後者則於一九六一年撤出多數部隊。[305]於此同時，一九六〇年底的《中緬邊界條約》亦成為北京解決邊境問題所跨出之第一步。

305 部分退往泰緬邊境部隊先被稱為「國民黨中國軍隊難民」，後被泰國政府收編，俗稱「泰北孤軍」，仍擁有一定獨立性，佔據地區成為「金三角」，直到一九七三年最終解體。

北京與曼哈頓　一九六六—一九七六

持續二十餘年，兩岸在權力資源與國際地位之間的奇特反比狀態，終於在一九七〇年代初期出現徹底扭轉。在成功取代原先由台灣擁有的聯合國席次與代表權後，政治西瓜效應也立即凸顯在邦交戰中，自此，台灣開始長期被迫居於劣勢。儘管如此，由於國內局勢動盪，北京在外交戰方面的決定性勝利並未帶來中國統一的契機，甚至對其自身國際地位的提昇也反饋有限。進一步來說，就在大陸因「文化大革命」失控而自陷困境之際，台灣趁此在經濟上有了長足發展，從而鞏固了分裂的局面。當然，基於內政與外交的密切關連性，爆發文革對中共外交思維也有重大影響。

文革狂潮的爆發及其影響 時至今日，尤其根據一九八一年六月《關於建國以來中國共產黨的若干歷史問題的決議》，認定一般簡稱為「文革」的「無產階級文化大革命」是由領導者錯誤發動、被反革命集團利用，同時為黨、國家和人民帶來深重災難的一場內亂，甚至最高領袖毛澤東應為文革的嚴重左傾錯誤負主要責任。但在毛本人看來，他推動的是一種社會主義思想的革命，亦即要用社會主義的意識形態與習慣，全面取代早已落伍的封建主義與資本主義舊文化，一言以蔽之，也就是「破四舊，立四新」。[306]暫且不論其背後政治動機，從這個最單純的角度視之，文革運動對中國社會文化發展所造成的影響，或許比聲稱要「全盤西化」的五四運動深遠得多，至於其最大差異則在於所使用的手段不同。

起自一九一〇年代末期的「五四運動」或「新文化運動」，雖然也曾如風火燎原般席捲全國，究其本質仍是個菁英式倡議，文化大革命在這方面則顯然不同。自從毛澤東在一九三三年將所謂「群眾路線」加以概念化後，經歷整個延安時期、一九四〇年代末第二次國共內戰、一九五〇年代的「三面紅旗」運動，迄於一九六〇年代的文革，始終與中共處理內部問題有密

306 陳永發，《中國共產革命七十年》（台北：聯經出版公司，一九九八年），頁七七〇。

切聯繫。[307]群眾運動的表面意義，如同毛澤東所言：「凡屬正確的領導，必須是從群眾中來，到群眾中去；這就是說，將群眾的意見集中起來，又到群眾中去做宣傳解釋，化為群眾的意見。」[308]

上述講法看來當然很「民主」，一旦落實，也可強化民眾的意見反饋。不過，就實際運作層面來看，由於中國的政治運作仍充滿著「人治」取向，因此在與人民的協商過程中，具體作法依然端賴個別領導者的理解與堅持而定，[309]所謂文化大革命的推動過程也是如此。無論如何，更值得進一步去理解的，還是文革爆發的原因。大體說來，文革在主要口號上雖充滿意識型態內涵，究其根源卻不能不提到一九六〇年代初期，中共高層面臨的國內外困境。

在國際方面，幾乎同時發生的中蘇共分裂、中印邊界糾紛，以及美國深化對中南半島衝突的干預程度等事件，既再再挑戰著中共的國家安全，北京的焦頭爛額、左支右絀也想當然爾。為有效利用並動員國家各種資源以因應隨時可能發生的變局，透過民族主義宣示來激發民粹式群眾運動，可說是最直接的辦法。

在國內方面，則一九五〇年代末期「大躍進」運動的徹底失敗，不但使中國大陸在經濟發展上面臨谷底危機，同時衝擊了毛澤東的個人政治地位，甚至迫使他從一九五九年二屆人大第一次會議，至一九六二年中共八中全會第十次會議間，無奈逐步將執政權力轉給劉少奇。後者在上台主事後，則開始以准許農民擁有自留土地、於自由市場進行交易、工廠自負盈虧、包產到戶等所謂「三自一包」政策來緩和經濟困境，並推動對帝國主義要和、對修正主義要和、對反革命派要和、外援要少的「三和一少」政策，以便舒緩國際層面的壓力。[310]相較先前，這些動作無疑理性了一些，同時提高了劉少奇可能取代毛澤東領導地位之潛在威望。從這個角度觀察，爆發於一九六六年五月的文化大革命，[311]不啻是「一場權力鬥爭，其目的乃恢復並鞏固毛澤東因一九五七年鳴放運動，以及一九五九年大躍進政策失敗所受創的黨內地位」。[312]由劉少奇等毛澤東主要政敵在文革初期普遍受到嚴酷批鬥看來，此種推論實不無道理。

無論如何，此處更關切的是文革對北京外交的影響。相較中共在建政初期的「開門睦鄰」政策，文化大革命初期（特別是一九六六至六八年間）雖然國內幾乎陷入無政府狀態當中，[313]從對外作為及其指導原則看來，不啻是繼一九二五至三一年後，再度登場的第二次「革命外交」時期。

---

307 Flemming Christiansen and Shirin M. Rai, *Chinese Politics and Society* (New York: Simon & Schuster, 1996), p.79.

308《毛澤東選集：第三卷》（北京：人民出版社，一九九一年），頁一一二〇。

309 Shirin Rai, *Resistance and Reaction: University Politics in Post-Mao China* (Hemel Hempstead: Harvester Wheatsheaf, 1991), Ch.1.

310 傅啟學，《三十年來中美中俄關係的演變》（台北：商務印書館，一九八六年），頁一二八、一三四。

311 文化大革命的起點有二：一說起自一九六五年十一月，毛澤東透過姚文元發表文章抨擊吳晗所編〈海瑞罷官〉一劇，第二種說法則從一九六六年五月，毛澤東在政治局擴大會議中通過「五一六通知」，成立一個全新的「中央文革小組」開始。

312 S. Schram, *Authority, Participation and Cultural Change in China* (Cambridge, Mass.: Cambridge University Press, 1973), p.15.

313 王紹光，《理性與瘋狂：文化大革命中的群眾》（香港：牛津大學出版社，一九九三年），頁二八九。

在此期間，文革核心領導份子普遍擺出極端民族主義者姿態，「不僅對一切舊的事物懷有敵意，而且仇視所有外國事物」，[314]並抨擊在此之前所謂「三和一少」外交工作屬於「向帝國主義投降、向修正主義投降、向各國反動派投降，並撲滅人民革命」的「三降一滅」路線，因此必須立即改弦更張，[315]結果除了導致紅衛兵組織對北京使館區進行義和團式的包圍活動，各駐外使館亦紛紛貼出響應「反帝反修」的大字報，甚至在姚登山取代陳毅代理外交部長後，還召回大部分駐外官員，致使正常外交工作為之停頓。[316]為外界帶來更大疑慮的是，由於中國大陸在一九六四與六七年陸續成功試爆原子彈和氫彈，並於一九七〇年完成人造衛星初步發射實驗，在排外浪潮激盪下，部分觀察家不免擔心中共政權或將採取不理性的冒險舉動，特別是剛剛與其交惡的蘇聯，更曾數度考慮對大陸進行先發制人的攻擊，並以此徵詢過美國的意見。

慶幸的是，下一階段的國內外環境再度逼迫中共高層走回理性。

首先是蘇聯在一九六八年干預捷克「布拉格事件」時所持的態度，使中共必須認真思考開戰的後果。其次是毛澤東指定接班人林彪在一九七〇至七一年間出現可能反對繼續文革的跡象，嚴重影響毛氏的權力根基。[317]不過，更值得注意的，還是中國大陸經濟的停滯問題。事實上從一九五八年以後，中國大陸的平均國民所得便幾乎未曾成長過，甚至到文化大革命結束時，其農民平均所得亦僅有區區七十六元人民幣。相對於同時期「亞洲四小龍」的崛起，中國大陸的落後愈發顯著且難堪。總的來說，即使為繼續穩定權力根基起見，中共高層也有必要重新調整其對外關係的思維方向。

中蘇衝突提供之歷史轉機　雖然赫魯雪夫在一九五四年成為第一個訪問中國的蘇聯領導人，且不無暖意地拉攏聲稱「中華人民共和國如今已成為一個國際大國，沒有它的參與，許多國際問題就不可能得到解決」，[318]在聯合國席位問題上亦持續支持北京，依舊無法緩解雙方長期潛藏之歧見與毛澤東藉機「去史達林化」的想法，於是雙方關係惡化乃至一發不可收拾。究其本質，如同史斑尼爾指出的：「主義的正確解釋與運用只有一種，沒有一種意識型態或神學性的運動能容忍同時存在兩個首都與兩個領袖，因此分裂以及領導權之爭必然會發生。……於是莫斯科揭發毛澤東背叛馬列主義的罪行，……中共則指控蘇共的行動是沒有赫魯雪夫的赫魯雪夫主義。」[319]

---

314 費正清（John K. Fairbank）著，薛絢譯，《費正清論中國》（台北：正中書局，一九九四年），頁四五二。

315 韓念龍主編，《當代中國外交》（北京：中國社會科學出版社，一九八七年），頁二〇九。

316 自一九六六年九月至一九六九年初，除駐埃及大使黃華之外，所有駐外代表幾都奉召回國，並立即受到批鬥；當時與中共有外交關係的國家中，幾乎四分之三都與其發生外交糾紛，除了紅衛兵在國內使館區進行「三砸一燒」外，左派份子還對部分國家進行「文革輸出」。參考石志夫主編，《中華人民共和國對外關係史》（北京：北京大學出版社，一九九四年），頁一九二至一九三。

317 部分研究認為，由於周恩來領導的政府部門受衝擊太大，江青集團的群眾基礎也難以穩固，毛澤東遂只能憑藉林彪的軍方影響力來支撐體制。Frederick Teiwes and Warren Sun, *The Tragedy of Lin Biao* (Australia: Crawford House Publishing, 1996), pp.148-149.

318 Harry Schwartz, *Tsars, Mandarins and Commissars* (Garden City, N.Y.: Anchor Press, 1973), p.163.

319 史斑尼爾（John Spanier）著，《當代美國外交史》，頁二七〇。

中共對蘇聯之某種恐懼或至少敵意，在布拉格事件中臻於巔峰。[320]如同赫魯雪夫上台初期標榜的「和平共存」，同樣為爭取穩定之外部環境以便鞏固政權，一九六六年接任總書記的布里茲涅夫（Leonid Brezhnev）對外也主張「緩和緊張」。據此，一方面其東歐附庸國家表面上獲得更大自由空間，至於捷克領導者杜布切克（Dubcek）則試圖利用此一契機，在一九六八年發表了被稱為「捷克斯洛伐克走向社會主義之路」的《行動綱領》，強調將根除「以黨領政」，同時擴大社會主義民主與公民的自由權，以推動社會進步。[321]前述行動非但直接挑戰了蘇共「民主集中制」的政治理念，如同一七八九年法國大革命推倒王權引發的反制一般，更重要的是，此舉也威脅了蘇聯自我建構之領導權的正當性。其後，隨著捷克自由派人士在同年發表所謂〈兩千字聲明〉，藉此開啟被稱為「布拉格之春」的民主運動後，前述正當性威脅愈發明顯。蘇聯於是當機立斷，決定以《華沙公約》的名義，在八月出動七十萬名部隊前往捷克鎮壓。布里茲涅夫並於事後從「社會國際主義」（social internationalism）角度，闡述了後來被稱為「布里茲涅夫主義」之「有限主權論」概念：「一個共黨政權不僅須對自己的人民負責，而且要對整個國際共黨運動負責；任何共產黨均不能偏離馬列主義的基本原則，否則其他社會主義大家庭成員便有權進行干涉，以使其回到正軌。」[322]

此種如同裱糊匠的自述，目的當然只在粉飾蘇聯侵略的合法性，[323]卻為正與蘇聯處於分裂狀態，並因文革深陷政經動盪泥沼的中共，帶來極大的警示作用。換言之，中共政權很可能成為「下一個捷克」。

對此，北京首先發動宣傳攻勢，他們將蘇軍佔領捷克的行動視為「蘇修叛徒集團瘋狂推行帝國主義強權政治之猙獰面目的空前大暴露，是蘇修叛徒集團和捷修叛徒集團狗咬狗鬥爭的最無恥表演」，[324]接著在九月公佈空中照片，指責蘇聯軍用飛機侵入中國領空的行為，不僅「加劇邊境緊張，並嚴重破壞中國領土與主權完整」。至於一九六九年三月的第二次柏林危機，非但重新將美蘇關係推向冰點，幾乎就同一時間，中蘇之間也爆發了武裝衝突。

正所謂「冰凍三尺，非一日之寒」，根據統計，自一九六四年十月至一九六九年三月間，中蘇之間共發生過至少四千一百八十九起邊界糾紛，[325]幾乎可謂無日不生事。尤其此刻恰逢文革動亂高峰，社會秩序因紅衛兵衝撞體制而動盪不止，中共當然可能藉由對外有限動武來轉移國內注意力。不過，對於三月二日與十五日在珍寶島兩度發生的武裝衝突，[326]究竟責任誰屬，

320 John Mason, *The Cold War, 1945-1991* (New York: Routledge, 1996), p.112.
321 黃鴻釗主編，《東歐簡史》（台北：書林出版公司，一九九六年），頁一〇五至一〇六。
322 Brezhnev's speech to the Fifth Congress of the Polish United Workers' Party in November 1968; Graeme P. Herd and Jennifer D. Moroney, *Security Dynamics in the former Soviet Bloc* (New York: Routledge, 2003), p.5.
323 Charles W. Kegley, Jr. and Eugene R. Wittkopf, *American Foreign Policy* (New York: St. Martin's Press, 1991), p.148.
324 見《參考消息》，一九六八年八月二十二日，第一版。
325 張虎，《剖析中共對外戰爭》（台北：幼獅文化公司，一九九六年），頁一三九至一四〇。
326 珍寶島位於黑龍江省饒河縣之烏蘇里江中游，蘇聯稱為達曼斯基島（Damansky Island）。

迄今仍為各說各話的狀態。無論如何，此次糾紛雖然規模不大，就歷史意義來說，卻是冷戰時期擁有核武國家唯一正面對壘的一次。其後，中共在五月底發布聲明，表示願意和平談判解決，但同時聲明：中國堅持目前邊界乃是帝俄時期以不平等條約方式逼迫中國簽訂的，由於蘇聯人民已長期居住，中國仍願以不平等條約為基礎來談判，但協商內容應擴及全部的雙方邊界問題，蘇聯不應該錯估中國的反擊能力與意願。[327]在蘇聯也讓步的情況下，雙方終於在同年十月達成協議，且自此至一九七九年共進行過十一輪邊界問題磋商。

其後，中蘇關係一度因一九七一年林彪叛逃事件陷入僵局，直到蘇聯於一九七四年向中共建議締結一份互不動武的協議，蘇聯邊界談判代表也於一九七五年重新造訪北京之後，雙邊互動才有恢復跡象。值得一提的是，最初雖不在想像範圍內，中蘇衝突卻意外地為中美關係開啟了一扇機會之窗。正如季辛吉在其回憶錄中所言：「在一九六九年二月以前，中共與美國的關係仍凍結於將近二十年前，相互缺乏信任與瞭解的敵對情勢上；新政府雖然有個與中共接近的概念，但尚未具體成形。後來當蘇聯與中共的軍隊在西伯利亞的冰天雪地中，沿著一條我們誰也未曾聽過的河流爆發衝突時，機會終於來了。」[328]

換言之，中蘇的直接衝突既使中共領導者體認到自身能力的不足，最終回歸外交理性，加上嗅覺敏感的季辛吉決定掌握此一關鍵契機，於是中美乃協力開展了以「關係正常化」為主軸的一場「外交革命」：華府決意拉攏全世界最大的社會主義國家，以「聯中制蘇」來緩解冷戰壓力。相對地北京也修正「反美反帝」策略，正面回應全世界最大的資本主義國家，轉而以

「聯美抗蘇」來彌補國力的不足。

國際地位大逆轉

聯合國席位戰塵埃落定 如同前述，由於第三世界民族獨立浪潮風起雲湧，從量變到質變，徹底扭轉了冷戰初期兩極對峙的國際體系格局，一方面削弱了美國的國際發言權及其在聯合國的領導地位，也促使其思考是否應改變中國政策的內涵，特別在聯合國席位問題方面，美國自一九六一年起便改採「重要問題」策略。從「擱置辦法」走向「重要問題」，充分反映出美國對聯合國大會的政治影響力已然大不如前。[329]當時台灣的外長沈昌煥也提到：「聯合國最特殊的現象，就是亞非集團在聯合國現今影響力之大，出乎我們大家的想像之外。」[330]此種現象反映在席位問題上，便是在歷次表決中國代表權提案時，支持台灣票數的日漸滑落。

327 謝益顯主編，《中國外交史：中華人民共和國時期，一九四九至七九》，頁三七二至三七六。

328 Henry Kissinger, *White House Years* (Boston: Free Press, 1979), p.164.

329 迫使美國改變策略的原因是「擱置案」在一九六〇年僅以八票之差勉強通過，顯示該策略可行性已有明顯動搖；Hayward R. Alker, Jr. and Bruce M. Russett, *World Politics in the General Assembly* (New Haven: Yale University Press, 1967), pp.175-176.

在代表權問題表決過程中，可明顯看出幾個趨勢：首先是中共所得票數有逐年增高的跡象；其次則顯然由於一九六六年爆發文化大革命之故，前述趨勢一度受到頓挫；最後值得注意的則是，棄權或未表態者始終佔有百分之十五到二十左右比例，顯示出該議題的國際敏感性。[331]至於就地區來分析的話，美洲與東亞的國家大多站在較支持台灣的立場，然而歐洲、非洲與中東國家的態度便搖擺得多。[332]究其緣故，自然與美國的影響力有關。由於美國在前述地區擁有近乎支配性的力量，這些國家在聯合國問題上自然也以其馬首是瞻。

不過，由於中共自一九七〇年起大幅擴張外援規模，[333]此政策的效果隨即反映在同年聯合國大會的表決過程中，支持北京者首度以五十一票超前支持台灣的四十九票，雖因未能跨過三分之二門檻而無法成案，已然給了美國相當大的警訊，使其在一九七一年企圖透過「變相重要問題案」（亦即讓台灣與大陸享有「雙重代表權」）來解決或設法拖緩問題。[334]方式是由後來在一九八八年出任總統，當時為駐聯合國代表的布希（George Bush）向大會提出一份備忘錄，聲稱聯合國應重視「兩個中國」並存之「不容爭辯」的事實，因此不應勉強要求會員們從中做出選擇。[335]事實上，早在甘迺迪與詹森政府就開始實施類似的「兩個中國」政策，美國國務卿羅吉斯也曾於一九六九年表示，美國應承認有「兩個中國」並存的既有事實。[336]更甚者，關於「兩個中國」的提案自一九六〇年代起便開始於聯合國中持續被研究，正如魏道明所言：「兩個中國觀念不僅親匪的人有這種想法，民主國家有許多人也有這種主張，甚至於有人想這種方法是幫助我們的，這種空氣很普遍。」[337]此言確為事實。只不過，前述提案由於同時遭受兩岸反對，以致胎死腹中。

時至一九七一年，國際環境陸續出現幾個極大變化：首先是中共增加援助以拉攏非洲國家；其次是美國總統尼克森於七月宣佈將訪問中國大陸；再者是美國為回應自身經濟發展挑戰，決定取消固定滙率並引導美元貶值，促使許多第三世界國家經濟趨於惡化，引發極大的反感；最後則是國務卿季辛吉繞道巴基斯坦密訪大陸，更徹底動搖了美國傳統友邦國家對其態度的認知。

在這些種種不利情況下，兩岸主權競賽之情勢既有利於中共方面，北京當然繼續堅持反對「雙重代表權」的提案。至於台灣在最大支持者美國態度明顯鬆動的刺激下，既無法明白支

---

330 沈昌煥，〈出席本屆聯合國大會之經過〉，民國五十年立法院第二十八會期，外交委員會第四次會議紀錄。

331 田進與俞嘉麗，《中國在聯合國》（北京：世界知識出版社，一九九九年），頁二一八。

332 高朗，《中華民國外交關係之演變，一九五〇至七二》（台北：五南出版社，一九九三年），頁二一二。

333 根據統計資料顯示，中共對外援助在一九六九年為四千五百萬美元，儘管文革風潮未歇，一九七〇年卻暴增為七億二千一百五十萬美元，於此同時，台灣的非洲邦交國也大規模轉向；參考高朗，《中華民國外交關係之演變，一九五〇至七二》，頁二六四。

334 周煦，《聯合國與國際政治》（台北：黎明出版公司，一九九三年），頁五〇。

335 王杏芳主編，《中國與聯合國》（北京：世界知識出版社，一九九六年），頁四四。

336 林正義，《台灣安全三角習題》（台北：桂冠圖書公司，一九九一年），頁二三三至二三四。

337 魏道明，〈出席第二十一屆聯合國大會經過〉，民國五十五年立法院第三十八會期，外交委員會第七次會議紀錄。

持，只好採取默認而模糊的立場。正如末任駐美大使沈劍虹所言：「很明顯地，我們不能支持任何允許中共進入聯大的建議，儘管這項建議也要求保留中華民國的聯合國席位；當友邦詢問我們，我們希望其代表如何投票時，我們不知道怎樣回答，結果只能向其說明我們的困境，要他們根據本身的判斷投票。」[338]由此可見，台灣根本無法自主之艱難處境。

當然，所謂「本身的判斷」自是根據現實主義下的國家利益來決定。既然美國支持台灣政權的態度已不再若以往堅定，與中共的合作潛力又大於台灣，此種現實考量便直接反映在一九七一年十月二十五日聯合國大會的《二七五八號決議案》中：「大會基於聯合國憲章的原則，認為恢復中華人民共和國的合法權利對於維護聯合國組織，以及依據憲章所必須之行為均屬必要。承認中華人民共和國政府的代表是中國在聯合國的唯一合法代表，以及中華人民共和國為聯合國安全理事會五個常任理事國之一。茲決定恢復中華人民共和國之所有權利，承認其政府是代表國在聯合國的唯一正當代表，並立即將蔣介石的代表從其在聯合國及其所屬的一切組織中所非法佔據的席次上驅逐。」直截了當地說，就是以北京取代台灣而獲得中國代表權。

在此之前，由於早已估量到可能之最後結果，雖然無論如何也顧不了面子，台灣仍於表決前便逕行宣佈退出聯合國。可以這麼說，此結果雖非完全意料之外，畢竟當尼克森在一九六八年贏得大選時，基於他曾經之冷戰鬥士形象，台灣決策高層對此不免彈冠相慶，以為不利情勢將有所好轉，但終究事與願違。[339]一九七一年十月這一天，位於紐約曼哈頓東河岸的聯合國大廈籠罩在蕭索秋意中，襯著北京代表團團長喬冠華的暢意笑聲，台北首席代表周書楷則只能看到落寞的下台身影。

向大陸傾斜的邦交競賽　僵持拉鋸二十二年的兩岸邦交競賽，終於在一九七一年出現翻轉式變化。在此之前，大陸的建交國家數目雖然呈現緩步上升的現象，由於美國不斷協助台灣與剛獨立的新興國家締交，始終讓後者一直能維持著十五到二十個國家的「安全差距」。不過，顯而易見地，一九七一年的聯合國表決終於為台灣帶來致命一擊，自此其外交空間便持續受到嚴重的壓縮。

托達羅（Michael Todaro）說得明確：「從無歷史證據顯示，一個國家會長時期援助他國，而不求某些相對回報。」[340]實際上，自從十九世紀以來，對外援助便成為國家在拉攏或鞏固邦誼時最常使用的方式之一。[341]對於正進行主權競賽的兩岸來說也是如此。在此之前二十餘年的競爭過程當中，儘管相當矛盾的是，無論大陸或台灣，此時均未具備足以援助其他國家的條

338 沈劍虹，《使美八年紀要》（台北：聯經出版公司，一九八二年），頁五五。

339 唐耐心（Nancy B. Tucker）著，林添貴譯，《一九四九年後的海峽風雲實錄：美中台三邊互動關係大揭秘》（台北：黎明文化，二〇一二年），頁二六至二七。

340 Michael P. Todaro, *Economic Development in the Third World* (New York: Longman, 1989), p.485.

341 Hans J. Morgenthau, "A Political Theory of Foreign Aids," *American Political Review*, 56:2 (1962), p.303.

件（理論上得經濟發展穩定，才能行有餘力），雙方依舊以此做為主要的外交手段之一。特別是台灣方面，在經濟資源極度匱乏之下，最初僅能透過花費最低的「技術援助」來拉攏亞非洲國家，[342]除積極參與聯合國「亞洲暨遠東經濟委員會」的活動，透過國際組織為中介來提供援助外，直接行動則起自一九五〇年代末期的農業水利技術援助，至於大規模有計劃的行動則自一九六二年開始，該年台灣先後與賴比瑞亞及利比亞簽署《技術合作協定》，自此，農耕隊便成為台灣在非洲最具代表性的外交前鋒。

與台灣相較起來，中共儘管經濟實力也極為有限，甚至還因政策錯誤而導致人民生活陷入動盪當中，主權競賽的急迫性仍迫使其與台灣進行外交經濟戰。例如在周恩來於一九六四年出訪非洲時，便於馬利宣佈了對外經濟技術援助的「八項原則」：根據平等互利而非單向賜予的原則提供援助、尊重受援國主權而決不附帶任何條件、以無息或低息貸款進行援助、援助目的在於協助受援國走上獨立自主發展的道路、援助項目力求經濟收效快捷、保證援助物資和國際規格與質量、保證充分轉移技術，以及駐外援助人員絕不享受特殊待遇等。[343]其中，所謂「不附帶任何條件」當然是不可能的，因為這違反了對外援助的最理性要求。至於援助方式，則以直接金援為主。

根據統計數字顯示，中共外援歷程曾出現過兩次暴增現象，一次是由一九六三年的九千零四十萬美元增至一九六四年的一億五千三百六十萬美元，另一次則是由一九六九年的四千五百萬美元增至一九七〇年的七億兩千兩百五十萬美元。其中，若單單計算非洲的話，則北京自一九五六至七六年間，共向三十八個國家提供了價值超過兩百億美元的各式援助。[344]顯然，前述兩次「加碼」動作都收到了預期效果，第一次使得兩岸的邦交國數量差距首度拉近到只有十個國家，第二次更為聯合國大會的最終表決，鋪下對其有利的平坦大道。

不過，北京與台灣進行邦交戰的過程亦非總是一帆風順，除了因韓戰爆發而帶來頓挫之外，另一次重大打擊歸因於文革的爆發。由於在高度意識型態化浪潮中揭櫫「革命外交」或「造反外交」等不理性口號，不僅在實際作為上幾乎和所有共黨國家都發生過互逐學生、記者或外交官的事件，與西方之間的關係自然趨於惡化，明顯結果則是一九六六至六九年間邦交國數量停滯不前。儘管如此，隨著北京對外關係在文革後期逐漸恢復理性，加上美國尼克森政府對華政策轉向之有力挹注，終於讓中共扭轉了長期以來的劣勢：除了藉聯合國席位爭議塵埃落定之助，一舉在一九七一年以六十五個邦交國首次超越了台灣的五十五個邦交國外，其後攻勢有若水銀瀉地，到了一九七九年為止，更以總數一百二十個邦交國，將領先台灣（二十二個）

342 K.J. Holsti, *International Politics: A Framework for Analysis* (New York: Prince-Hall, 1991) , p.318.

343 《周恩來外交文選》（北京：中央文獻出版社，一九九〇年），頁三八八至三八九。這些原則發表於一月十四日於迦納接受記者訪問時，一月二十一日正式載入與馬利《聯合公報》中。張光，《中國的外交政策》（北京：世界知識出版社，一九九五年），頁九三至九五。

344 Wolfgang Barke, *The Economic Aid of PRC to Developing and Socialist Countries* (Munchen: K.G. Saur, 1987) .

差距拉到近百個。

至此，兩岸糾纏數十年的邦交競賽可謂大勢底定，台灣自此被迫面臨前所未有的挑戰與艱難處境，前途荊棘滿布可以想見。

台灣的經濟發展與對外關係　就在台灣外交發展面臨困境的同時，正如魏萼所言：「一九六一至七二年的出口擴張時期，乃台灣經濟的轉折點。」[345]整個一九六〇年代，台灣以數次「四年經建計畫」為基礎，在出口擴張政策主導下全力拓展國際市場，結果使商品進出口佔國內生產淨值由一九五〇年代初的百分之二十五，激增到一九七〇年代末的超過百分之百。[346]值得注意的是，除國府遷台初期有過脫軌的「高通貨膨脹」之外，台灣對此問題的控制一直非常敏感與迅速，「或許這就是台灣經濟快速發展的一個重要關鍵」。[347]再者，國府在一九五〇至六〇年代也進行了幾項重要改革：首先是在一九五八年廢除「複式匯率」制度以取消不利出口擴張的因素；[348]其次是在一九六〇年頒佈《獎勵投資條例》，藉此積極引入國外資本；接著則是在一九六四年促使新台幣貶值以增加出口競爭力。根據統計顯示，台灣的工業產品在一九五〇年代佔出口總量僅不到四分之一，但一九七〇年代後便大幅躍升為百分之八十四，[349]足見經濟轉型策略之成效確實極為顯著。

一九七三年的第一次石油危機既導致國際經濟產生巨大變化，也衝擊了看似順利平坦的台灣經濟發展。由於油價在短期間上漲四點四倍，致使缺乏此類必要資源的國家都遭受重擊，[350]

其中當然包括台灣在內。除此之外，導因於美國經濟衰退與長期越戰帶來的美元貶值與取消固定黃金兌換率，更造成全球貨幣市場波動，其結果是浮動匯率上台與保護主義政策的復辟。[351] 從平均年經濟成長率由一九六〇年代的百分之十，掉到一九七〇年代前期的百分之二點九，以及物價在一九七三至七四年間躍升百分之四十七點五看來，台灣在這場危機中所受影響的確不小，這還不包括一九七一年退出聯合國帶來的政治與心理打擊。至於台北的因應之道，則是繼續進行第六次「四年計畫」，同時自一九七四年起推行「十大建設」，企圖以增加社會支出來刺

345 魏萼，《中國式資本主義：台灣邁向市場經濟之路》（台北：三民書局，一九九三年），頁五七。

346 參考《台灣統計資料：一九八七年》（台北：經濟建設委員會，一九八七年），頁五五。

347 一九四九年台灣通貨膨脹率曾高達百分之三千；宋鎮照，《發展政治經濟學：理論與實踐》（台北：五南圖書公司，一九九五年），頁二三一。

348 台灣在一九四九年初採用單一固定匯率，進出口貿易與外匯收支由省政府統籌管理，一九五〇年改為複式匯率，持續至一九五八年為止。宋鎮照，《發展政治經濟學：理論與實踐》，頁二三四；李國鼎，《台灣經濟蓬勃發展的經驗》（台北：美亞出版社，一九八一年），頁五一至七一。此外，一九五〇年代初採取高估匯率作法對台灣經濟發展也相當不利，因此一九五八年同時推動台幣貶值；蔣碩傑等，〈台灣貿易自由化的發展過程〉，陳添枝等編，《台灣經濟研究論叢：第九輯》（台北：中華經濟研究院，一九九一年），頁一八九至一九一。

349 《台灣統計資料：一九八九年》（台北：經濟建設委員會，一九八九年），頁二一三至二一四。

330 United Nations, *Monthly Bulletin of Statistics*, August, 1976.

351 J.E. Spero, *The Politics of International Economic Relations* (London: St. Martin's Press, 1990); David H. Black and Robert S. Walters, *The Politics of Global Economic Relations* (New Jersey: Prentice-Hall Press, 1987).

激投資與生產。[352]這些作法被證明使其得以安然度過危機階段。[353]

在國際政治舞台上，外交空間本即有賴國家擁有的權力要素來決定。就台灣來說，由於幅員狹小且缺乏天然資源，更重要的是，競爭對象乃與其差距甚大的中國大陸，因此在先天條件上便居於劣勢，這也種下台灣必須依賴國際力量（尤其是美國）以求自保的根源。亦正因為如此，即使在一九六〇年代出現中蘇共分裂及大陸爆發文化大革命等有利環境，受限美國牽制，台灣也無法趁此契機有進一步發展。迄於美國隨後政策轉向，台灣也被迫退出聯合國之後，從某個角度看來，由於缺乏有力大國的支持，此時台灣的外交環境較之一九五〇年代初期恐怕更為風雨飄零。台灣所以能撐過這段時期，並與北京僵持至今，儘管不能否認美國繼續運作「聯台制中」策略的間接影響，正所謂「自助而後人助之」，安定的政經環境與持續繁榮下所累積的財富，仍可說是台灣在新一階段外交競爭中的籌碼所在，也是由此衍生出來之「務實外交」概念的關鍵支撐基礎。

從兩條線到一大片

冷戰內涵變化與美國之新處境　對美國而言，一九五〇年代初期的當務之急，乃是如何面對蘇聯與共產主義的挑戰，至於其戰略回應則是全面性「圍堵」。從某個角度來看，美蘇對抗絕對是影響整個二十世紀下半葉國際局勢之最重大因素，不僅由於這兩個國家壟斷了全球絕大多數的核武器，更因它們各自領導一批附庸國家進行以對方為假想敵，企圖獲取世界版圖優勢的權力爭奪戰。美國認定「史達林的戰後目標並非恢復歐洲的均勢，而是如同希特勒一般，想完全控制歐洲大陸」，[354]為免蘇聯控制此一「舊世界」核心以致壯大至無可遏制，最終損及自身利益，於是華府決定予以全面性壓抑。當然，其遠東政策也必須放在此種思考邏輯下才能被清楚地釐清。

儘管美國的壓抑是全面性的，由於「重歐輕亞」始終是政策主軸，因此其對遠東政策的基本態度亦是不過分干預，目的僅在監視蘇聯擴張，一方面避免捲入戰爭衝突，另外則儘可能尋求合作國家以維護既得利益。其中，「中國問題」乃一大考驗。美國所以在國共內戰後期採取近乎旁觀的作法，原因除了不信任蔣介石領導下國民政府的執政能力外，對延安共黨的正面印象也有關係。[355]雖然美國並不真的拿意識形態當一回事，畢竟中共與蘇聯的關係十分曖昧，由

352 所謂「十大建設」其實部分已自一九六〇年代起的歷次四年計畫中開始推動，具政策上的延續性，所以另起名稱，鼓舞民氣的心理因素極為重要；吳若予，《戰後台灣公營事業之政經分析》（台北：業強出版社，一九九二年），頁一五四至一五五。

353 Thomas B. Gold, *State and Society in the Taiwan Miracle*（Armonk, N.Y.: Sharpe, 1986）, pp.4-5; Simon Kuznets, *Modern Economic Growth: Rate, Structure and Spread*（New York: Feffer and Simons, 1986）, pp.198-199.

354 John Lewis Gaddis, *The Cold War: A New History*（London: Penguin Books, 2005）, p.14.

355 *The Department of State Bulletin*, 1947, Vol. XVII, p.887

此既導致華府在一九四九年略顯遲疑，至於在分裂已成定局後，加上韓戰讓美中陰錯陽差地成為戰場對手，錯失主導契機的美國只好在一九五〇年代初留下駐軍並重新武裝日本，做為在東亞抗衡共產勢力的前線基地，其次則是設法沿著太平洋西岸組成一條海上圍堵線。[356]值得注意的是，此時美國雖秉持全面遏止共黨擴張的態度，始終沒有放棄與中共修好的機會，只不過雙方關係無法進展的關鍵仍繫於中共的態度。[357]

正所謂「天下沒有白吃的午餐」，擁有霸權並擔任世界領袖，固然為美國帶來威望資產並節省不少交易成本，這實在是個沈重無比的負擔。例如，美國在二次大戰之前的十五年間，國防預算耗費才一百億美元，戰後十五年則相對地瞬間暴漲至五千億美元以上，尤其自一九六一年起擴大參與的越戰，至少讓美國耗費了一千五百億軍費及三十餘萬美軍的傷亡（當然，比起二〇〇三年伊拉克戰爭的三兆美元，只是小巫見大巫）。因此，許多人也以越戰做為美國由盛轉衰的分水嶺，甚至如史丘欽格所言，「越戰恆與我們同在」，其帶來之心靈創傷至今猶未平息。[358]於此同時，當美國因發展軍事科技、對外援助、海外駐軍與貿易逆差，導致美元與黃金儲備大量外流之際，日本和西歐卻在美國的保護傘下迅速完成復原，同時以穩定步伐在一九六〇年代大幅拉近雙方差距，從而讓世界經濟版圖隱然浮現另一種美國絕不樂見之面貌。由於前述原因，一九七〇年代所謂「和解」（detente）既有了理性基礎，也為美國外交政策從理想主義走向現實主義帶來某種轉捩點。[359]

在此之前，美國的慣性作法是高舉「反共」大旗，以片面強力介入做為解決紛爭的主要途徑，其後則轉而改採有限之孤立主義，更強調談判、妥協與局部撤退。正是在這個關鍵點上，中共與美國的互動也展開一個全新的佈局。

在北京方面，歷經一九六八年的布拉格事件與一九六九年的珍寶島衝突，由於體認到蘇聯可能介入之威脅，尤其在文革導致嚴重內耗的情況下，中共乃試圖重新思索新的外交路徑，其中，美國當然是顆最有用的棋子。[360]另方面，此際以尼克森與季辛吉為首的美國外交決策圈也從多元化角度重新省視國際政治，並認為，既然二戰之後以美蘇為主的兩極體系已然有所鬆動，「維持強大力量、合作分擔責任、以談判取代對抗」不僅為應有舉措，[361]如何重新調整與中國關係則是重中之重。

---

356 包括一九五一年的《美菲聯防條約》與《美澳紐安全條約》、一九五二年的《美日安保援助條約》（一九六〇年重簽）、一九五三年的《美韓共同防禦條約》、一九五四年的《美中共同防禦條約》、一九五五年的東南亞公約組織（在八個成員中，只有泰國與菲律賓位於東南亞）。

357 關中，〈論美國的遠東政策〉，《問題與研究》，第十五卷第五期（一九七六），頁三六七。

358 史丘欽格（Robert Schulzinger）著，席代岳譯，《鑿門的年代》（台北：麥田出版，二〇〇一年）。

359 Evelyn Goh, "Nixon, Kissinger, and the Soviet Card in the US Opening to China, 1971-1974, *Diplomatic History*, 29:3（2005）, pp.475-520.

360 Robert G. Sutter, *China-Watch*（Baltimore: The John Hopkins University Press,1978）, pp.68-97.

361 *U.S. Foreign Policy for the 1970's:The Emerging Structure of Peace*. A Report to the Congress by Richard Nixon, February 9, 1972（Washington: GPO,1972）, p.3.

中美互動之曲折軌跡　值得注意的是，關於中美「關係正常化」的最初軌跡，早在一九六〇年代初期便露出端倪，無論是希爾曼的演說或魯斯克提出的美國對中共政策「十大原則」，都顯示此時期美國領導者對中共看法已有根本變化，尼克森更為典型代表。例如他在一九六七年一篇文章中便曾有力地發抒了以下見解：「美國的任何亞洲政策都必須切實掌握中共存在的事實。這並非像許多人所言，急於去承認北京並允其進入聯合國。……我真正的意思是，必須承認來自中共之現有與潛在的威脅，同時採取因應對策。……從長遠觀點看來，不能永遠讓中共隔離於國際社會之外。……除非中共改變，否則世界斷無和平可言，我們的目標應是誘發那種改變。」[362]前述文字說明了美國政策有轉向的可能，至於導致此種轉變的原因或如羅賓遜（J.W. Robinson）指出的：「基於世界勢力多極化比兩極化更安全的假設，同時在蘇聯繼續擴張其勢力與影響力的情況下，美國在兩極化世界中與蘇聯的對抗將需要更多協助，這些都是美國與中共合作的動機。」[363]

換言之，與中共「關係正常化」乃合乎美國全球安全利益的作法。

另一位中國專家鮑大可（D.A. Barnett）的意見與此互為補充。他認為，中美關係正常化不但可結束兩國在東亞地區的直接衝突，藉由「聯中制蘇」的運用，也將對蘇聯產生新的制衡效果，以達成全球的權力平衡。[364]從某個角度來看，由於美國在一九五〇年代嘗試與中共建交失敗，使其被迫將圍堵線由陸地後撤至海上防線，此時則企圖重新拉攏北京來推進圍堵線並減輕美國的負擔。[365]當然，此種戰略結構調整絕對是非常不利台灣安全的。除此之外，商業利益也是許多人的考量重點，例如中美貿易全國委員會主席克里斯多福（Christopher H. Philips）就十分堅持表示：「毫無疑問的，對中共而言，中共與美國的貿易發展不但取決於對中共的經濟利益，而且也是雙方關係正常化整體過程之一部分。」[366]甚至黨內政治因素也不能忽略。例如，尼克森在民主黨中最主要的競爭對手甘迺迪（已逝總統之弟），早就主張支持北京加入聯合國並將美軍撤出台灣，以便終止難熬的越戰。[367]

這些說明除展現出推動「正常化」之必要與必然性外，更重要的，它不僅凸顯出全球權力結構的真實重組狀況，亦指出美國人民的世界觀已經有從「樂觀的進步主義」轉向「史賓格勒式西方沒落觀」的趨勢，其重點在於強調，由美國獨自去擔負起維持世界秩序的責任未免太過

---

362 Richard M. Nixon, "Asia after Vietnam," *Foreign Affairs*, 46:1 (1967), pp.111-121.

363 Thomas W. Robinson, "Peking-Washington Relations: Analysis and Projection," Research Paper delivered on June 8-11, 1976 in Fifth Sino-American Conference in Mainland China in Taipei, pp.24-26.

364 Doak A. Barnett, *China Policy: Old Problem and New Challenge* (Washington, D.C.: The Brookings Institution, 1977), p.18.

365 許介鱗，蕭全政與李文志，《亞太經濟合作與美國的亞太戰略》（台北：業強出版社，一九九四），頁八〇至八一。

366 "United States-China Relations: The Process of Normalization of Relations," Hearing before Special Subcommittee on Investigations of the Committee on International Relations of House of Representatives, Nov, 18-Dec. 17, 1975. Testimony by Christopher H. Philips, p.75.

367 孟捷慕（James Mann）著，林添貴譯，《轉向：從尼克森到柯林頓美中關係揭密》（台北：先覺出版社，一九九九年），頁四八。

沈重，唯有更靈活運用外交手腕才是補救之道。

總的來說，在一九六〇年代後，由於世界緊張對抗局勢的消退、美國世界觀的悄然轉變、尼克森主義的公佈，以及「越戰越南化」的遂行，加上中共於文革末期開始理性追求實用開放政策，使得大陸與美國延宕了二十年的雙邊關係有了重建的可能。其基本構想是：美國重視者並非中共的內部結構，而是其對外行為，因此雙方政治主張的差異應不致影響彼此關係的進展。至於轉變契機則掌握在尼克森手中，除了在一九六九年宣佈停止第七艦隊巡航台灣海峽，以表達直接善意外，國務卿羅吉斯更於一九七一年四月所謂「乒乓外交」的暖場下，於八月正式宣佈將支持中共進入聯合國，[368]從而為十月通過《二七五八號決議案》提供了最後一根稻草。

至於具體作法則分為三階段進行：首先是請巴基斯坦總統伊卡汗（Yahya Kahn）等第三者做為「信差」，其次是派遣季辛吉於一九七一年七月秘密到訪北京預先鋪路，最後則是尼克森一九七二年身體力行的破冰之旅。[369]

在最後一個階段中，尼克森提出以下幾個承諾：只有一個中國，台灣是中國的一部分，未來不會再有「台灣地位未定」聲明；美國不曾也不會支持任何台獨運動；美國將竭盡所能阻止日本進駐台灣；支持任何和平解決台灣問題的辦法；美國追求與中國關係完全正常化，台灣問題是其主要障礙。[370]據此，雙方同意以《上海公報》為骨架來發展正常關係。儘管雙方在《公報》中對於亞洲幾個主要衝突點（中南半島、朝鮮半島、日本和印巴衝突等）的看法仍舊針鋒相對，仍舊達成了包括肯定正常化進展、共同減低國際衝突可能性，以及反對任何建立霸權努力等具體共識。值得注意的是，美國除重申「和平解決」兩岸問題的必要性，同時表示「認識到（acknowledges）海峽兩岸人民都支持一個中國以及台灣是中國一部分的態度」。最後，雙方同意保持溝通管道暢通，包括由美國派遣高級官員至北京交換意見，以加速正常化進行等。自此，中美雙方終於在建立正式關係上，跨進了歷史性的一大步。

簽署《上海公報》象徵雙方都願意以更實際態度來面對問題。

例如，北京的一貫立場原本是只要美國不履行「廢約、撤軍與斷交」等三原則，便絕對不與其接觸，華府長久以來漠視中共此一全球人口最多國家之存在，亦早已被國內外輿論視為是種不正常的現象，如今，則雙方顯然都向更合理的互動相向而行。由後續發展看來，若非有一九七三年突如其來之「水門事件」、一九七五年南越淪陷，以及一九七六年包括美國總統選舉以及周恩來、毛澤東相繼去世等因素，中美關係的進展或會更快，但也未必，因為尼克森雖在一九七二年拉近了中美關係，直到蘭德公司研究員白邦瑞（Michael Pillsbury）在一九七三年向白宮提出「打中國牌」（在冷戰中利用中國對付蘇聯）策略後，[371]此種想法才逐漸在華府菁英圈

368 *The Department of State Bulletin*, Aug 23, 1971, pp.194-196.

369 Golam W. Choudbury, *China in World Affairs: the Foreign Policy of the PRC Since 1970* (Boulder: Westview Press, 1982), p.49.

370 傅建中編著，《季辛吉秘錄》（台北：時報文化，一九九九年），頁三七至三八。

中蔓延開來。

至於台灣這個建交「障礙」，則美中雙方在一九七四年後大致得出「日本模式」（詳見後敘）此一妥協結論。據此，在一九七七年卡特上台後，其國家安全顧問布里辛斯基也是「聯中制蘇論」虔信者，[372]於是兩邊隨即一拍即合，終於在一九七八年底發表《建交公報》，華府方面「承認中華人民共和國為中國唯一合法政府」並與北京建立了正式關係。[373]此結果不僅完成了整個「正常化」的過程，同時也是美國遠東政策轉變之一個重要的注腳。

中日台新關係的建立

在第二次世界大戰結束前，日本原為東亞地區最具影響力的強權國家，其後則因戰敗之故，不僅在一九四五至五二年間被迫接受美國之軍事統治，甚至在重獲獨立後，仍繼續擔任美國在此地區關鍵戰略附庸或盟友。正如前述，美國在中共建政後，起初並未放棄嘗試與其建立正式關係，但在一九四九年中蘇新同盟條約簽訂以及翌年北京參加韓戰後，才被動地開始思索將中共納入冷戰對象之一，並逐步建構起西太平洋圍堵網。為此，美國首先促成一九五一年《舊金山對日和約》與一九五二年《美日安保條約》的簽訂，以便讓日本恢復獨立且重新武裝。其次則於一九五二年接著安排日本與台灣締結了終戰條約，[374]藉此完成自日本與琉球群島，經台灣而達整個東印度群島的圍堵線雛形，同時讓台灣的國際法律地位問題因此塵埃落定，使美國可合理地運用此一戰略棋子。

值得注意的是，就在美國企圖促成對日條約時，非但英國（已於一九五〇年一月與北京建交）等國家提出中國代表權的質疑，即使日本自身亦猶豫不決，當然，中共的反應激烈也可想而知，例如周恩來在條約締結後便公開嚴詞抨擊美國的主導行為，並指責日本「吉田反動政府」與台灣逕行締約的動作是「中國人民所絕不能容忍的」。[375]儘管如此，中共仍大力推動「人民外交」，希望建立起民間交流管道，至於具體結果則是一九五三至五七年間簽訂的兩次《中日貿易協定》。[376]其後，為了反制在一九五七年就任首相，具親台傾向的岸信介，中共於一九五九年公佈了所謂「政治三原則」與「貿易三原則」：前者要求日本不執行敵視中國的政策，不參加製造兩個中國的陰謀，以及不阻撓中日兩國關係正常化，後者則建議透過政府協定、民間合同與個別照顧等三個層次來發展經濟關係。[377]接著，在一九五九至六一年間也激烈反對延長

---

371 孟捷慕（James Mann）著，林添貴譯，《轉向：從尼克森到柯林頓美中關係揭密》，頁八七至九〇。

372 Zbigniew Brzezinski, *Power and Principle: Memoirs of the National Security Adviser, 1977-1981* (New York: Farrar Straus & Giroux, 1983).

373 *Public Papers of the President*, Jimmy Carter, 1978, p.1691.

374 雖然在此過程中的「吉田書簡」事件，部分暴露出美日在台灣問題方面的歧見；參見五百旗頭真主編，吳萬虹譯，《戰後日本外交史》（北京：世界知識出版社，二〇〇七年），頁五七至五八。

375 《中華人民共和國對外關係文件集：第二集》（北京：世界知識出版社，一九五八年），頁三三至四〇。

376 第一次與社會黨的帆足計簽訂，第二次則是與自民黨的池田正之簽訂，參考：七十年代月刊編，《田中訪華及有關評論》（香港：七十月刊社，一九七三年），頁一八〇；林代昭，《戰後中日關係史》（北京：北京大學出版社，一九九二年），頁五四至六一。除此之外，中國漁業協會也與日中漁業協會在一九五五年簽署了有關捕魚的民間性協定。

377 谷英，〈中日貿易十年〉，《世界知識》，第十一期（一九八二），頁一六至一七。

美日條約。

從某個角度看來，日本戰後的外交政策似乎總以美國馬首是瞻，但情況並非完全如此，不僅「自主派」（以重光葵為首）與「隨美派」（以吉田茂為首）各擁支持者，早自鳩山一郎在一九五四年底接替吉田茂出任首相時，便喊出「以自主獨立為本義的國民外交」，強調與「對美一邊倒外交」之吉田內閣有所差異，並特別說明與中蘇恢復關係的必要性。[378]但因日蘇談判終究破裂，在一九五七年接任鳩山之岸信介轉而強勢主導美日條約之續約，甚至在前往台灣訪問時還公開宣稱支持反攻大陸，結果導致中共與日本斷絕所有貿易來往，並公佈前述「政治三原則」做為回擊。事實上，一邊倒政策雖有違民族情感及國家主權，若論完全自主獨立，以當時的日本來說也是不可能的，於是結果便是一九六〇年池田勇人組閣後推動的「經濟外交」，亦即強調經濟優先，並以政經分離原則處理一些敏感性問題（例如與中共交往），從而成為此後日本外交主軸。[379]

時至一九七〇年代，由於美國政府開始改變其對華政策，特別是尼克森在一九七二年訪問中國大陸，更為日本政壇帶來又稱「越頂外交」之所謂「尼克森震盪」，因為東京事前完全未被告知或獲諮商。為因應新局面，日本於是在該年公開發表了《中日聯合聲明》，搶先美國之前宣佈與北京建立外交關係。[380]中日建交當然是兩國關係史上的重要轉捩點，更重要的是日本國力實質增長之象徵性。根據統計，日本在一九七四至七九年間高達百分之四的經濟成長率，遠超過同期美國與西德的百分之二點五左右，其國民生產總值不僅自一九五五年二百四十億美元，增至一九七三年的四千一百七十億美元，一九七九年更暴漲超過一兆美元。[381]由此，非但讓日本躋身全球「七大工業國」行列，更使其有機會貫徹自一九七二年以來倡導的「多邊自主外交」概念。[382]於此同時，尼克森也公開將日本視為全球「五極」之一，並宣稱將建立起日美的「平等夥伴關係」。這些都有利於日本外交政策之自主化。

在這種情況下，加上中共已於一九七一年獲准加入聯合國，自然驅使日本與中共之間進行更密切的交往。在正式建交後，日本高層隨即在一九七二至七三年密集訪華。雙方第一個具體的政府間協議乃一九七三年的《建設海底電纜協議》，其次是一九七四年的《中日貿易協定》，要求雙方在平等互利基礎上，進行產業技術交流，同年更透過《海運協定》與《航空協定》建立直接來往管道。在實際成果方面，從中日貿易額由一九七〇年的八億兩千萬美元增至一九七九年的六十七億美元，日本並成為中國第一大貿易夥伴看來，此結果應可使雙方滿意。概言

378 施嘉明編譯，《戰後日本政治外交簡史》（台北：台灣商務印書館，一九七九年），頁一一三至一一七。即使吉田茂也強調應根據國際現勢來決定日本對華外交走向，甚至一九五〇年代「在上海設置駐外事務所亦無不可」。

379 矛盾的是，池田在推動現實主義的「經濟外交」時，同時提出希望與美國關係對等化的「大國外交」理想訴求，顯示「外交自主派」始終具一定的政治影響力；參考施嘉明編譯，前引書，頁二一六至二一八。

380 盧子健，《一九四九以後中共外交史》（台北：風雲論壇出版社，一九九〇年），頁八五至八六。

381 矢野恆太紀念會編，《從數字看日本的一百年》（東京：國勢社，一九八二年），頁五八。

382 方連慶等編，《戰後國際關係史》（北京：北京大學出版社，一九九九年），頁五二六至五三一。

之，日本對兩岸政策大致還是圍繞著自身國家利益，然後根據不同階段的情勢做出變化。[383]值得注意的是，儘管日本在《建交聯合聲明》第三條中「承認中華人民共和國是中國唯一合法政府」，但對「台灣是中國一部分」的說法則僅予「充分的理解並尊重」，至於台灣的國際法律地位問題也模糊地以「堅持遵循波茲坦公告第八條的立場」來回應。[384]儘管這些態度與北京基本政策顯然相互扞格，由於欲突破文革時期外交孤立困境，中方只好勉強接受。更甚者，為解決建交後敏感的中日台三邊關係，具高度妥協性之「日本模式」也應運而生。

事實上，早在池田勇人於一九六〇年接任首相時，便聲稱日本「在對中共的政策方面未必要採取與美國相同的態度」，[385]並以促進雙邊貿易為目標，自一九六四年起與北京互設聯絡處。[386]從某個角度來說，這不啻是後來日台特殊關係發展在「形式」方面的某種先驅。因為台日自一九七二年斷交後，便改採維持實質關係原則，分別由「財團法人交流協會」與「亞東關係協會」做為具準官方性質的新管道。[387]在兩會簽署《相互設置駐外辦事處協議書》後，[388]亞東關係協會在東京、大阪、福岡、橫濱等四個地點，交流協會亦在台北與高雄兩地設立辦事處。其後，此種具「民間交流、官方掛鉤」準官方特色之「日本模式」，也成為美國在一九七九年與台灣斷交後，捨棄「德國模式」（亦即雙重承認）而選擇之新的互動準則，表明「在此範圍內，美國政府與台灣居民保持文化、商務及其他非政府關係」的立場。

揆諸日本所以和前此其他多數國家不同，在斷交後仍與台灣維持相當密切之準官方聯繫，原因大致來自以下幾點：首先就國際體系來看，日本雖在經濟復甦後重新崛起為深具影響力的國家，但特別在東亞區域政治上仍屬美國的附庸，因此在政策上也必須跟隨「聯台制中」的戰略佈局；其次，就經濟面來看，台灣不僅在對外貿易上相當依賴美日兩國，其過程更經常是先由日本輸入半成品，再加工輸往美國，最後造成對美順差愈多，對日本逆差便愈大的特殊現象。換言之，與台灣保持實質關係對日本經濟擴張乃是有利的，更何況日本自一九七〇年代起也步入產業轉型期，亟欲將許多夕陽工業外移他處，台灣顯然是個不錯選擇；最後是歷史情感因素，殖民台灣的經驗不僅使日本國內存在一批「親台派」勢力，若干台籍政治菁英更因接受

---

383 臧佩紅，〈戰後日本的對台政策，一九五二至七二〉，收於米慶餘與王曉德編，《近現代亞太地區國際關係研究》（天津：天津人民出版社，二〇〇一年），頁一八五至二〇一。

384 根據〈波茲坦公告〉第八條為：「日本之主權必僅限於本州、北海道、九州、四國及吾人所決定其他小道內。」雖要求其放棄台澎，但未決定其歸屬。丘宏達編，《現代國際法基本文件》（台北：三民書局，一九八九年），頁四四二。

385 田桓主編，《戰後中日關係文獻集：一九四五至七〇》（北京：中國社會科學出版社，一九九六年），頁四九五。

386 中國於一九六四年八月十三日設置「廖承志辦事處駐東京聯絡處」（直屬中國國務院外事辦公室，業務由外貿部第四局承辦），次年一月二十八日，日本也設置「高碕辦事處駐北京聯絡事務所」（表面上設於自民黨議員高碕達之助所經營「東洋鋼板公司」內，高碕事實上是通產省代表）；羅平漢，《中國對日政策與中日邦交正常化》（北京：時事出版社，二〇〇〇年），頁一三二至一三五。

387 一九九二年五月，台灣駐日代表處分別易名為「台北駐日經濟文化代表處」、「台北駐日經濟文化代表處橫濱分處」、「台北駐大阪經濟文化辦事處」與「台北駐大阪經濟文化辦事處福岡分處」。林金莖，《戰後中日關係實證研究》（台北：中日關係研究會，一九八五年），頁三五三至三五四。

388 馬樹禮，《使日二十年》（台北：聯經出版事業公司，一九九七年），頁三八至四〇。

過日本教育而與其關係密切。前述因素或許都是日本在斷交後仍與台灣維持實質關係的緣故。

從中間地帶到三個世界論　前面兩個段落，主要從美國與日本角度，就國家利益思維變化來觀察自一九六〇年代末至一九七〇年代初，它們如何重新開展與北京的關係。這些發展對中共來說當然都是正面（對台灣則是負面的）且極其關鍵的，特別當文革浪潮幾乎讓國內社會乃至政治機制全面停擺，對外掀起之造反外交亦使其深陷國際孤立困境之際，美日基於自身利益之主動示好正有若及時雨一般，確實有助於將中共拉出不理性決策模式的泥沼。

儘管如此，北京在此期間的對外關係亦絕非是全然被動的。

自從毛澤東在一九六四年修正所謂「中間地帶」理論後，此種爭取「天然盟友」（第三世界國家）與「次要敵人」（做為美國附庸的資本主義國家）以打擊「主要敵人」（美國與蘇聯）的作法，便成為中共的對外政策主軸。例如，毛氏曾直言：「為了戰勝帝國主義的反動統治，必須結成廣泛的統一戰線，必須團結不包括敵人在內一切可以團結的力量，繼續進行艱鉅的鬥爭。」[389]在具體作法方面，中共首先支持中南半島的越南、老撾與柬埔寨等國，以物資與人力援助來對抗美國日益加深的干預。其次，是在一九六四年成功與法國建交，為突破美國在歐洲的外交圍堵跨出重要一步。再者是聯合印尼等國，同樣在一九六四年召開第二次亞非會議的籌備會議，希望藉此進一步拉近與第三世界國家的距離，但原訂翌年舉行的會議卻因主辦國阿爾及利亞發生政變，會議地點爆發炸彈攻擊，對蘇聯是否參與無法凝聚共識，以及大陸陷入文化大革命浪潮等種種因素而無限期延遲。[390]

值得注意的，冷戰史在一九六四年十月的短短三天內，出現了重大的扭轉契機。首先是十四日，布里茲涅夫聯合柯西金等人發動了針對赫魯雪夫的「十月政變」，由於「和平共存」政策因政權更迭銷聲匿跡，從而既再度升高了美蘇對峙熱度，或也是美國重新審視與北京關係之根源之一。其後在十六日，隨著新疆羅布泊上空升起一朵蕈狀雲，意味中共首度成功試爆原子彈。由於兩個月前美國國會才同意詹森總統擴大介入越戰，在韓戰記憶猶新且中共做為北越支持者的情況下，中南半島潛在之核戰陰影無疑也迫使白宮必須謹慎思考未來之可能發展。於此同時，相較赫魯雪夫在一九五九年親訪北京表示拉攏之意，中共在一九六五年派往莫斯科的特使團卻遭布里茲涅夫冷漠接待，毛澤東對此既冷暖自知，當然亦不無危機意識。

總而言之，所謂「中間地帶」理論雖反映出中共追求外交自主的戰略謀劃，做為該理論實踐手段之一九六〇年代「既反帝又反修」的「兩拳出擊」策略，畢竟不符當時其擁有的權力現實，至於文革時期倡導的「大動盪、大分化、大改組」方針，更差點陷中國於生死存亡邊緣。隨著文革熱浪逐步退燒，北京勢必進行策略的調整。例如，在毛澤東於一九六九年「五一節」正式接見各國駐華使節，表現出主動改善極左思潮與重建和多數國家外交關係之姿態後，他雖

389 參考一九六〇年五月九日《人民日報》。
390 謝益顯主編，《中國當代外交史》（北京：中國青年出版社，一九九六年），頁二五八至二六五。

在一九七〇年所謂〈五二〇聲明〉中仍舊號召「全世界人民團結起來，打敗美國侵略者及其一切走狗」，並繼續宣告將支持中南半島的反美力量，[391]但在此同時也順勢而為，先是在一九七一年邀請「侵略者」美國桌球代表隊訪華進行「乒乓外交」，同年季辛吉密訪北京帶來緩和共識後，翌年則中共接連與美日兩國發表了《上海公報》與《聯合聲明》。可以這麼說，繞了漫漫曲折長路，中共終究在對外關係方面恢復應有的理性與彈性。

就在大陸於一九七一年如願進入聯合國，以及美日兩國主動釋放善意的有利外部環境下，毛澤東繼續將一九四六年的「原始中間地帶理論」與一九六四年的「兩個中間地帶理論」，進一步轉化為「三個世界理論」。[392]一九七四年二月，毛澤東在接見尚比亞總統卡翁達時，一方面再度強調詮釋「霸權主義」並重申反霸主張，同時說道：「我看美國、蘇聯是第一世界，中間派、日本、歐洲、澳大利亞、加拿大是第二世界，咱們是第三世界。……亞洲除了日本，都是第三世界，整個非洲都是第三世界，拉丁美洲也是第三世界。」[393]

表面上，所謂「三個世界」與原先「兩個中間地帶」概念看來差異不大，實則凸顯出中共外交戰略對象的轉變。進一步言之，在「兩個中間地帶」時期，中共主要拉攏對象乃「第二世界」國家，亦即「主要之次要敵人」，但一九七〇年代後則開始轉而聚焦真正的「第三世界」。導致前述轉變的原因，當然來自國際大環境的影響。由於美國在一九七一年取消固定匯率之片面舉措引發了債務危機，一九七三年首度石油漲價隨後一度帶來全球經濟短暫蕭條，因此拉大南北之間的對抗與鴻溝。為了防止可能出現的國際衝突，聯合國除在一九七四年召開了特別聯大會議，通過〈關於建立新國際經濟秩序宣言〉與〈關於建立新國際經濟秩序行動綱領〉之外，也在一九七五與七七年兩度召開「國際經濟合作會議」（CIEC），企圖藉此回應發展中國家的要求。[394]儘管這些動作對解決日趨嚴重的發展差距問題仍屬緣木求魚，無疑促進了第三世界國家的團結共識，同時提供中共一個進行拉攏並擴張國際影響力的機會。

正如前面一再提到，雖然在每個時期當中，北京似乎持續創造不同口號來引導特定的外交策略，大方向仍是顯而易見的，亦即隨國力增長而邁向真正「獨立自主」（日本何嘗不是如此，不過因深陷美國保護傘以致無法過度聲張），比較起來，每次修正都顯示出其高層對國際局勢觀察的深化以及決策理性的提昇。例如在一九七〇年代，中共一方面現實地執行「聯美制蘇」策略，先求穩定國家生存發展機會，但同時也以「三個世界」理論衍生出所謂「一條線、一大片」概念，勾勒出未來長期外交戰略目標所在。值得注意的是，此時台灣方面雖利用中共陷入文革困境的契機，全力發展經濟且取得一定談判籌碼，在外交策略上卻始終侷限於道德取

---

391 《毛澤東外交文選》（北京：中央文獻出版社，一九九四年），頁五八四。

392 李捷，〈世界多極化趨勢與毛澤東的三個世界劃分理論〉，劉山、薛君度編，《中國外交新論》（北京：世界知識出版社，一九九七年），頁二一一至三三五。

393 《毛澤東外交文選》，頁六〇〇至六〇一。

394 J.E. Spero, *The Politics of International Economic Relations*, Ch.5；宿景祥，〈當代世界經濟體系中的第三世界〉，中國現代國際關係研究所編，《當代第三世界透視》（北京：時事出版社，二〇〇一年），頁五六至五七。

向濃厚的「漢賊不兩立」作法。儘管追隨美國乃無可奈何之舉，畢竟未能體認到權力要素的根本限制，提前思索採取更為彈性的作法，這也種下台灣未來更大困境的緣由。

最後，冷戰史固然在一九六四年以某種緊張升高跡象，提供了轉向理性之契機，至於一九七二年既不啻是所謂「和解」（Détente）的關鍵一年，也是在一九八九年東歐變局之前，冷戰歷程中無可忽略的一個轉折點。

以一九七二年二月尼克森訪華為開端，美蘇在五月簽署之《反彈道飛彈條約》為第一階段限制戰略武器談判（SALT）畫上完美句點，開啟了雙方「以談判代替對抗」之正向互動。[395]接著，以六月初的《柏林四強協定》做為基礎，東西德在十二月簽署之《基本條約》奠下了日後邁向統一進程之開端。稍早在世界另一端的冷戰前線，南北韓在七月發表的《共同聲明》雖迄今未帶來如同終結德國分裂之政治結果，仍為以歐洲為中心之冷戰緩和氛圍，提供了錦上添花之舉。為貫徹並延續此一和解邏輯，美國在一九七三年邀集南北越簽下《巴黎和平協定》，決定從越南全面撤軍。值得注意的是，越戰終結雖看似替前述一連串舉動劃下另一個句點，但其本質既不完美，甚至成為一九八〇年「新冷戰」爆發之濫觴。

395 二〇〇一年十二月，美國總統小布希宣布退出《反彈道飛彈條約》，翌年正式生效後，俄羅斯隨即於二〇〇二年退出《第二階段戰略武器裁減條約》（START II）做為回應。

關係正常化　一九七六—一九八一

繼蔣介石於一九七五年去世後，中共主要領導者周恩來、朱德與毛澤東也在一九七六年接連去世。基於集權式體制之運作特性，政治頂層領袖的更迭除了可能衍生出接班問題之外，政策取向（包括對外關係在內）亦不無產生新思維的空間。於此同時，剛剛經歷一九七〇年代初首次石油危機衝擊的台灣，以及終於結束文化大革命長期低迷困境的大陸，由於勢必重新調整其發展腳步與方向，從而為外交策略提供新的環境背景，甚至埋下了些許變數。大體來說，接下來乃是一個過渡時期，在此期間，許多若隱若現的新變化正在萌芽當中。

從華國鋒到鄧小平的不穩定過渡

正如前面一再強調的，「外交乃是內政的延長」，而內政又主要以國家利益（當然也不免要加上些個人利益）為圭臬。經常被稱為標準現實主義者的美國總統尼克森便曾如此闡述，「外交政策愈是基於我國與其他國家利益之間的現實評量，我們在世界上的角色扮演就愈有效率；我們不會捲入世界的紛爭，因為我們有所承諾，我們所以承諾，是因為我們是世界的一份子，至於我們的利益則形塑出我們的承諾，這個順序不能顛倒。」正是從此一理性邏輯出發，一九七二年二月二十一日清晨，尼克森搭機由上海飛往北京進行「大膽勇敢，又充滿戲劇性」的歷史之旅，[396]而這一天，亦絕對是冷戰史上值得銘記的關鍵時刻之一。

為迎接此一歷史時刻與全球最強大國家的領袖，北京街頭特別經過了一番清洗與梳理，多數文革以來張貼的標語和海報都遭移除。[397]此時離文革高峰結束的一九六九年已有兩個年頭，

396 麥克米蘭（Margaret MacMillan）著，溫洽溢譯，《只爭朝夕：當尼克森遇上毛澤東》（台北：時報文化，二〇一一年），頁三四二。

397 馮客（Frank Dikotter）著，向淑蓉等譯，《文化大革命》（台北：聯經出版公司，二〇一七年），頁二八四至二八五。

就算沒有前述粉飾，由於連續數年閉關自守，事實上外界對中國內部發展所知程度極其有限。不過，相較外部其他國家，文革對中國自己乃是一道不可能被快速遺忘的創傷痕跡。可以這麼說，儘管國際背景對國家做出之外交決策結果至為關鍵，國內環境（包括國家擁有之實際與潛在權力要素）以及特殊個人的影響力，在某些情況下有時比國際背景更有影響力，一九六〇年代的中共正是如此。毛澤東在一九六六年為鞏固權力發動的文革運動，不僅直接帶來國家結構中的政治與社會重組，也波及其對外關係。值得一提的，儘管文革終點多半被定在一九七六年，亦即主角毛澤東去世後，實則自一九六九年「九大」宣告文革已經「取得勝利」後，整個運動的方向似乎便隱然有了些許轉變。

指標之一是一九六九年的中蘇珍寶島事件。

有些人認為，其實這次中蘇邊界衝突乃周恩來派在毛澤東支持下設計出來的，目的是想打擊中共高層中的激進派，藉此引導外交部門修正「反帝反修」路線，轉而朝更理性之「聯美制蘇」策略邁進。[398]雖因缺乏直接證據，此種說法很難獲得證實，由中美雙邊關係隨後迅速開展看來，如此推論也似乎不無道理。事實上，北京自進入一九七〇年代起便開始調整其外交策略，除了不顧激進派反對，開始尋求與美國和解之外，[399]對「世界革命」主張也作出妥協，願意溫和地重建國際經濟新秩序，甚至主動與西方進行經貿來往，[400]這些顯然都與所謂「造反外交」的主張大相逕庭。可以這麼說，非但中蘇共對峙十年來早已造成中國沉重戰略負擔，南鄰印度在一九七一年八月與蘇聯簽署《和平友好合作條約》，並於十二月揮軍進入孟加拉導致巴基斯坦分裂之發展，既為北京帶來嚴重警訊，冷戰可能往南亞次大陸蔓延亦使華府憂心忡忡。

無論如何，在理性對外之前，更重要的還是得先解決文革時期的民粹路線。[401]在原先指定接班人林彪於一九七一年墜機身亡，周恩來自一九七二年也重病纏身之後，毛澤東終於在一九七三年讓鄧小平復出擔任國務院副總理。然而，毛澤東並未完全信任鄧小平，以江青為首的意識型態派更視其為權力競爭的眼中釘，最後讓鄧氏在一九七六年四月爆發「四五天安門事件」後，遭撤銷所有職務並流放到南方去。[402]

鄧小平在文革末期短暫上台，除展現出其個人擁有的威望外，雖同時暗示民粹路線可能轉向理性化，但從他終於失去其職務看來，仍可看出毛澤東即使身染沉痾，仍是真正的掌權者。在毛死後繼任的華國鋒於一九七六年九月撲滅「四人幫」後上台，隨即於一九七七年的「十一大」中提出「兩個凡是」理論：「凡是毛主席作出的決策，我們都堅決維護，凡是毛主席的指

398 June T. Dreyer, *China's Political System: Modernization and Tradition* (London: Macmillan Press, 1993), pp.412-413.

399 Thomas M. Gottlieb, *Chinese Foreign Policy Factionalism and the Origin of the Strategic Triangle* (Santa Monica: Rand Corporation, 1977), pp.25-51.

400 *China: International Trade, 1977-78* (Washington, D.C.: National Foreign Assessment Center, 1978), p.11.

401 Michael Yahuda, *Towards the End of Isolationism: China's Foreign Policy after Mao* (London: Macmillan Press, 1983), p.23.

402 陳永發，《中國共產革命七十年》（台北：聯經出版公司，一九九八年），頁八一一至八一六。

示，我們都始終不渝地遵循。」[403]在高舉毛澤東主義外衣之餘，華國鋒其實只凸顯出自己缺乏威望之下的弱勢。[404]對此，鄧小平首先以「準確的完整的毛澤東思想」來反擊所謂「兩個凡是」，接著派出胡耀邦在一九七八年發表〈實踐是檢驗真理的唯一標準〉，對教條主義與理論專制主義進行否定，藉此瓦解華國鋒權力之意識型態根基，從而使得在一九七九年十一屆四中全會後，「實踐派」氣勢便顯然壓過了「凡是派」。

表面看來，前述動作不過僅是權力結構調整過程中的「茶壺風暴」罷了，事實並非如此。更重要的，它代表了北京決策高層關於「理想主義」與「實用主義」的鬥爭，以及在「改革開放」與「閉關自守」之間的拉鋸。在開門學習或至少是「師夷之長技以制夷」方面，儘管毛澤東曾言「我們的方針是，一切民族、一切國家的長處都要學，政治、經濟、科學、技術、文學、藝術的一切真正好的東西都要學」，[405]理想與現實總是有段差距。隨著毛澤東逐步鞏固權力，其自我傾向雖逐漸抵銷了開放的動力，中國大陸的經濟發展困境與危機依舊明顯且立即。例如，「一五」計劃（第一次五年計劃）雖自一九五三年開始研擬，遲至一九五五年才定案；其後「二五」計劃執行纔不及半年，便為左傾冒進之「大躍進」所取代；接著又經歷了一段調整期，一九六六年終於推出「三五」計劃，卻馬上被文化大革命截斷；至於在文革整整十年期間，大陸經濟頂多處於半計劃甚或無計劃狀態。[406]換言之，即便「建政」將近二十年，中共至少在經濟發展上仍處於原地踏步狀態。這正是被稱為是中共重大歷史轉折點之一的十一屆三中全會，必須解決的迫切問題。

在一九七八年十一月到十二月間召開的中央工作會議，雖確定了將工作重點轉向現代化建設，[407]由於並未改變華國鋒的最高領導地位，也暗示著權力調整過程尚未完成。例如在經濟政策方面，一九八〇年初所謂「興無滅資」口號，顯然便對新的現代化進程有所挑戰。[408]至於政治方面，首先是一九八〇年十一屆五中全會恢復中央書記處並由胡耀邦擔任總書記，趙紫陽則取代華國鋒為國務院總理。接著，一九八一年的六中全會又免除華國鋒之中央委員會主席與中央軍委主席職務，全面將其排出權力核心。至於在此期間舉行的「四人幫大審」，也有著與文革時期劃清界線的意味。[409]

總的來說，由於權力在這段過渡期當中未能即時釐清，文革時期的民粹浪潮仍舊餘波盪

---

403 見一九七七年二月二日《人民日報》與《紅旗雜誌》等主要報章之社論內容。

404 華國鋒除在衣著打扮上學習毛氏外，還建造紀念館且親自主編《毛澤東選集》並作序。; Maurice Meisner, *Mao's China and After: A History of the People's Republic* (New York: Free Press, 1986) ,pp.448-449.

405 毛澤東，〈論十大關係〉，《毛澤東選集：第五卷》（北京：人民出版社，一九九一年），頁二八五。

406 胡喬木，〈按照經濟規律辦事，加快實現四個現代化〉，《人民日報》，一九七八年十月六日。

407 該項會議將全國工作重點由「以階級鬥爭為綱」轉到「以經濟建設為中心」，努力實現「社會主義現代化」的目標；James Townsend 與 Brantly Womack 著，顧速與董方譯，《中國政治》（南京：江蘇人民出版社，一九九六年），頁一二八。

408 阮銘，《鄧小平帝國》（台北：時報出版公司，一九九二年），頁八八至九〇。

409 朱新民等合著，《中國大陸研究》（台北：五南圖書公司，一九八五年），頁一三〇至一三三。

漾，連帶使對外關係也受到影響。大體來說，在與美國建交提供之安全係數下，「遠交近攻」不啻是此際北京操作對外策略的主軸，其內涵主要是鎖定蘇聯做為單一安全威脅來源，然後設法聯合美、日、歐等勢力以求自保。

由嚴家淦至蔣經國的象徵性傳承　幾乎同時，相較中共高層權力接班過程中凸顯之鬥爭性，台灣方面則顯得穩定許多。早在蔣介石於一九七五年去世之前，接班安排自一九六九年便開始啟動。該年由於蔣介石車禍受傷，時任行政院副院長的蔣經國乃起而承攬大權。一九七二年蔣介石再度連任總統後，蔣經國更隨即真除行政院長，成為真正的政治權力核心所在。[410]即使在其父親死後，副總統嚴家淦依《憲法》繼任總統，由於蔣經國立即接任國民黨主席，依據長期以來「以黨領政」之原則與習慣，嚴氏不過是受命理政者而已，僅僅身為「虛位元首」的跡象十分明顯。

值得注意的是，儘管台灣的權力交接過程相對平穩，其面臨的內外交迫困境或許比大陸來得更嚴重。在經濟方面，台灣雖在一九六五年主動停止美援後，於一九六六年在高雄設立「加工出口區」，推動以出口導向為主的工業化建設，並自一九七二年起推動所謂「十大建設」，投入五十億美元預算進行各種基礎工程，從此開展快速的經濟成長，[411]但是一九七三年爆發的石油危機，仍為極度依賴外貿收益的台灣帶來嚴重影響，連續在一九七四至七五年留下負成長與入超紀錄，直到一九七六年恢復超過五億美元的出超後，才重新步上穩定狀態。[412]至於在國際方面，挑戰更為明顯。一九七一年被迫退出聯合國雖引發巨大衝擊，影響更大的還是一九七二年後美國政策轉向之後續發展。由於美國乃台灣安全最重要之外部支持力量，一旦它趨向與中共接近，甚至企圖以台灣換取從中南半島脫身，當然直接帶來國家與政權生存威脅。[413]不過，除了關切與譴責外，台北能做的事情其實不多。

在「外患」之外，台灣此刻還面臨「內憂」，亦即社會內部的自由化與民主化，這可算是經濟發展的後遺症之一。根據粗略觀察，在一九五〇到一九六〇年代間，「只有極少數本省籍世家及地方民選菁英，因為他們的順從對政權安定有貢獻，才得分沾到一些邊際性的經濟特權」[414]，至於大多數社會成員則在缺乏經濟成就與威權政府的刻意壓抑下，對政治事務少有參與。儘管如此，「從階級關係轉變來看台灣歷史發展，影響最大的兩個事件，首先是一九五〇

410 若林正丈，《蔣經國與李登輝》（台北：遠流出版公司，一九九八年），頁一一八至一一九。

411 Ramon H. Myers, "The Economic Transformation of the Republic of China on Taiwan," *China Quarterly*, 99 (1984), pp.500-528.

412 戴國煇，《台灣總體相》（台北：遠流出版公司，一九九二年），頁一六四至一六五。

413 James Mann, *About Face: A History of America's Curious Relationship with China, from Nixon to Clinton* (New York: Alfred A. Knopf, 1999), pp.14-15.

414 朱雲漢，〈寡佔經濟與威權政治體制〉，收於台灣研究基金會編，《壟斷與剝削》（台北：台灣研究基金會，一九八九年），頁一四七。

年代推動的土地改革，其次則為一九六〇年代開始的快速資本主義化過程」。[415]隨著土地改革帶來經濟與社會結構重新分配，鄉村的社區關係開始改變，傳統的親屬社會也逐漸快速地由社會團體取代，[416]加上透過勞力密集式出口擴張政策進入國際市場體系後，工業逐步升級與都市化發展，亦使台灣都會勞工階層佔總就業人口比率迅速攀昇。[417]就業結構改變與生活水準提高，慢慢形成了社會壓力與不同訴求，再加上自一九六八年起開始實施的九年義務教育制度，結果不僅有助於中產階級就業市場的擴張，同時帶來一股「新中產階級」，以及壓迫威權體制進行政治開放的力量。[418]相對於中國大陸繼續維持專政狀態，台灣民主化力量之興起自然為其外交決策帶來了新的不確定變數。

在蔣經國於一九七八年接任總統後，同年底美國便與中共簽訂了《建交公報》。就在鄧小平正於北京會商如何強化對台推動「統一戰線」問題，蔣經國也成立一個六人小組，商議如何面對國內外情勢同時，台灣內部的政治反對力量也在一九七九年後逐步茁壯，終於導致該年底的高雄「美麗島事件」。[419]為緩解國內要求開放參與的壓力，以及來自美國國會對於台灣人權議題之要求，於是「本土化」與「自由化」的雙重進程隨之開展。從這個角度來看，台灣顯然面臨了與大陸相當不同的環境。更重要的是，美國轉而承認中共也帶來兩個影響：首先是在沒有其他出路可供選擇的情況下，台灣對美國的外交依賴反而愈發嚴重；其次則是外交政策在現實壓迫下有略趨理性的跡象，由此為日後一連串所謂「總體外交」、「務實外交」、「彈性外交」或「全方位外交」等口號，鋪下了某種徵兆與道路。

三角關係再度質變與重塑

蘇聯對北京之外交包圍圈　自冷戰時期以來，所謂「三角關係」便是學者們用來觀察國際發展的重要架構之一。羅德明（Lowell Dittmer）首先將此一架構理論化，將三角關係互動分成三邊家族型（Menage a trios，三方相互維持友好關係）、羅曼蒂克型（Romantic，三邊中一方與另兩方維持友好關係）、結婚型（Marriage，只有兩方維持友好關係）與單位否決型（Unit-veto，三方彼此間均維持敵對狀態）等四種可能類型，[420]然後透過對各種結構之觀察，幫助研究

---

415 徐正光，〈中產階級興起的政治經濟學〉，蕭新煌編，《變遷中台灣社會的中產階級》（台北：巨流圖書公司，一九九三年），頁三七。

416 Cheng-Hung Kiao and Martin M. C. Yang, *Socio-Economic Change in Rural Taiwan, 1950-1978*（Taipei: Taiwan University Press, 1979）, p.11-21.

417 部分細節參考：張曉春，〈近三十年台閩地區職業結構的變遷〉，朱岑樓編，《我國社會的變遷與發展》（台北：東大圖書公司，一九八一年），頁五二七至五五五。

418 蕭新煌，〈台灣社會的發展經驗：從殖民主義到資本主義〉，邢國強編，《華人地區發展經驗與中國前途》（台北：政治大學國際關係研究中心，一九八八年），頁三九〇。

419 蔡玲與馬若孟著，羅珞珈譯，《中國第一個民主體系》（台北：三民書局，一九九八年），頁一二三。

420 Lowell Dittmer, "The Strategic Triangle: A Critical Review," in Ilpyong J. Kim, ed., *The Strategic Triangle: China, the United States and the Soviet Union*（New York: Paragon House Publisher, 1987）.

者歸納、整理，甚至預測國際關係發展。其中，居於羅曼蒂克型的「樞紐」位置（唯一同時與其他兩方維持友好關係的一方），不啻是一國外交政策的最佳選項，至於相較三邊家族型關係提供了最穩定的平衡狀態，在結婚型架構中陷入孤立狀態的「孤雛」一方，則是最危險的狀態。[421]

針對兩岸之間長期「既衝突又穩定」的特殊關係（海峽中線兩側儘管持續存在劍拔弩張且甚至無法解套的對立僵局，半個多世紀以來，特別是一九五八年炮戰結束後，彼此不再爆發軍事衝突也是不爭事實），戰略三角模型雖是最常被運用以解釋前述情況的理論架構之一，目標則鎖定華府、台灣與北京，但若深究其本質，以下幾個限制或不容忽略。[422]首先是「附屬性」問題。相對一九七〇年代後浮現的中美蘇「大三角」，中美台「小三角」不過是從屬於前者的次結構，尤其在蘇聯崩解與冷戰結束後，此一結構必將跟著產生根本性的質變；其次是「不均衡性」。也就是即便聚焦美中台關係，由於台灣本質上不可能與大陸及美國各自取得真正的對稱性，因此至少到冷戰末期以前，雙邊關係（大陸在一邊，美國與台灣在另一邊）或許是更合適的描繪；最後是「虛構性」問題。由於兩岸之間長期互不接觸，至少在進入一九九〇年代以前，由於三角關係的其中一邊處於真空狀態，互動結構本身是否完整存在當然值得懷疑。

無論如何，自冷戰以來，前述大、小兩個三角關係，始終是兩岸對外交往過程中最值得關注的外部環境變數來源。在美中蘇三角關係當中，中共雖力量稍弱，大體上維持與其他兩個行為者具平行性之互動，而在美中台三角中，台灣顯然僅具備工具性的棋子或籌碼角色。進言之，這兩個三角結構不僅角色部分重疊，事實上也具連動效果。如前所述，美中台三角乃美中蘇互動之下的次結構，目的在藉此補充或影響主要三角結構之內涵變化。至於在美中蘇「主三角」結構中，北京雖最初力量最小，卻在體系變化中扮演最關鍵的角色。正是它在一九五〇年代採取「一邊倒」政策，使此時期三角關係朝著蘇聯方向傾斜（羅曼蒂克型），也因為它在一九六〇年代同時採取「反帝反修」政策，使得三角關係形同瓦解（單位否決型），時至一九七〇年代，由於中共結束文革並再度改變其外交策略，又將三角關係推向了另一階段。

變化的第一個徵兆是中蘇關係。一九六九年的珍寶島事件雖使兩個社會主義大國兵戎相見，蘇聯並不想因此將中共推向美國一方，中共實際上也缺乏真正與老大哥對抗的能量，於是在接下來十年間，雙方曾密集針對邊界問題進行過十一回合的磋商，兩國的界河航道聯合委員會也開過六次會議，企圖和平解決問題，[423]顯示中蘇共關係的「分中有合」。但在此同時，蘇聯的邊境駐軍數也呈現明顯增長，由一九六九年的十五師增至一九七三年的四十五師，充分展現其「和戰並行」的兩手策略。值得注意的是，當蘇聯急遽增加邊境兵力時，中共卻因陷入一九

421 包宗和，〈戰略三角角色轉變與類型變化分析：以美國和台海兩岸三角互動為例〉，收於包宗和與吳玉山主編，《爭辯中的兩岸關係理論》（台北：五南圖書公司，一九九九年），頁三三七至三六四。
422 蔡東杰，《當代中國外交政策》（台北：五南圖書公司，二〇一四年），頁二一四至二一七。
423 蘇起，《論中蘇共關係正常化》（台北：三民書局，一九九二年），頁二七。

七一年林彪事件等文革末期政爭而無暇顧及。或許正因體認到自身實力不足，再加上此刻美國亦正重新思考其外交思維，中美關係之「正常化」進程乃於焉啟動。

尤其蘇聯在一九六九年衝突後，為解決兩國問題而使用了「和戰並行」策略，除雙邊談判與增兵邊界之外，也採取同盟性的圍堵策略。例如，布里茲涅夫首先在一九六九年國際共黨大會上提出「亞洲集體安全體系」建議，希望將由東亞至南亞的國家集中到一個以蘇聯為首的體系下，[424]其次則是拉攏與印度的關係。印度為解決邊境問題，自一九六〇年代初期便開始設法打蘇聯牌，後者同樣覺得印度是一個可利用的棋子，這也是蘇聯在一九六二年中印衝突採取中立態度的原因，在珍寶島事件後，更進一步拉近雙邊關係，並在一九七一年與印度簽署了具攻守同盟性質之《友好和平合作條約》。[425]於此同時，蘇聯不僅在一九六九年啟動的第一階段美蘇限武談判（SALT）中，向美國代表探詢「聯合對抗來自擁有核武第三國之挑釁性進攻」的可能性，明顯暗示將北京視為共同敵人，布里茲涅夫在一九七三年甚至向季辛吉挑明說，美蘇「應採取共同措施對應中國之核武發展」。[426]其次，蘇聯除企圖拉攏被紅衛兵批評為「搞修正主義」以致大為光火的北韓金日成政權之外，下一個接觸對象則是位於中南半島的越南。

自從二次戰後爆發普遍殖民地獨立風潮以來，中共便始終站在中南半島的共產勢力一方，並與北越的胡志明建立起相當密切的聯繫。其後，自美國大規模介入，直到其宣佈退出並導致越南在一九七五年統一為止，更付出了相當多的人力與物資援助。但戰爭剛剛結束，中越關係也開始惡化，首先爆發的是僑民問題。特別在一九七八年後，由於華僑大量逃往中國，越南建議召開雙邊會議來設法解決爭議，[427]不過，中共一開始聲明拒絕，理由是「越南驅趕華僑乃越南方面蓄意破壞中越關係的嚴重反華步驟」，同時決定「撤銷援助越南的整套建廠計劃，以便將這批資金用於安置歸國華僑的生活和生產工作上」。[428]儘管雙方在同年六至七月間仍針對僑民安置展開過十七次會議，終究並未徹底解決問題。

中越衝突升高反應出遠東局勢的微妙變化。自從美國由中南半島逐步撤退後，此區域便出現某種權力真空狀態，為填補此一真空以強化對美國的競爭力，同時希望聯絡越南來共同壓制中共，蘇聯積極與越南進行接觸。在布里茲涅夫於一九七八年六月公開聲明將支持越南，九月隨即透過空運給予其直接援助後，[429]越南總理范文同則在十一月親自訪問莫斯科並與其簽訂《蘇越友好合作條約》，最重要者為第六條：「一旦締約國一方成為攻擊目標或攻擊威脅目標，

---

424 Leonid Brezhnev, *Following Lenin's Course* (Moscow: Progress, 1972), pp.200-201；牛軍主編，《冷戰時期的美蘇關係》（北京：北京大學出版社，二〇〇六年），頁二二二。

425 自美援於一九六五年撤出印度後，蘇聯隨即成為該國最大武器供應來源，迄今依舊如此；張敏秋，《中印關係研究》（北京：北京大學出版社，二〇〇四年），頁二七〇。

426 王泰平主編，《新中國外交五十年》（北京：北京出版社，二〇〇〇年），頁九三七。

427 Hemen Ray, *China's Vietnam War* (New Delhi: Radiant Publishers, 1983), pp.79-80.

428 張虎，《剖析中共對外戰爭》（台北：幼獅文化公司，一九九六年），頁一五二。

429 袁文靖，《越南戰爭史》（台北：國際現勢周刊社，一九八一年），頁五九四。

締約雙方將立即進行相互協商，以消除這種威脅和採取相應的有效措施，以保障兩國的和平與安全。」在獲得蘇聯領導者口頭保證後，越南在條約簽訂三個月後出兵柬埔寨，協助橫山林推翻波布政權。[430]為加以反制，中共也在不到一個月的時間內，於一九七九年二月發動了所謂「懲越戰爭」。[431]

在歷時短短十七天的戰爭中，中共集結了二十二萬五千名部隊，七百架戰鬥機與一千兩百輛坦克，開戰十天後，除了有八萬名部隊開進越南邊界外，聚集在邊境的部隊一度更達三十萬人。根據官方說法，這場戰爭的起因及北京的作戰原則是：「中國政府和人民的一貫立場是，人不犯我，我不犯人，人若犯我，我必犯人。中國邊防部隊忍無可忍奮起還擊，完全是正義的行動。我們要建設自己的國家，我們需要一個和平的國際環境，我們不願意打仗。我們要的只是和平及安定的邊界。在給予越南侵略者以應有的還擊後，中國邊防部隊將嚴守祖國的邊界。」[432]

若根據前述說法，中共所以參與戰爭似乎是被動為之的，不過，中越之間就算確實存在難民與劃界等歧異糾紛，以中共在越南統一戰爭期間對北越的大力援助，與越南在統一後似亦不可能馬上具備對北京進行強力需索之實力來觀察，即便河內在一九七九年前後果真騷擾過邊界，真正的衝突擴大者理應還是中共。至於後者所以升高衝突程度的原因，則可能有以下三項：首先是反擊蘇聯企圖夾擊中共之潛在戰略安排；其次，中共雖在同一時間進行的對美建交談判中承諾儘可能以和平方式來解決兩岸問題，仍試圖藉此展示在必要時訴諸武力手段的能力；最後一個因素來自國內環境，亦即透過此一衝突轉移政治注意並提昇鄧小平的威望，以壓抑華國鋒與葉劍英等的殘餘影響。[433]從一九八〇年五中全會的安排，[434]當可看出此種推論並不無可能。

無論如何，此際中越互動不過是中蘇關係的一個次要環節，在懲越戰爭爆發後，第五屆人民代表大會隨即在四月作成不延長《中蘇友好同盟互助條約》的決定（該約將於一九八〇年四月期滿）。雖然雙方仍繼續就實質問題會談至十一月底，由於蘇聯不斷透過莫斯科華語電台攻擊中共，在六月份於新疆地區進行軍事挑釁後，又於十一月二十五日入侵阿富汗，等於讓中共

430 波布（Pol Pot, 1963-98）為赤東（紅色高棉，Khmer Rouge）最高領導人，一九七五年推翻親美政權後推動種族清洗與人民公社式經濟運動，一九七九年被推翻下台。橫山林（Heng Samrin）原亦為赤東成員之一，一九七八年因遭迫害逃往越南並受其扶植，一九八一至九一年實質統治柬埔寨。

431 中共官方對此戰爭的說法是「中越邊境自衛還擊作戰」或「對越自衛還擊保衛邊疆作戰」，至於越南方面則相對稱為「反中國擴張主義戰爭」或「北部邊界戰爭」。

432 引自謝益顯主編，《中國外交史：中華人民共和國時期，一九四九至七九》，頁五〇六至五〇七。

433 Robert Sutter, "China's Strategy toward Vietnam and Its Implication for the United States," in David Elliott, ed., *The Third Indochina Conflict* (Boulder: Westview, 1981) , pp.163-192.

434 該年五中全會增補鄧小平親信胡耀邦與趙紫陽為中央政治局常委，恢復設置中央書記處，並選舉胡耀邦為總書記。除此之外，一方面免除汪東興副主席職位以削弱華國鋒勢力，同年底之政治局會議且通過讓華國鋒辭去黨主席的決定。

處於東（北韓）、西（阿富汗）、南（印度與越南）、北（蘇聯）四面受敵窘境，在此情況下，北京終於決定片面結束談判，由此亦結束了兩國自一九六〇年「反蘇修」爭議以來，長達近二十年的「假同盟」階段。

北京與美日關係進一步拉近　在一九六〇至七九年間，《中蘇友好同盟互助條約》雖繼續有效，實則兩國關係已陷入相互攻訐的分裂狀態，此即前文所稱「假同盟」時期，此種虛矯情況終於因中美建交而告結束。在中美關係拉近的過程中，除了外部結構變化有以致之，美方最主要的推動力來自其經濟困境。史貝洛認為，一九七〇年代乃是「停滯性通貨膨脹」的年代，石油危機儘管正緩步復甦當中，已開發國家國民生產毛額成長率在一九七四至七九年間已掉到一九六〇年代水準的一半，通貨膨脹率則激增兩倍，這可說是美國在一九七〇年代初期不惜摧毀自己一手建立的布萊頓森林體系，並放棄對黃金固定匯率的主因。[435]至於一九七三年出現的五大工業國會議，亦暗示著國際經濟領域正朝權力分散趨勢邁進，與美國優勢不再。[436]

不過，採取片面之限制性貿易保護主義畢竟只是種治標手段，若想治本的話，還是得透過擴大市場來增加需求，據此，中國的競爭優勢不啻顯而易見。除了經濟上的理性考量，政治面的思考也不可忽視，例如史斑尼爾便認為：「將低盪（按：和解）或與之相關的事務侷限於美蘇關係乃是項錯誤，低盪的發展對象有二，一為中共，一為蘇聯；更甚者，實際上緩和與中共的緊張關係才是其中最重要的。……無論如何，將緩和與中共之緊張情勢視為緩和與蘇聯緊張情勢之先決條件，或許也是一項正確的見解。」[437]

在經濟與政治雙重壓力下，美國總統尼克森首先在一九六九年發表日後被稱為「尼克森主義」的〈關島宣言〉，一方面提出「以談判代替對抗」的主張，同時要求亞洲盟邦應為自身安全負擔更多責任，其次則是在一九七二年對中國進行破冰之旅。[438]於此同時，為深化中美彼此「正常」關係，國務卿季辛吉於一九七三年再度訪華，尼克森亦宣稱將儘快於北京設立辦事處，以便為最終建立外交關係鋪路。[439]值得注意的是，「水門事件」雖導致尼克森下台，最多只是拖緩了建交的速度，並未影響官方對於中美關係將進一步發展的期望。[440]繼季辛吉於一九七三年底第五度訪問北京之後，中共也在次年四月派國務院副總理鄧小平赴美，並於聯合國大會特別會議發表演說，可見雙邊關係仍持續往暖化方向推進。

---

435 Joan E. Spero, *The Politics of International Economic Relations* (London: St. Martin' s Press, 1990), Ch.3.

436 美國、日本、西德、法國、英國在一九七三年首建五大工業國（G5）平台，義大利在一九七五年加入後成為G6，加拿大在一九七六年加入又使其成為G7；其後，一度因俄羅斯在一九九七年被接納為正式成員而成為G8，但它因二〇一四年併吞克里米亞事件被凍結會籍，從而又回到G7。

437 史斑尼爾（John Spanier）著，《當代美國外交史》，頁二九九。

438 Richard Nixon, *The Memories of Richard Nixon* (New York: Crooset and Dunlap, 1978), p.394.

439 簡後聰，《美國對華政策的演變與研析》（台北：大中國圖書公司，一九八五年），頁二二〇至二二一。

440 Chalmers M. Roberts, "Foreign Policy under a Paralyzed Presidency," *Foreign Affairs*, 52:4 (1974), p.682.

中美關係的改善，除了美國因面臨經濟困境而主動為之，一九六九年珍寶島事件也迫使北京正視不可能同時進行「反帝反修」政策的現實，以及「蘇修把中國當成主要敵人，它對我國的安全威脅比美帝大」的階段性判斷。[441]換言之，美國的經濟衰退加上蘇聯壓力升高，使北京高層普遍認為有調整策略以建立新權力平衡之必要。[442]雖然「四人幫」在一九七三年藉「十大」提昇政治地位，加上他們主張透過「以世界農村來包圍世界城市」以便「埋葬美帝」，看似不利於中美關係發展，不過，美國方面對於推動正常化進程並未受此影響。特別在對台關係方面，無論自一九七二年起逐年撤出美軍，一九七四年宣告終止軍事援助，抑或福特政府在同年十月廢除《台灣決議案》，用意顯然都在討好北京，[443]最後，福特總統也在一九七五年親自訪問中國大陸。至此，雙方建交雖只差最後一哩路，前述有利條件終究無法將正常化推至終點。

就美國來說，變數出現在一九七五年。由於中南半島的越南、柬埔寨與寮國先後遭到赤化，使美國在此地區威望與影響力大受動搖，為防止出現骨牌效應，暫緩與中共交往或有其必要。至於在北京方面，由於一九七六年周恩來與毛澤東相繼死亡後引發一連串政治動盪，亦使其被迫將內政議題優先於外交來加以處理，一直要到一九七八年十一屆三中全會後，情勢才得以穩定下來。其後，由於轉而重視內部經濟發展，透過與美國關係正常化以進一步吸引外資挹注，便成為新的考量重點。在中共轉而關注內部政治問題時，卡特總統於一九七六年大選中獲勝上台，於是開啟了一個新階段。

時至一九七八年，不僅卡特總統著眼於中國的十億人口，試圖追求拓展與中共雙邊貿易關係的機會，於此同時，日本雖在一九七二年與北京建交，雙方仍有相當多實質層面有待突破，自一九七四至七五年間，首先務實地就貿易、航空、海運、漁業等問題締結協定後，在卡特於一九七六年總統大選中提出韓國撤軍論、蘇聯威脅日益提高，以及福田赳夫內閣支持度低迷的刺激下，日本終究放棄「等距外交」精神，同意在未來條款中強化「反霸」態度，[444]從而與中共在一九七八年八月締結《和平友好條約》，儘管第二條規定「任何一方都不應在亞洲和太平洋地區或其他地區謀求霸權，並反對任何其他國家或國家集團建立這種霸權的努力」，看似有共同對外意味，第四條中「本條約不影響締約各方同第三國關係的立場」之所謂「第三國條款」，依舊給予日本外交政策一定的彈性空間。

在《中日條約》於八月十二日簽署後，《蘇越條約》也在十一月五日完成，由此進一步刺激了中美的雙邊談判，其結果便是十二月十六日的《建交公報》。歷經三十年曲折蜿蜒的道路，七任總統、八位國務卿與十位國家安全顧問，儘管意見有時相左，美國最終決定「承認

441 蘇格，《美國對華政策與台灣問題》（北京：世界知識出版社，一九九八年），頁三六三至三六四。
442 Robert G. Sutter, *China-Watch* (Baltimore: The John Hopkins University Press, 1978), pp.94-96.
443 胡為真，《美國對華一個中國政策之演變》（台北：台灣商務印書館，二〇〇一年），頁六六。
444 五百旗頭真主編，《戰後日本外交史》（北京：世界知識出版社，二〇〇七年），頁一三四。

中華人民共和國是中國唯一的合法政府」，除重申共同進行「反霸」的主張外，在兩岸關係部分也接受中共的立場，亦即「只有一個中國，而台灣乃是中國的一部分」。至於在安撫台灣方面，則聲稱「美國人民將與台灣人民保持文化、商務和其他非官方的關係」。

自此，美國的中國政策也進入了一個全新的階段。

台灣關係法與中美台新架構　相較北京的國際空間自一九七〇年代以來明顯擴張，台灣則相對跌入谷底。繼一九七一年失去聯合國席次代表權並引發大規模斷交風潮後，翌年日本在美國「尼克森震撼」下隨即與中共正式建交，則再度敲響了一記警鐘。值得注意的是，如前所述，台灣與日本在終止邦交後所建立之實質互動模式，更為日後台灣與美國乃至其他國家關係的發展，進行了正面示範。台日斷交後，日方雖將原屬中華民國的外交財產，根據國際法慣例移交給中共，台灣立即成立「亞東關係協會」取代原先之大使館業務，該協會理論上被視為是民間團體，實則就業務運作面來看，卻與官方單位一般無異。

至於美國方面，台灣雖在一九七〇年代越戰擴大期間扮演相當積極的角色，美國對蔣介石反攻大陸政策的態度相當明確，亦即堅決不支持此種冒險。[445]相較在關於一九七一至七二年美中互動突破之主流描述當中，往往強調當時國際大勢所趨，以及季辛吉與尼克森之大膽創新精神，事實上，美國在過程中幾乎從未考慮過台灣的立場以及此舉可能為它帶來的衝擊與後遺症。[446]甚至在一九七八年底最終與中共建交後，華府之下一階段工作雖立即著手重新建構中美台三角關係，其目的亦在於思考如何做出最有利於美國的戰略安排。

無論如何，至少在此際與台灣的接觸過程中，最初發展並非如美方想像般順利，主因乃後者由於生死攸關以致被激發出民族主義式情緒反應之故。台灣高層在美國與北京正式建交前七個小時才獲告知，心理之矛盾與不舒服可想而知。[447]對此，蔣經國立即（也只能）發表措辭嚴厲之譴責聲明，認為美國對台灣背信毀約的行為，將鼓勵共黨侵略活動與中南半島的進一步赤化，[448]一般民眾則發起示威遊行與捐款購買戰鬥機等活動，反應非常激烈。當然，由於台灣有賴美國維繫國家安全之本質並未改變，在沒有其他選擇的困境下，前述激情根本上既沒有影響決策者之繼續親美傾向，甚至所謂激情亦隨即被埋入記憶之理性深處中。

相對地，卡特政府內部雖早已就與中共建立外交關係一事達成共識，在國會中也獲廣泛支持，各方對此行為之期待仍舊看法不同。例如，「布里辛斯基（按：時為國家安全顧問）將正常化視為美蘇間地緣政治競爭變化的結果，布朗（按：時為國防部長）強調與北京改善關係並建立適當之安全關係，將有助於我們抵擋蘇聯之軍事力量，而其他許多人（按：主要指國會議

445 唐耐心（Nancy Tucker）著，徐啟明譯，《中美外交秘辛》（台北：時英出版社，二〇〇二年），頁二四〇。

446 唐耐心著，《一九四九年後的海峽風雲實錄》，頁五二至五三。

447 *Taiwan: Hearings before the Senate Foreign Relations Committee*（Washington, D.C.: U.S. Government Printing Office, 1979）, p.136; John Holdridge, *Crossing the Divide: An Insider's Account of Normalization of U.S.-China Relations*（New York: Rowman Littlefield Publishers, 1997）, p.191.

員）醉心於與佔世界四分之一人口之國家建立密切關係所帶來的戲劇化效果。」[449]無論如何，在接受與中共建立外交關係之餘，國會方面同時也強調應「維持台灣防衛能力的重要性」。[450]為了安撫國會中的親台勢力，並希望完成「聯台制中」的戰略佈局，卡特總統除在一九七八年十二月三十日提出一份名為〈與台灣人民關係〉的政策備忘錄，指定將維持與台灣的文化經濟關係外，其行政部門且於次年初向國會提出了一份綜合性法案，規定未來美國將成立一個民間機構，負責處理與台灣之間的新關係。[451]

值得注意的是，白宮與國務院的善後安排，同時遭受了來自兩方面的抗拒壓力，首先是台灣，後者堅拒以前述「日本模式」處理台美關係，[452]其次是國會，在「中國遊說團」（如今或應改稱台灣遊說團）努力下，許多議員認為卡特版法案並未確實保障台灣的地位與安全。無論如何，缺乏真正談判籌碼的台灣，最後只得在二月七日被迫「打落牙齒和血吞」，成立「北美事務協調委員會」做為「美國在台灣協會」對口單位，至於國會則參眾兩院分別在三月底通過了一份新的對台法案，最後由總統簽署生效成為《台灣關係法》（Taiwan Relations Act）。

在共分十八條的新法案中，最重要的是第二條：「任何以非和平方式，包括抵制或禁運來決定台灣前途的任何努力，都將被視為是對西太平洋地區和平與安全之威脅，並為美國所嚴重關切。」對於各種可能爆發的危險，法案於第三條中授權美國「總統與國會應依照憲法程序，決定美國為對付此類危險而須採取的適當行動」。同時，為未雨綢繆起見，第三條中亦規定美國「將供應台灣必要數量之防禦性武器，以維持其足夠之防衛能力」。[453]可以發現，美國首先企圖將台灣問題自中國內政問題中分割出來，將其視為與「西太平洋」相關之區域性國際問題，藉此提供身為國際警察之美國的介入正當理由；其次，則努力透過直接（提供自衛武裝）與間接（暗示不排除以武力干預）的手段來維持海峽現狀，從而讓「聯台制中」策略得以付諸實施。從實際面看來，「台灣關係法架構」不過是「日本模式」的翻版而已，台灣方面終究無法遂其保障邦交所願，只能與這兩個國家維持非官方但近乎準官方的實質互動關係，但基於美國整體全球戰略利益考量，仍在夾縫中維持了最基本的安全與生存利益。

總而言之，由於缺乏實質國力的配合並做為利益誘因，台灣儘管利用（無論主動或被動）了冷戰初期的全球性對抗環境，以及美國做為民主政體之政策特性，取得與其力量不對稱之對北京外交優勢，[454]隨著美國力量呈現明顯之相對衰退、意識型態對決策之影響逐步退卻、過度

448 陶涵（Jay Taylor）著，林添貴譯，《蔣經國傳》（台北：時報文化，二〇〇〇年），頁三六八至三七三。

449 Cyrus Vance, *Hard Choices: Critical Years in America's Foreign Policy* (New York: Simon and Schuster, 1983), p.78.

450 在一九七九年正式斷交前，美國對台軍售從一九七六年約六千萬美元，上升至一九七七年一億五千萬美元，頗有些提前進行補償之意味。

451 Stanley Karnow, "East Asia in 1978: the Great Transformation," *Foreign Affairs*, 56:2 (1978), p.598.

452 李大維，《台灣關係法立法過程》（台北：風雲論壇出版社，一九九六年），頁二九至三一。

453 丘宏達編，《現代國際法基本文件》（台北：三民書局，一九八九年），頁四六五至四六六。

454 Ralph N. Clough, *Island China* (Cambridge, Mass.: Harvard University Press, 1978), pp.148-172; Hungdah Chiu, *China and the Question of Taiwan* (New York: Praeger Press, 1973).

軍備競賽導致「和解」時期來臨，經濟考量也取代政治成為國家之間主要競爭標的之後，國際結構之內涵變遷，終於扭轉兩岸之間非正常之平行對抗，並迫使台灣面對權力匱乏的政治現實。

兩岸外交消長之深化

北方世界部分　爭取與已開發世界（特別是歐洲國家）建立關係的努力，不僅是兩岸邦交戰中關鍵的一環，同時是中共為遂行同時反美、反蘇之「兩條線」策略時必須塑造的有利環境。儘管在冷戰時期，歐洲已不復如前幾個世紀一般做為全球的政治與經濟中心，甚至早在二次大戰進行期間，美國的分析家便曾說：「在反對我們目前敵人的戰爭勝利結束後，我們將發現世界各國間軍事力量的消長將出現意義極深遠的變化；在羅馬陷落的一千五百年後，其意義之深遠只有羅馬陷落堪與比擬。在擊敗日本後，只有美蘇兩國可稱為第一軍事強國，其原因乃歸結自它們的地理位置、遼闊的幅員，以及巨大的軍火生產潛力。」[455]不過，相較世界上的其他多數地區，歐洲的工業、經濟能力與甚至殘存之政治影響力，都使其依然得以在世界舞台上扮演著重要角色，並因此可做為中共在邁向真正獨立自主之前，用以制約美蘇兩國的平衡工具。毛澤東所以在一九六四年提出「兩個中間地帶理論」，原因也在於此。

英國雖在一九五〇年便與中華民國斷交，轉而承認中華人民共和國，目的僅在表達善意以保障香港之利益，基於其戰後外交追隨美國之現實，儘管在聯合國代表權爭議中始終都投棄權票，仍遲至一九七二年才正式與北京建交。相對地，在一九六四年與中共建交的法國，則是第一個表態的傳統歐洲強國。值得注意的是，此一「成功」並非北京積極努力之結果，而是國際環境與法國外交政策變化使然。與英國不同，法國雖因實力受限，也在戰後不得不成為美國集團成員，其領導者戴高樂始終以追求獨立自主外交為目標。[456]在一九五六年因蘇伊士運河事件與美國爆發歧見後，法國一方面在一九六〇年首度試爆原子彈，直接挑戰美國希望透過限制核擴散以鞏固霸權的計劃；接著在一九六一至六三年間，又一再挑戰美國控制北約武器與防務工作之企圖；至於一九六三年的《法德合作條約》與翌年正式和北京建交，既使法國自認獲得兩個重要的區域性盟國，在一九六五年「預告」將退出北大西洋公約組織之後，戴高樂進一步在一九六六年宣稱，法國雖仍將暫時保留北約成員身分，但人員與裝備將逐步撤離北約的運作範圍。[457]由此看來，法國與北京建交不啻是其「反美」外交策略的一部分。

大體看來，自一九五〇年代中共首次建交潮乃至一九六〇年代為止，兩岸在歐洲的邦交國

---

455 Paul Kennedy, *The Rise and Fall of the Great Powers: Economic Change and Military Conflict from 1500 to 2000* (London: Unwin Hyman, 1988), Ch.7.

456 W.W. Kulski, *De Gaulle and the World: the Foreign Policy of the Fifth Republic* (New York: Syracuse University Press, 1966), p.4.

457 方連慶等編，《戰後國際關係史》（北京：北京大學出版社，一九九九年），頁三五六至三五七。

始終維持著穩定狀態，直到美國在一九七〇年恢復與中共的華沙會談，國家安全顧問季辛吉也在翌年密訪北京後，情勢才開始出現明顯改觀。除義大利略早在一九七〇年便與北京建交之外，隨著聯合國席位議題塵埃落定，奧地利與比利時這兩個中立國家都在一九七一年轉向與中共建立官方關係，其次，英國與荷蘭這兩個長期與中共維持「半建交」（亦即僅派出代辦級官員）狀態的國家，也自一九七二年起將雙邊關係升為大使層級，最後則是在同年十月趕上進度的西德。

此際西歐主要國家紛紛選擇與北京建交，不僅來自追隨美國態度轉變後之新的國際風向，經濟利益尤其是它們的主要考量。

例如訪問大陸的英國外長便坦率指出：「我們需要相互貿易，特別是由於英國乃是個以外貿為主的國家，自然希望在這方面有更大進展。」法國總統龐畢度也明言：「我們之間的貿易關係雖然已很活躍，但遠未達到令人滿意的水準。」[458]事實上，一九六〇年代乃是美歐雙邊關係轉變的關鍵年頭。在美國於一九五六年停止最後一批對歐洲軍事援助後，歐洲迅速的經濟復興，加上一九五七年《羅馬條約》奠下歐洲經濟共同體之框架基礎等，都對美國帶來明顯的國際貿易壓力，例如一九六三年的「雞肉戰爭」便是雙方第一場具代表性的貿易戰，於此同時，歐洲對美國的貿易順差至一九七〇年也推升至一百億美元以上。[459]儘管如此，美國在一九七一年撤廢布萊頓森林體系，無疑帶來一定衝擊，由於歐體各會員國隨後自一九七〇年代初期以來陸續出現經濟危機，[460]加上共同體內部發展分歧日益嚴重，[461]這些因素都迫使歐洲主要國家必須設法擴張國際市場，以解決眼前的經濟困境。如同美國的目光一般，中國大陸龐大人口之潛能自然透露出無比的吸引力。

值得注意的是，與一九七〇年代後中共與其他國家建交時的慣例不同，法國在建交聲明中並未提及台灣問題，也沒有列入「台灣是中國的一部分」此一關鍵句，奧地利與盧森堡只被要求承認北京是「中國唯一的合法政府」，義大利「注意到中國政府的聲明，亦即台灣是其不可分割的一部分」，走得最遠的是英國，它「承認中國政府關於台灣是中華人民共和國一部分的立場」，至於最終在一九七八年底與北京建交的美國，亦僅僅「認知到中華人民共和國是中國唯一的合法政府」。[462]顯示此際文革時期之「革命外交」雖仍餘波盪漾，北京在對外關係方面仍具有一定之彈性與靈活度。

---

458 參考《人民日報》，一九七二年十月三十一日與一九七三年九月十五日。

459 帕克斯頓（Robert O. Paxton）著，劉京建譯，《西洋現代史》（台北：五南圖書公司，一九九〇年），頁八六六八。

460 原因可能來自美國改變其總體貨幣政策、第一次石油危機所帶來的全球性影響，以及西歐各國本身在經歷結構性調整過程中所必然出現的短暫停滯現象。

461 **R. Lee and P. E. Ogden, eds.,** *Economy and Society in the EEC: Spatial Perspectives* (Farnborough: Saxon Hause, 1976)，pp.38-62.

462 卡貝斯坦（Jean-Pierre Cabestan），〈歐中關係中的台灣問題：刺激點而非平衡器〉，沈大偉等編，《中歐關係：觀念、政策與前景》（北京：社會科學文獻出版社，二〇一〇年），頁八六至八七。

除了歐洲之外，在其他已開發國家中，中共在一九七〇年與加拿大建交，接著，由於向來親北京的澳大利亞與紐西蘭工黨都在一九七二年大選中獲勝執政，這兩個國家也在同年底陸續與其建交。為了強化與上述三國的經濟互動，中共在一九七三年同時與其簽署貿易協定，且隨著雙邊貿易進展，自一九八一年起，中共亦主動與其談判並完成若干合作項目，從而繼續深化彼此的關係。

面對中共在已開發世界的積極擴張，台灣則表現出相對消極保守的態度。面對從一九七一年退出聯合國、一九七三年石油危機、一九七五年蔣介石去世，以及一九七八年與美國斷交等連番衝擊，邦交國數字從一九七〇年的六十六個，狂瀉至一九七九年只賸下二十二個，幾乎焦頭爛額的台北雖試圖處變不驚，但由於舊有僵固之「漢賊不兩立」政策未能及時修正，致使在歐洲幾乎被壓迫至「零邦交」的臨界點（僅剩下梵諦岡一個象徵性邦交國）。雖然一九七〇年代堪稱台灣經濟發展的「奇蹟時刻」，平均成長率高達百分之十以上，但因其出口擴張政策此時非常仰賴美國市場（佔三分之一強，若加上日本則約半數），與歐洲互動有限。換句話說，在缺乏足夠政治或經濟交流的情況下，台灣在此區的發展結果乃可想而知。

南方世界部分　就在兩岸外交對峙局勢逆轉之際，蔣經國於一九七二年受命擔任行政院長，他對當時世局曾有如下看法：「由於當前世局的多變，因之一般國人多有求變的心理，希望政府以變應變，甚至許多國際友人也盼望我們有所轉變。……但是，我們縱然通權達變，而在通權之中，絕不離開守經的原則，也就是在達變之中，仍有不變的基本原則，此即牢牢把握我們反共復國的基本國策。」[463]這意味台灣短期內仍無法擺脫舊有「寧為玉碎，不為瓦全」的「漢賊不兩立」原則，以及對中共「不接觸、不妥協、不談判」之所謂「三不」策略。問題是，這一方面既暗示暫時找不到解方，就外交現實來看，北京自一九七〇至八二年間，迅速且陸續與五十六個第三世界國家建立了正式的邦交關係，[464]尤其在一九八一年，更以一百二十四比二十三，超前台灣邦交國數目首度達到一百個以上。

發展至此，台灣的外交空間可說已陷入了難以扭轉的困境。

當然，對台灣進行外交極度壓縮，絕非中共開拓與第三世界關係之唯一甚或主要的理由。從毛澤東在一九七四年發表「三個世界論」可以看出，其著眼點還是希望透過某種地緣格局戰略安排，確保自身國家安全利益，特別是以南方為支點，藉此讓北京在美蘇兩極體系中取得可能之平衡者角色。為達此目的，中共領導者首先在一九七五年接見歐洲領袖時，特別指明「蘇聯正採取擴張攻勢」的情況，[465]以此警示並促使美國及早與其完成正常化進程，其次則高舉

463 參考〈行政院蔣經國院長施政報告〉，《立法院公報》，六十一卷七十八期，頁一二。
464 韓念龍主編，《當代中國外交》（北京：中國社會科學出版社，一九八七年），頁二四八。
465 例如鄧小平於五月接待法國總統，以及毛澤東於九月會見英國首相時的談話；謝益顯主編，《中國當代外交史》（北京：中國青年出版社，一九九七年），頁三四九至三五〇。由於蘇聯此時積極接觸印度與越南，四年後甚至入侵阿富汗，一般推論似乎正發動某種「南下攻勢」。

「反帝國主義、反殖民主義與反霸權主義」大旗，強化參與第三世界事務之正當性。

在實際行動方面：首先是亞洲部分，中共繼續支持北韓的統一主張，根據卡特主張順勢要求美國儘快撤出在南韓駐軍，並反對越南出兵柬埔寨與蘇聯入侵阿富汗；其次在南亞部分，由於中印均同意暫時擱置邊界爭議，雙方得以在一九七六年正式建立外交關係；在中東地區，針對長期以阿紛爭，中共始終站在多數（阿拉伯國家）一方，並將以色列視為美國在該區域的代理人，即使在埃及與美國於一九七八年簽署了《大衛營協定》後，中共仍堅持埃及不得犧牲巴勒斯坦人民的權益；在非洲，中共支持一九六三年成立之非洲團結組織的整合努力，以及於安哥拉等地爆發的民族獨立風潮，同時反對南非政府的種族隔離政策；至於在拉丁美洲，儘管此地區一直是台灣的外交重鎮，但在北京努力下，其邦交國數目也由一九七二年不到台灣半數，至一九七八年出現並駕齊驅甚至略為領先的態勢。

總的來說，基於美蘇冷戰之結構性缺陷，中共雖找到可藉第三世界做為平衡支點之戰略可能，畢竟自身發展程度有限且深陷文革動盪陰霾，儘管作為積極，直到一九七〇年代末，實際上仍缺乏足以左右或牽制主要世界格局之影響力，前述一連串行動最多僅能增加其發言空間，在提昇國際地位方面則有待觀察。

值得注意的是，儘管中共始終將與第三世界國家之間的互動（南南外交），視為外交政策中至關重要的一環，相對看來，若干第三世界國家領袖卻因害怕中共之意識型態傾向將對不結盟運動帶來負面效應，或擔心中共將於其中掌握主導地位，甚至部分國家在蘇聯操控下刻意採取對立姿態，不希望北京在此一領域扮演更多角色。[466]由於前述複雜之心理環境，鄧小平雖在一九八四年倡言「中國現在屬於第三世界，將來發展富強起來，仍然屬於第三世界，中國和所有第三世界國家的命運是共同的，中國永遠不會稱霸，永遠不會欺負別人，永遠站在第三世界這一邊」，[467]在一九九〇年代末中國崛起態勢愈發明顯之前，看來迴響並不大。即便如此，由於繼續陷於國力有限與政策僵化之窠臼中，台灣對第三世界之經營不能說不用心，邦交國不斷流失依然是其無法迴避也難以接受的窘境。

---

466 Richard L. Jackson, *The Non-Aligned, the UU, and the Superpowers* (New York: Praeger, 1983); Samuel S. Kim, "China and the Third World," in Kim, ed., *China and the World: New Directions in Chinese Foreign Relations* (Boulder: Westview Press, 1989), pp.148-180.

467 《鄧小平文選：第三卷》（北京：人民出版社，一九九三年），頁五六。

巨變前夕　一九八二—一九八九

隨著過渡性領導者華國鋒的政治職務在一九八一年遭到全面移除，標誌著所謂的「鄧小平時期」正式自一九八二年登上舞台。自此，中共在國際舞台上的表現逐漸成熟化。如同何漢理的說法，自十九世紀以來，中國首度被視為國際事務中強有力且具正當性的一員，不再只是具依賴性或僅僅居於邊陲地帶的力量。[468]憑藉著這股正面勢頭，加上中共高層理性地延續著自一九七〇年代末以來確立之「四個現代化」發展目標，終於使其逐步凝聚出支撐真正「獨立自主」之足夠能量。在北京之國際地位緩步提昇之際，反觀台灣，則在此階段既攀向經濟高峰，外交策略方面亦終於擺脫僵化且愈發靈活，從而讓兩岸迎來最後一波外交拉鋸戰。

經濟改革與國際觀轉換 誠然，中國的確具有相當多先天的權力要素，例如廣土眾民以及蘊藏豐富的自然資源等，這也是為何當中國儘管面臨十九世紀東西方權力此消彼長的窘境，拿破崙仍將其稱為「一頭沉睡的獅子」之故。無論如何，這頭睡獅顯然始終缺乏真正甦醒的跡象，其緣故正如摩根索（Hans J. Morgenthau）對印度處境的描述：「印度雖擁有這些豐富原料，今天仍不能列為一等強國，和美蘇相比也簡直無法望其項背，造成這種權力之潛力與實際有所差距的原因，就是工業設備的缺乏。」摩根索進一步解釋說道：「現代戰爭及交通、通訊技術的發展，已使重工業的全面發展成為國家權力不可或缺的一項因素，……所以各國追求權力的競爭，也變成追求更大、更好及更多戰爭工具生產的競賽。一國工業設備的優劣及其生產力的大小，工作人員的實際技術知識，工程師的技術，科學家的創新天才與管理組織，所有這一切都是國家工業能力所依以判斷的因素，而一國權力的大小又須根據其工業能力大小而定。」[469]

---

468 Harry Harding, *China's Second Revolution: Reform from Mao* (Washington, D.C.: Brookings Institution, 1987), p.241.

469 Hans J. Morgenthau, *Politics among Nations* (New York: Knopf, 1960), Ch.9.

這話雖聽起來有理，其實倒也未必，例如在前工業時代便非如此。時至今日，特別是在二次大戰結束後，由於國際思想氛圍丕變，加之戰爭已非國際政治的主要現象（雖仍未根絕且依然具有影響力，本質上已遭非法化），前述論點顯然有修改之必要。只不過，排除「為戰爭服務」之傳統用途，由於冷戰來臨使國家之間的主要競爭場所由政治移往經濟舞台，依然繼續提昇工業能力對國家在全球權力結構中的定位重要性。中共在一九五〇年代所以搞「大躍進」運動，從手段面看來雖盲目躁進，目標還是理性的，且無論其外交口號重心如何改變，只要鎖定往「獨立自主」邁進，則穩定並增進經濟能力始終是項急務。尤其在一九七六年終於結束長達十年的文革動亂之後，重建經濟的迫切性更加明顯。為此，華國鋒重拾周恩來的「四個現代化」標語，希望以既存國有制為基礎來推動大規模經濟運作，方法則是授權省級政府與外國企業簽約，藉由引進「先進技術」提供推進動力。[470]

華國鋒版的現代化計劃，由於存在兩大缺點以致成效不彰：首先是過度開放而不知循序漸進的結果，導致財務槓桿過大，最後因貨幣儲備不足而使許多計劃無疾而終；其次是以「國有制」為基礎的改革，仍充滿意識型態桎梏意味，也成為開放一大阻力。自鄧小平逐漸掌握決策權力後，立即對前述兩點作出修正。首先是在一九七九年，決議在廣東與福建等沿海省份成立「經濟特區」，並於一九八〇年通過立法，希望在這些地區進行局部性經濟改革實驗；其次，則是設法祛除意識型態陰影，鄧小平廣為流傳的「黑貓、白貓」論調可謂著名代表。[471]在實際運作上，如果說大躍進時期廣泛建立的「人民公社」嘗試乃社會主義理想的體現，那麼以個人欲望而非集體利益為前驅的「包產包幹制」，則不啻反映出若干資本主義的影子。根據統計，整個中國大陸實施包產制生產隊所佔比例，單單一九八〇年一整年便由百分之一暴增至百分之二十左右，[472]結果不僅帶來農業生產高度成長，也為下一階段工業發展提供了穩固基礎。[473]

事實上，從一九七八年「改革論」（採取南斯拉夫與匈牙利式作法，引進自由競爭來調節市場）與「調整論」（採取蘇聯式政策，有限度地開放市場）的爭議，到定調為走上「具有中國特色的社會主義」，其決策辯論過程不僅瀰漫著改革與反改革力量之權力鬥爭，同時充滿意識型態的往返拉鋸，正如鄧小平所言，「改革開放邁不開步子，不敢闖，說來說去，就是怕資本主義的東西多了，走了資本主義的道路」。他接著又進一步說明：「……計劃多一點還是市場多一點，不是社會主義與資本主義的本質區別。計劃經濟不等於社會主義，資本主義也有計劃；市場經濟不等於資本主義，社會主義也有市場。計劃和市場都是經濟手段。」[474]

不管中共的經濟改革結果究竟向資本主義靠攏與否，值得注意的是，由於在經濟發展路

470 Flemming Christiansen and Shirin M. Rai, *Chinese Politics and Society* (New York: Simon & Schuster, 1996), p.283.
471 鄧小平的原話是在一九六二至六六年間引用劉伯承說過的四川俗諺：「黃貓、黑貓，只要捉住老鼠就是好貓」，其後不知何故轉成黑貓、白貓說法。參考阮銘，《鄧小平帝國》（台北：時報出版公司，一九九二年），頁四至五。
472 林毅夫等，《中國經濟改革與發展》（台北：聯經出版公司，二〇〇〇年），頁一四四。
473 Lin Justin Yi-fu, "Rural Reforms and Agricultural Growth in China," *American Economic Review*, 82:1 (1992), pp.34-51.
474 深圳市委宣傳部編，《鄧小平與深圳》（深圳：海天出版社，一九九二年），頁一至一四。

子上的思想解禁，連帶地自然也會影響到其國際觀的內涵，亦即不再以「意識型態」來決定交往的親疏關係。例如鄧小平曾言：「考慮國與國之間的關係主要應該從國家自身的戰略利益出發，著眼於自身長遠的戰略利益，同時也尊重對方的利益，而不去計較歷史的恩怨，不去計較社會制度與意識型態的差別，並且國家不分大小強弱都予尊重，平等對待。」[475]其後，錢其琛也認為：「後冷戰的時代，各國都更多地按照本國利益而不是冷戰時期的聯盟關係來確定外交戰略，並調整與他國的關係。」[476]事實上，這些非但是不言自明的真理，即使在意識形態氣氛濃厚的冷戰初期，乃至中共內部因政治運動搞得帽子滿天飛，從前幾段敘述篇幅看來，若非秉持著某種基本理性，中共何嘗熬得過建政初期的內外交迫窘境。當然，一旦思想空間開放，政策也做了根本調整，意味著北京將以更「現實」且「理性」的作法來重塑其外交作為，對於正面向一個新階段的大陸而言，這毋寧是個不錯的起跑點。[477]

北京聚焦經濟與深化獨立自主

正如前面一再重申，任何國家在「內政」與「外交」之間都必然存在密切且直接的關聯，此種論斷在觀察中共如何調整其外交策略時也有一定適用性。[478]由於文化大革命浪潮在一九七六年因毛澤東死亡而正式宣告終結，中國大陸內部社會局勢乃為之舒緩。緊接著上台並逐步穩定權力根基的鄧小平，一方面在一九七八年十一屆三中全會確立了將工作重心轉往經濟建設的新方針，從而讓中共的外交政策根本性地調整為替經濟提供服務。在一九八〇年中共中央召開的幹部會議上，他也特別指出在未來十年應當完成的三件大事：「第一件事是在國際事務中反對霸權主義，維護世界和平；第二件事是讓台灣回歸祖國，實現祖國統一；第三件事要加緊經濟建設，就是加緊四個現代化建設。四個現代化，集中起來講就是經濟建設。……在國際事務中反對霸權主義，台灣回歸祖國，實現祖國統一，歸根到底，都得先把經濟搞好。」[479]

在前述具體目標指導下，總書記胡耀邦便在一九八二年九月召開的「十二大」提出所謂「獨立自主對外政策」的戰略方向。[480]他首先重申「互相尊重主權與領土完整、互不侵犯、互不干涉內政、平等互利、和平共處」等傳統的五項原則，強調在外交政策行為上「不依附於任何

---

475 引自張中雲，〈試論鄧小平關於對外開放與外交戰略之間關係的思想〉，收於王泰平編，《鄧小平外交思想研究論文集》（北京：世界知識出版社，一九九八年），頁一四四。

476 錢其琛，〈回顧與展望〉，《人民日報》，一九九二年十二月三十日，七版。

477 中共早期外交思想並不乏現實觀念，但因意識型態色彩過濃，仍較傾向理想化；Allen S. Whiting, *China Crosses the Yalu: the Decision to Enter the Korean War* (New York: MacMillian, 1960) , pp.6-7.

478 Quan-sheng Zhao, *Interpreting Chinese Foreign Policy: the Micro-Macro Linkage Approach* (Hong Kong: Oxford University Press, 1996) , pp.22-30; Kenneth Liberthal, "Domestic Politics and Foreign Policy," in Harry Harding, ed., *China's Foreign Relations in the 1980s* (New Haven: Yale University Press, 1984) , pp.55-70.

479 鄧小平，〈目前的形勢和任務〉，《鄧小平文選，一九七五至一九八二》（北京：人民出版社，一九八三年），頁二〇三至二〇四。

480 王炳南，〈談獨立自主的對外政策〉，《人民日報》，一九八三年一月三十一日；張驥，《跨世紀中國的國際環境與對外戰略》（北京：中央黨校出版社，一九九八年），頁二四〇。

大國或者國家集團，決不屈服於任何大國的壓力」，然後進一步對此闡述說道：「對我們來說，同大國結盟有兩個不好：第一，中國主張在和平共處五項原則的基礎上同世界各國交往，而同大國結盟可能妨礙、或至少影響我們廣交朋友；第二，它會妨礙我們抵制對方可能有的越軌行動，甚至還有可能給對方利用去反對另一些友好國家。」很顯然，北京儘管在一九七八年與美國建交，並明知其戰略目的乃「聯中制蘇」，仍舊試圖走往等距外交的路線上。

中共一向認為，為了對抗美國的敵視與封鎖，在建國初期採取向蘇聯「一邊倒」的策略乃必要且正確的，但因蘇聯基於大國沙文主義，迫使中共屈從於其戰略安排，再加上一九七〇年代美國相對優勢下降與蘇聯積極對外擴張的現實，據此，推動以中美關係正常化為主軸的「一條線」戰略，乃回應前述國際變局之必要舉措。沿著這個「挑戰-回應」邏輯，由於國際情勢在一九八〇年代再度起了重大變化，中共既必須根據新的環境背景來修正其外交策略，與大國之間的「等距外交」理念亦自然浮上檯面。[481]正如鄧小平所言：「中國的對外政策……是真正的不結盟，既不打美國牌，也不打蘇聯牌，同時不允許別人打中國牌。」[482]更甚者，此種趙紫陽所謂「在任何時候和任何情況下都應堅持獨立自主」的外交目標，[483]還被正式寫入一九八二年五屆人大所通過的新憲法〈序言〉中，成為國家法定政策方向。

於此同時，胡耀邦延續「三個世界」理論，指出了第三世界影響力日增的事實，並重申社會主義中國不僅屬於第三世界，也把支持第三世界國家看作自己神聖的國際義務：「當前美蘇兩個超級大國的霸權主義政策和它們在全球範圍的激烈爭奪，嚴重威脅著廣大第三世界國家的安全。……第三世界的國家和人民，是反對帝國主義、殖民主義與霸權主義的主力軍。……中國是發展中的社會主義國家，屬於第三世界。」[484]從推動獨立自主來看，與第三世界建立密切聯繫確實有所幫助，事實上，這不僅是中共建政以來的長期國策方向，進入改革開放時期後尤其如此。

例如，鄧小平在「十二大」中便指出，當今世界的主要問題是「和平與發展」，中國外交政策的目標則是「反對霸權主義與維護世界和平」。他在一九八五年接見一個日本團體時也曾闡釋說：「現在世界上真正大的問題，帶全球性的戰略問題，一個是和平問題，一個是經濟問題，和平問題是東西問題，經濟問題是南北問題，概括起來，就是東西南北四個字。」[485]其中的南北問題與第三世界可謂息息相關。同時，為了深化與第三世界的聯繫，中共亦大肆宣揚周恩來在一九五〇年代提出的「和平共處五原則」，因為「只有和平共處原則得到普遍尊重，這個

481 田曾配編，《改革開放以來的中國外交》（北京：世界知識出版社，一九九三年），頁五。
482 《鄧小平文選：第三卷》（北京：人民出版社，一九九三年），頁五七。
483 趙紫陽，〈關於第七個五年計劃的報告〉，一九八六年年三月二十五日；收於《趙紫陽文集：卷三》（香港：中文大學出版社，二〇一六年），頁三五三。
484 劉義立，〈第三世界國家加強團結合作的重要意義〉，《紅旗雜誌》，第十三期（一九八二），頁四四至四七。
485 《鄧小平文選：第三卷》，頁一〇五；類似說法出現過相當多次，其中，「經濟問題」有時也稱為「發展問題」，或直稱「南北問題」。

星球上才會有真正的持久性和平」，並倡議在所謂五個原則的基礎上，建立國際政治和經濟秩序。[486]從外在國際環境變化視之，中共獨立自主外交政策的出現，與美蘇兩強在國際社會的活動顯然有著密切的連動：首先是蘇聯在一九七九年出兵阿富汗，其次是美國為制止薩爾瓦多情勢趨於惡化，不惜軍事干預尼加拉瓜內戰，這些都使中共被迫從一九七八年藉由與美國建交達成的「聯美制蘇」高峰中，進行短暫的撤退行動。

除了強調經濟問題以及與第三世界保持密切關係的重要性之外，中共同時重視和平問題，因為經濟與和平之間本來就具有良性循環的互動關係，特別是對中國而言。例如鄧小平曾經說過：「中國太窮，要發展自己只有在和平的環境裡才可能。……現在我們一心一意搞經濟建設，為了使中國發展起來，實現我們的宏偉目標，需要一個和平的國際環境。……我們誠心誠意地希望不發生戰爭，爭取長時間的和平，集中精力搞好國內四化建設。」[487]又說：「中國要集中力量搞經濟建設，把我國建設成為社會主義現代化強國，我們需要一個和平的國際環境，也正在努力創造和維護這個和平環境。」[488]從事實看來，中共自一九七九年懲越戰爭（目的部分也是為了鞏固鄧小平的權力）迄今，便未曾再進行大規模的對外動武舉動，[489]不啻為一九八〇年代以來締造「經濟奇蹟」打下良好穩固之基礎。

務實外交：台灣的新策略　相對中共自一九七一年以來國際交往空間急遽擴大，台灣方面則在一九七〇年代陸續失去約五十個邦交國。儘管由於保守勢力制約與慣性思考使然，所謂

「反共復國」依舊是主政者經常掛在嘴邊的口號，前述窘境仍迫使後者必須反省其基本外交思維，以免危及自身生存利益。據此，蔣經國在一九七三年提出的「總體外交」名稱，既透露了若干調整政策方向的訊息，[490]他也進一步說明：「台北應透過多方面的管道與其他國家維持關係，……除了形式上的外交關係外，今天也要注意本質上的外交，……只要有對外發展的能力，就能不斷發展我們的對外關係。」[491]

此一想法可謂日後所謂「務實外交」的先聲。自此，儘管台灣在傳統外交場合上幾乎沒有翻身餘地，類似「日本模式」或「美國模式」的準官方交往關係，則以商務代表團、商務辦事處、貿易代表處、經濟文化代表處、貿易旅遊辦事處、遠東商務處、遠東貿易中心，甚至孫中山中心或自由中國中心等，極其多樣化且具高度彈性之名稱與形式陸續開展出來，從而構成

486 韓念龍，〈和平共處五原則永放光芒〉，裴堅章編，《研究周恩來：外交思想與實踐》（北京：世界知識出版社，一九八九年），頁三八。

487 《鄧小平文選：第三卷》，頁八〇至九四。

488 鄧小平，《建設有中國特色的社會主義》（北京：人民出版社，一九八七年），頁一一二。

489 表面上懲越戰爭是中共迄今最後一次對外動武，實則在一九七九年短暫衝突結束後，雙方仍陸續在一九八〇、八一與八四年爆發小規模戰爭，直到越南一九八九年自柬埔寨撤軍後才恢復穩定。

490 蔣經國，〈行政院長施政報告〉，《立法院公報》，六十二卷十三期，頁一至八。

491 蔣經國，〈行政院長提出施政方針及報告並備質詢〉，《立法院院會記錄》，民國六十二年二月二十四日，頁六至一二。

某種特殊的對外交往型態。[492]究其本質，台灣此種策略可說是打破了主權國家間締交的傳統模式，在放棄追求正當名義之下，代之以追求實質的「互賴性交往」。

推究台灣在面對外交逆勢之際，所以能順利轉換其外交策略，繼續維持與大陸之間競爭態勢的緣故，首先還是得歸因於美國。一方面由於種種原因，致使美國遲至一九七八年底才與北京正式建交，讓台灣在一九七一至七八年間可以在繼續維持與美國邦交的情況下，逐步調整其對外關係；其次，基於美國自身的整體戰略考量，即使卡特總統決定與中共建交，由於其目的乃「聯中制蘇」而非真正信任北京，因此，維持台灣之適切自主地位並持續對台灣提供防衛承諾（事實上就是打「台灣牌」來制約大陸），仍為華府遠東政策的重點之一。[493]

至於第二個原因，可歸因於台灣自身的經濟實力。在順利遂行進口替代與出口擴張政策的彈性轉換後，台灣對外貿易出口順差也從一九七一年的二點二億美元，暴增至一九八七年的一百九十億美元，國際貿易總值也在一九八八年打破一千億美元大關，成為全球第十三大貿易國，由此龐大可觀數額暗示之能量，自然吸引許多國家願意與台北保持實質交往關係。除此之外，國際環境某個部分之變化也有利於台灣，正如澳洲外長伊凡思（Gareth Evans）所言「五百年來，全球經濟重心首度重新回到了東亞」，由日本帶動之東亞區域經濟奇蹟發展固然引起各國另眼相看，冷戰凍結衝突造就之經濟掛帥時代的來臨，也使許多國家「在商言商」願意維持與台灣的實質互動。更何況此際中共為塑造一個有利於推動現代化建設之和平外部環境，在接受愈多妥協之餘，同樣有助於台灣在不直接挑戰主權議題下進行策略轉型。最後，與中共相同的是，領導者（鄧小平與蔣經國）本身的想法與思考是必須留心的。

在蔣經國於一九七八年正式接任總統後，儘管所謂「三不」政策仍繼續做為官方對外的統一口徑，實際作為已非如此，最具代表性者便是一九八三年的「奧會模式」，台灣接受建議改名為「中華台北奧會」，並另訂出席的旗幟與歌曲；[494]接著，自一九八六年起，對於前往共黨國家參與民間團體活動者也逐步放鬆管制。[495]另一個重大的變革性宣示出現在一九八八年，甫代理總統職務的李登輝在中國國民黨十三全會當中，將積極拓展對外關係做為未來外交政策的重點之一，並希望能「採取更實際、更靈活、更具前瞻性的作為，升高並突破目前以實質外交為主的對外關係」，甚至可思考「相機建立或恢復外交關係」。[496]

492 Thomas Bellows, "Taiwan's Foreign Policy in the 1970s: a Case Study of Adaptation and Viability," *Asian Survey*, 16:7 (1976), pp.593-610; Ralph Clough, "Taiwan's International Station," in Hungdah Chiu and Robert Downen, eds., *Multi-System Nations and International Law: the International Status of Germany, Korea and China* (Baltimore: University of Maryland Press, 1981), pp.141-159; Thomas Lee, "Quasi-Diplomatic Relations of R.O.C.," *Issue & Studies*, 24 (1988), pp.104-117.

493 Victor Lasky, *Jimmy Carter: the Man and the Myth* (New York: Richard Marek Publishers, 1979), pp.313-342; Bruce Mazlish and Edwin Diamond, *Jimmy Carter: a Character Portrait* (New York: Simon and Schuster, 1979), pp.253-268.

494 高朗，《中華民國外交關係之演變，一九七二至九二》（台北：五南圖書公司，一九九四年），頁二九；台灣並非全盤接受「改姓換名」，例如拒絕國際刑警組織與亞洲開發銀行的更名建議便是。

495 中華民國外交部，《外交部聲明及公報彙編》，民國七十五年，頁一八。

496 外交部，《中華民國七十七年外交年鑑》（台北：外交年鑑編輯委員會，一九八九年），頁八三。

李登輝在一九九一年接受法國雜誌專訪時，繼續對此闡釋說：「中華民國本著理性務實、獨立自主與平等互惠的原則，制定與執行外交政策，至於外國政府如何對待或承認中共政權，係其主權決定，我政府無法干涉。最近幾年來，中華民國努力與對我不懷敵意的國家，發展實質文化關係，甚至進一步建立正式邦交。」[497]此乃日後被稱為「務實外交」之政策內涵起源，值得注意的是，其中甚至還暗示台灣方面願意接受「雙重承認」的安排。錢復亦對此概念做了進一步說明：「在迫切需要和國際社會整合，以及一種不放棄中國在未來統一的強烈意願，中華民國政府對此外交政策採取了一種彈性的作法，稱為務實外交。……於是一種務實的精神開始出現在中華民國的外交決策者及其國民身上。」[498]但他也指出：「由於我們外交發展的困難主要來自中共，因此在討論外交的政策時，無法規避兩岸關係問題的牽連。」[499]這是相當現實的。總而言之，為了因應新的國際局勢挑戰，台灣終於開始扭轉以意識型態為主的僵化外交策略，轉而朝更靈活而彈性的作法方向邁進，而此種調整亦勢必對兩岸互動帶來實質變化。

冷戰三角最後一幕

八一七公報前後的分與合　儘管其間的關係並非全然均衡，中共的對外政策向來甚受中美蘇三角關係的影響，[500]無論兩大超強對中共的態度，或中共對美蘇政策之認知，始終是北京思考對外策略時的重要參考指標。[501]中共自建政以來便不斷朝「獨立自主」方向邁進，其緣由固然來自於對自身定位之反省與期許，另一方面，與美蘇互動過程中遭遇的挫折（例如蘇聯希望將中共做為具緩衝性之附庸衛星國家，美國亦僅將它當作和解時期制衡蘇聯的戰略棋子），同樣促使它決定採取「保守性結盟」作法。[502]

中美關係正是如此。自尼克森政府以來，華府在整個一九七〇年代雖保持著與中共日趨密切的關係，由雙方凝聚共識乃至正式建交，前後時間將近十年看來，美國內部保守力量之影響實不容小覷，其中，頗具代表性者便是在一九八〇年當選總統的雷根。向來不吝表示出親台傾向的雷根，甚至在競選期間還拋出將恢復與台灣「官方關係」的政見，[503]對中美建交之舉，也認為是「布里辛斯基焦急地使用中國牌，希望聯合華盛頓與北京以反對蘇聯」的結果，[504]此類

497 《李總統登輝先生言論選集》（台北：中央文物供應社，一九九一年），頁一八九。

498 Fredrick F. Chien, "A View from Taipei," *Foreign Affairs*, 70:5 (1991-92), pp.97-99.

499 外交部編，《中華民國八十年外交年鑑》（台北：外交年鑑編輯委員會，一九九二年），頁七八九至七九〇。

500 Zbigniew Brezinski, "The Balance of Power Delusion," *Foreign Policy*, 7 (1972), pp.54-59.

501 William Tow, "China and the International Strategic System," in Thomas Robinson and David Shambaugh, eds. *Chinese Foreign Policy: Theory and Practice* (Oxford: Clarendon Press, 1994), p.124.

502 Harry Harding, "China' s Roles in the Contemporary World," in Harry Harding, ed., *China's Foreign Relations in the 1980s*, p.211.

503 S. Gilbert and W. Carpenter, eds. *America and Island China: A Document History* (Lanham: University Press of America, 1989), pp.272-275.

504 Ronald Reagon, "My Impression of Taiwan," *Asian Outlook*, 13 (1978), pp.10-14.

言論自然引起北京方面的緊張。對於中共政權，雷根認為現階段雙方僅為朋友而非結盟關係，同時在許多場合中也一再強調將貫徹《台灣關係法》之相關規定。[505]

雷根雖經常被美國輿論稱為「偉大的溝通者」與「二十世紀最偉大總統之一」，且承接了一九七〇年代全球緩步趨於和解的政策趨勢，相較一度也有冷戰鬥士之稱的尼克森最終採取了迂迴撤退路徑，雷根卻反其道而行，堅信「民主與自由終將把馬克思社會主義與蘇聯共產主義掃進歷史灰燼中」，[506]從而掀起一波「新冷戰」浪潮。面對經濟衰退壓力與國內因越戰掀起之大規模反戰示威運動，尼克森與季辛吉的決定不可謂之不理性，卻顯然過於理性而忽略了美國民意的「兩面性矛盾」，亦即拒絕犧牲又沉浸於霸權榮耀之中。據此，撤退固然可減少損失，但此消彼長的結果，尤其是一九七九年十一月伊朗人質事件和十二月蘇聯入侵阿富汗之接連爆發，依舊刺激了美國人民的敏感心靈與脆弱神經，也成為雷根上台的主要助力。

由於美蘇關係再度緊張，基於連動性，中美關係之發展乃值得關注。

大體來說，雷根在中國問題上使用了某種「雙軌」政策，亦即繼續承認中共，但同時回過頭強化與台灣的戰略合作關係，此舉非但直接挑戰了北京的「一條線」（反霸聯合統一戰線）策略，亦強化了其獨立自主傾向。進一步言之，中共並不反對雷根政府加強軍備建設乃至對共產主義的強烈敵意，[507]但無法接受美國在一九八〇年撤軍後繼續對台軍售，以致可能阻礙中國統一進程的作法。北京方面向來認為，美國在《台灣關係法》中規定的間接防禦承諾，無異是《中美共同防衛條約》的另一翻版而已，這對建交三條件中的「廢約」一項已構成實質上的牴觸，因此自一九八〇年開始，便強化遊說美國接受「廢除《台灣關係法》、停止對台軍售、促使台北與北京進行統一談判」等三項新條件，[508]並依此內容展開與華府之間的一連串談判。儘管如此，美國顯然無意放棄使用「雙軌」策略，例如，白宮雖在一九八一年四月間三度致函鄧小平表示堅決支持「一個中國」立場，並對「葉九條」內容表示讚賞，[509]同時又通知國會將售予台灣價值約六千萬美元的軍備，態度可見一斑。

為了向美方施壓，中共以荷蘭在一九八一年出售潛艇給台灣為由，降低了與該國的外交互動層級，目的當然是「殺雞儆猴」。在同年十二月為解決對台軍售問題，與美國共同召開的雙邊會議中，也以「事關中國主權的重大問題」為由，強烈抗議華府繼續延長在台灣戰鬥機生產線的決定。[510]最後，雙方終於在一九八二年八月以簽署《八一七公報》達成共識，除了重申美國承認中共為中國唯一合法政府，並接受「一個中國」原則及台灣是中國一部分等說法，美方

---

505 *The Department of State Bulletin*, July, 1982, p.67.

506 Strobe Talbott, *Russians and Reagan* (New York: Vintage Books, 1984), pp.89-104.

507 Samuel Kim, "Whither Post-Mao Chinese Global Policy?" *International Organization*, 35:3 (1981), p.446.

508 沈呂巡，《軍售問題與中共對台政策之研究》（台北：文友出版公司，一九八六年），第二章。

509 見《一九八一至八三年中美關係報告》（台北：中央研究院美國文化研究所，一九八四年），附錄II，頁一七〇至一七二。

510 施魯佳編，《中美關係二百年》（北京：新華出版社，一九八四年），頁二八六至二九〇。

特別在《公報》第六條中聲明：「美國政府並不謀求執行一對台銷售武器的長期政策，對台武器銷售在質或量上均不會超過美中兩國建立外交關係以來所提供之水準，美國意圖逐漸減少對台灣之武器銷售，經由一段時間而趨於最終解決。」

儘管唐耐心認為，雷根對中國政策的覺醒要等到他一九八四年訪華後，自此，「中美關係進入了一段似乎可堅實、穩定且持久友善之黃金年代」，[511]但事實上，如同一九六八年底當選總統的尼克森，雷根再度讓台北失望了。華府雖在《八一七公報》簽署前夕通過一項價值高達六點二億美元的軍售案，並於翌日向台灣提出〈六項保證〉，[512]且未明確定出「落日條款」，對遞減比例也沒有任何規定，就外交辭令與關係操作而言，或可視為美國的一次談判勝利。不過，北京方面也並非毫無所得，最起碼美國對其提出的三項新條件還是作了部分之表面讓步，例如承諾將逐年遞減對台軍售金額，甚至最終歸零。值得注意的是，雷根在公報發布後不久草擬了一份秘密備忘錄，載明只要兩岸軍事平衡維持穩定，美國便會履約限制對台軍售，但若中共提昇其軍事力量，則美國也會協助台灣以維持均勢，[513]由此成為日後美國決定對台軍售內容時之最高潛規則。

推究美國此刻在兩岸之間從事如此複雜操作的原因，從政治面來說，如同台灣自一九四九年以來長期扮演的角色，美國永遠在此留一手以備後路；至於經濟理由也不難理解，美國試圖打開大陸門戶原即為了解決自身經濟困境，正因如此，每年對台數億美元的軍售金額同樣難以忽視，因此才需要左右逢源。

除了政治與經濟雙重考量之外，戰略環節亦必須注意。在此，日本的態度頗值得深入瞭解。就東京的角度來看，一旦中共控制台灣及其周邊海域，將使其管轄權與影響力藉此延伸進西太平洋，屆時勢將對日本南下生命線帶來威脅，這也是其首相佐藤榮作在一九六九年與尼克森簽署的《聯合公報》中，所以宣稱「台灣在日本防衛範圍之內」的緣故。[514]至於美國在同時面臨中共壓力與日本要求的情況下，選擇傾向日本也是可以理解的，[515]何況「聯台制中」本即對蘇聯全球圍堵政策的傳統一環。

中蘇重建正常化關係 就在中美關係微妙開展之際，曾被鄧小平預言「即使下一代人也看不到正常化契機」的中蘇關係，[516]也突然有了某種「破冰」契機，至於最初的主動者看來乃是

---

511 唐耐心（Nancy B. Tucker）著，林添貴譯，《一九四九年後的海峽風雲實錄》，頁一九〇。

512 所謂六項保障內容包括：美國不贊成對台軍售設定期限、美國不會尋求調停兩岸關係、美國不會施加壓力要求台灣與中華人民共和國談判、美國對台灣主權的長期立場沒有改變、美國沒有計劃修改《台灣關係法》、《八一七公報》內容並不表示美國對台軍售之前會徵詢北京意見。二〇一六年七月，美國眾議院與參議院先後通過《八十八號共同決議案》與《三十八號共同決議案》，以書面形式表述六項保證，從而使其具有實質法律性質。

513 李潔明（James Lilley）著，林添貴譯，《李潔明回憶錄》（台北：時報文化，二〇〇三年），頁二二九。

514 John Cooper, "Taiwan's Strategy and America's China Policy," *Orbis*, 12（1977）, p.269.

515 Doak A. Barnett, *China Policy: Old Problems and New Challenges*（Washington D.C.: Brookings Institution, 1977）, p.79.

516 香港《文匯報》，一九七七年九月二十六日，頭版。

北京。

或許是忌憚於一九八〇年美國總統大選中反共派共和黨候選人雷根可能贏得勝利之影響，中共在同年十一屆五中全會上，主動為劉少奇平反。由於「反劉」過去往往被與「反蘇修」相提並論，此舉似乎有向莫斯科示好之意味。其後，蘇聯雖於翌年建議恢復邊界談判，雙方仍限於相互試探階段，一直到布里茲涅夫於一九八二年三月發表「塔什干演說」，聲稱「我們從來不否認，現在也不否認社會主義制度在中國的存在，……我們從來不曾，現在也沒有對中華人民共和國構成威脅」後，雙方隨即商定就正常化議題推動副部長級磋商，從而開啟了緩和關係之實質進展。[517]同年九月，中共總書記胡耀邦在「十二大」政治報告中所謂「如果蘇聯當局確有誠意改善同中國的關係，並採取步驟解除對我國安全的威脅，中蘇兩國有走向正常化的可能」，可說進一步表明了願意與蘇聯和解的正面訊息。至於該年十月布里茲涅夫去世，無疑給了雙方藉由「葬禮外交」來恢復互動的一個絕佳機會。其中，中共外長黃華與蘇聯外長葛羅米柯展開的實質接觸，乃是一九六九年以來中蘇最高層次雙邊晤談，自此至一九八六年為止，雙方一共進行過九個回合的磋商。[518]

在一九八二年「十二大」提出以「獨立自主之不結盟外交」做為主旋律後，[519]北京在設法穩定與美國建立的新關係之餘，所以主動尋求與蘇聯修好，一方面固然是針對雷根可能上台後新政局的預先反制，另一方面則同時延續了替推行改革開放奠下和平外部環境之思考，畢竟蘇聯此際仍是中共最大的直接威脅來源。儘管如此，由於受阻於中共堅持的正常化「三大障礙」

（亦即要求蘇聯撤出在中蘇邊境與外蒙古駐軍、停止支持越共出兵柬埔寨、停止軍事干預阿富汗），又或許受到中共在一九八四年對越南發動自一九七九年以來的最大規模攻勢之牽制，中蘇關係正常化一度陷入頓挫狀態，[520]直到戈巴契夫於一九八五年上台後，雙方互動前景才又重現曙光。

相對於中共在一九八〇至八四年第一階段正常化嘗試中採取主動地位，一九八五至八九年間正常化終於水到渠成，戈巴契夫不啻是最關鍵的因素。

從某個角度來看，戈巴契夫的地位與思維頗類似第三度東山再起的鄧小平，他們都面對了一個新的政治權力改組階段，都體認到有儘快重建國家經濟以迎向全球競爭之迫切性，於是也都期望塑造一個有利於建設的和平環境。不過，正如蘇起所言：「與鄧小平不同的是，鄧小平當時國內權力雖然穩固，但由於中共國力落後，外交基礎（尤其是對美關係）不夠踏實，所以

517 錢其琛，《外交十記》（香港：中文大學出版社，二〇〇四年），頁二；王逸舟、譚秀英編，《中國外交六十年》（北京：中國社會科學出版社，二〇〇九年），頁二九。

518 分別舉行於一九八二年十月、一九八三年二月與十月、一九八四年三月與十月、一九八五年四月與十月、一九八六年四月與十月；其中，蘇聯直到第九回合才願意討論所謂「三大障礙」問題。

519 牛軍，〈冷戰與八〇年代的中國外交〉，楊奎松編，《冷戰時期的中國對外關係》（北京：北京大學出版社，二〇〇六年），頁二〇一。

520 Su Chi, "Sino-Soviet Relations of the 1980s: from Confrontation to Conciliation," in Samuel Kim, ed., *China and the World: New Direction in Chinese Foreign Policy* (Boulder: Westview, 1989), pp.112-113.

在國際作為上只能按部就班，徐圖發展，而戈巴契夫確有掩不住的急迫感。他的國內權力基礎不如鄧小平穩固，但蘇聯的國際地位與角色卻使他能夠大開大闔，在幾條陣線上同時推進。[521]

戈巴契夫首先在一九八五年就任新職的演說中提到：「我們希望同中國的關係能有重大改善，同時相信只要相互配合，這是十分可能的。」對此一善意表示，中共隨即以忽視「三大障礙」來做為回應。[522]此時，中蘇自一九八二年起啟動之副外長級磋商，仍繼續就正常化議題與各種合作交往進行討論，此後互動雖顯然愈趨密切，真正突破僵局的轉機還是在戈巴契夫於一九八六年七月發表「海參崴演說」之後。在前述演說中，戈巴契夫具體提及蘇聯將於該年底起自阿富汗進行局部撤軍，除正與外蒙古商量撤出大部分蘇聯駐軍外，同時表示願意在任何時候和任何層次上與中共討論任何問題，包括邊境劃界與合作建設開發等。暫且不論柬埔寨問題，由於上述談話顯然已在阿富汗與邊境駐軍問題上表達相當程度的讓步，因此獲得中共極正面的回應。

歸結蘇聯此刻所以願意對中共表示讓步的背景，其緣由必須從美蘇對抗的脈絡中來加以觀察。如同戈巴契夫明言：「儘管已將我們資源中大得出奇的一部分消耗在武器生產上，我們的國家安全卻談不上獲得可靠的保障。為取得針對任何可能對手的軍事優勢，我們國家的軍事開支在若干年份達到國民生產毛額的百分之二十五至三十，這個比例是美國與歐洲北約國家類似軍事開支的五或六倍。……這種衝向毀滅深淵的過程必須告終，蘇聯當局對外交問題寄予嚴肅考慮的必要性已益形緊迫。」[523]正是源自此種緊迫感，加上美國總統雷根於一九八三年提出「戰略防禦計劃」或稱「星戰計劃」（ＳＤＩ）概念後，在一九八五年落實為國家政策對蘇聯帶來之直接刺激，戈巴契夫首先在一九八五年十一月與雷根在日內瓦舉行高峰會以建立談判共識，接著在次年一月提出停止軍備競賽的「新思維」，並要求與美國繼續對話來解決問題。[524]

值得注意的是，美國最初雖曾經拒絕戈巴契夫求與舉行高峰會的建議，但因鄧小平在後者發表「海參崴演說」後隨即表態願意前往莫斯科訪問，蘇聯副總理塔里津也在九月訪問北京，隨著中蘇關係似乎達到某種高潮，當戈巴契夫再度於九月中致函雷根要求會面時，美國馬上就答應了，這便促成了十月份的雷克雅未克高峰會。由此再次充分顯示出，中蘇與美蘇關係之間之密切連動性。

無論如何，中蘇關係正常化的腳步自此加快速度。一九八七年初，先是蘇聯宣佈撤回部分外蒙駐軍，接著中蘇也在莫斯科舉行九年來首度邊境劃界談判。[525]同年底，雷根迫於貿易與預算大量赤字以及股市崩盤的經濟壓力，與蘇聯簽署了《裁減中短程飛彈協議》，北京則藉此繼續促談，希望徹底解決越南撤軍與邊界問題等爭議，並獲得蘇聯對此之正面回應。繼國防部長

---

521 蘇起，《論中蘇共關係正常化》（台北：三民書局，一九九二年），頁一一九至一二〇。

522 Gregory D. Knight, "China's Soviet Policy in the Gorbachev Era," *The Washington Quarterly*, 9:2 (1986), pp.97-108.

523 戈巴契夫（Gorbachev）著，譚天譯，《俄羅斯的教訓》（台北：貓頭鷹出版社，二〇〇一年），頁二四四。

524 方連慶等編，《戰後國際關係史》（北京：北京大學出版社，一九九九年），頁六二九。

525 尹慶耀，〈中蘇邊界問題與中蘇關係〉，《中國大陸研究》，三十一卷六期（一九八八），頁一三至一九。

雅佐夫宣佈將自一九八八年起由中蘇邊界大幅撤兵後，關於政治解決阿富汗問題之協議，亦在聯合國調停下於四月簽署，預計蘇軍將自五月起逐步撤光此地駐軍。至於在最關鍵的越南問題上，在錢其琛於該年十二月成為自一九五七年以來首位訪問莫斯科的中共外長後，越南也宣佈將撤離柬埔寨。至此，先前所謂「三大障礙」都到達雖不滿意但尚可接受的階段。

最後一哩路出現在一九八九年五月，戈巴契夫親自率團訪問北京並會晤鄧小平，後者在會中正式宣佈「中蘇兩國關係正常化」與「兩黨黨際關係正常化」，同時表示此次會議將「結束過去」且「開闢未來」。在隨後發表《聯合公報》後，兩國終於結束近三十年的「不正常」關係。由此，中美蘇三角關係在一九八〇年代再度出現變化。隨著中共從一九五〇年代「親蘇反美」到一九六〇年代不理性的「反帝反修」，歷經一九七〇年代朝「聯美制蘇」修正後，終在一九八〇年代落實「等距外交」並藉此邁向獨立自主階段，特別是伴隨著經濟國力增長，中共不再如過去般僅能扮演被動之工具角色，而是逐步成為能真正遂行制衡政策的獨立行為者。

如同雷根自我吹噓具有「愛爾蘭人的好運」一般，這暗示在其總統任內，由於蘇聯在一九八二至八五年間「離奇地」連續折損三位領導人，[526]導致美蘇勢力加速消長，此一隱喻對北京不啻同樣適用。更重要的是，雖然此時無人預知冷戰即將終結，隨之而來的東歐變局在衝擊蘇聯霸權根基之餘，既同時將美國與中共從某種戰略桎梏當中釋放出來，其後續影響迄今依然值得關注。

統一問題之進展與挑戰

關於香港回歸之中英談判　在前述鄧小平所揭示「現代化、反霸、統一」之一九八〇年代外交政策三大目標當中，從結果看來，透過「摸著石頭過河」與「分區推進」策略推動的現代化建設，確實使其經濟在穩健步伐中獲得長足進展。[527]其次，面對美蘇大國博奕與冷戰結構內涵變遷，也成功地形塑出與兩強之間近乎等邊的三角權力關係，特別是相對蘇聯勢力之逐漸萎縮，北京的國際地位（特別是在東亞地區）更有著顯著提昇，不要說是在亞太地區謀求「反霸」，甚至放眼未來，建立新霸權亦不無可能。至於相較前兩項目標的階段性成就，關於「統一」則雖非毫無所成，至少到一九八〇年代末，結果依舊很難讓其領導者滿意。

首先在香港問題上，如同其數百年來自我奉行之俗諺「沒有永遠的敵人，也沒有永遠的朋友，一切以利益為依歸」，堪稱現實主義典範的英國，考量到香港在其戰後國際地位低迷之際的重要性，何況此時與中共還談不上是敵人，加上追隨美國之附庸戰略尚未底定，除了在二戰末期抗拒國民政府希望收回香港的企圖外，英國外交部副大臣也在一九四八年發表如下聲明：

526 在布里茲涅夫於一九八二年底去世後，繼任之安德洛波夫（十四個月）與一九八四年契爾年科（十三個月）也接連在任內過世，最後上台的戈巴契夫乃蘇聯唯一生於十月革命後的領導人。

527 高尚全等編，《市場經濟與中國》（北京：新華出版社，一九九四年），頁四六至五一。

「我只想說明英國政府有意保持它在香港的地位，……在這個令人煩惱的局勢之下，香港做為一個穩定的中心，其價值與重要性將超過以往任何時候。」[528]接著更制定「香港防衛計劃」以增加在此地的軍事力量。儘管這些動作都明白顯示出英國對香港的重視程度，從實際面看來，其力量在戰後仍不足以抵禦可能之共軍入侵，因此，最好的妥協辦法或許便是藉由承認共產中國來換取香港的現狀。對於英國政府此種態度所凸顯出來英、美兩國在遠東政策方面之潛在分歧，同時希望利用英國在西方陣營中的傳統地位來拉攏歐洲國家，因此中共並未採取激進的收回行動，[529]反之以此為籌碼，與英國展開建交談判。

無論如何，由於冷戰隨即爆發開來，以及英美「特殊關係」迅速成形，[530]儘管中英之間的正式建立外交關係被延遲至一九七二年，北京自一九六〇年起便針對當時情勢特性，提出所謂「長期打算」與「充分利用」的政策方針，預期在不改變香港現狀的前提之下，充分利用其特殊地位為中國的經濟建設及對外關係提供戰略服務。不過，中共的政策在一九七二年轉趨明確且強硬，首先是駐聯合國代表黃華致信「非殖民化特別委員會」主席表示：「香港與澳門屬於歷史遺留下來，帝國主義加於中國之一系列不平等條約的結果，……是被英國與葡萄牙當局佔領之中國領土的一部分。解決香港與澳門問題完全是屬於中國主權範圍內的問題，……中國政府主張在條件成熟前，用適當的方式和平解決港澳問題，在未解決前則維持現狀。」[531]周恩來在同年十月也指出：「香港的未來一定要確定。中英雙方必須在租約（按：指一八九八年的《拓展界址專約》，期限為九十九年）屆滿時進行談判。現在兩國存在著正常關係，英國自然應當在適當時機參加談判。從中國拿走的領土必須歸還。」

中共態度轉變的原因，首先或許與取得聯合國席位代表權，並因此帶來第三波建交高潮所塑造的優勢有關，此外也可看到延續文革時期「革命外交」的影子。

在實際解決過程方面，首先是步驟問題，在鄧小平復出掌權後，中共中央便在一九七八年成立「中央港澳小組」，下設日後改隸屬國務院的「港澳辦公室」，展開對於港澳相關問題的研究。其次在策略方面，則「一國兩制」的制度構想亦逐漸成形。此一概念名詞首次出現在一九七八年十月，鄧小平接見日本作家江藤淳時說道：「如果實現祖國統一，我們在台灣的政策將根據台灣的現實來加以處理。」同年十一月會見緬甸總理時再度重申：「在解決台灣問題時，我們會尊重台灣的現實，譬如台灣的某些制度可以不動。」接著在十二月十二日談到對台工作時，鄧小平又倡議進行「第三次國共合作」以完成統一，尤其強調在此一前提下，「台灣社會制度不變，生活方式不變，外國投資不變，軍隊則變成地方武裝」。[532]次年訪問美國時，配合新

528 余繩武與劉蜀永，《二十世紀的香港》（北京：中國大百科全書出版社，一九九六年），頁一七四。

529 王紅續，《七十年代以來的中英關係》（哈爾濱：黑龍江教育出版社，一九九六年），頁二一。

530 Herbert G. Nicholas, *The United States and Britain* (Chicago, University of Chicago, 1975) ; John Baylis, *Anglo-American Defense Relations 1939-1984: The Special Relationship* (London: Macmillan Ltd., 1984) ; John Dumbrell, *A Special Relationship: Anglo-American Relations in the Cold War and After* (New York: St. Martin’s, 2001).

531 《一國兩制有關文獻資料選編》（北京：中央黨校出版社，一九八五年），頁六一至六二。

的「和平統一」綱領，鄧小平再度確切指出：「我們不再使用解放台灣這個說法了，只要台灣回歸祖國，我們將尊重那裡的規定和現行制度。」[533]

值得注意的是，雖然「一國兩制」的最初（或最終）解決對象是台灣問題，香港卻成為該概念之第一個實驗場所。

一九八二年九月，一方面在經濟政策上以「新保守主義」與雷根相互唱和，政治上則挾著剛在福克蘭戰爭中取勝之優越姿態，[534]英國首相柴契爾啟程前往北京訪問，企圖利用此時英美兩國的高度合作默契、中美方纔簽訂《八一七公報》之和緩局勢，加上中共推動改革開放亟欲外資挹注與國際支持之契機，借助倫敦自冷戰以來難得之國際高度，延遲香港問題的處理時程，結果卻踢到一塊大鐵板。[535]在一九八二至八三年間舉行的第一階段會談中，北京不僅聲明在會中不談主權問題，且堅持一定要在一九九七年收回香港，於是談判乃暫時觸礁。英國所以希望延長統治香港的期限，當然著眼於此地在經濟上的重大貢獻，然而在北京堅持不讓之下，倫敦終於接受自身國力已不足以維持談判強勢之現實，在一九八四年讓步並簽下了《中英關於香港問題的聯合聲明》，規定中華人民共和國將自一九九七年七月一日起開始對香港行使主權，然後根據憲法規定在此設置「特別行政區」，維持其社會經濟制度與生活方式「五十年不變」，此一政治承諾將由全國人民代表大會通過《香港基本法》來加以保障。[536]

可以這麼說，英國所以提前十五年主動展開香港問題談判，在時機與環境判斷方面大致沒有問題，唯一誤判的或許便是美國的態度。以柴契爾與雷根的互動而言，此際確實是繼羅斯福與邱吉爾建立戰時同盟以來美英關係最密切的時刻，但關鍵在於，美國此時已今非昔比。雷根雖倡言「新冷戰」並大幅擴軍，使一九八二至八六年間成為美國自二戰結束以來持續最久且增幅最大的軍備擴張期，[537]總計投入三兆美元規模，問題是美國自一九六〇年代末陷入成長趨緩階段迄今已近二十年，即便歷史發展永遠是「成敗論英雄」，雷根政府此舉仍充滿了「富貴險中求」之冒險投機意味。換言之，美國雖拉上英國發起對蘇聯之最後攻勢，究其國家利益而言，實在沒有餘力騰出手來援助，只好自始至終保持中立姿態。國家利益操作之理性模式本即如此，想來做為現實主義老手的英國也無話可說。

在解決香港問題後，接下來便是澳門問題。中共在一九七九年與葡萄牙建交後，雖同時達

532 一九九〇年七月九日，《人民日報》（海外版）轉載〈論一國兩制〉一文。
533 《人民日報》，一九七九年二月一日。
534 福克蘭群島（Falkland Islands）為位於西南大西洋之英國屬地，距南美洲約五百公里，阿根廷稱之為馬爾維納斯群島（Islas Malvinas），雙方自一九六〇年代起爆發主權爭議；在雙方談判於一九八一年不歡而散後，阿根廷在一九八二年四月發動武裝入侵，英國則於兩個月後奪回該島。二〇一三年，福克蘭群島曾舉行一次獨立公投，幾乎全數居民都反對獨立或加入阿根廷。
535 柴契爾（Margaret Thatcher）著，《柴契爾夫人回憶錄：唐寧街的歲月》（台北：月旦出版社，一九九四年），下冊，頁七九至八〇。
586 謝益顯主編，《中國外交史：中華人民共和國時期，一九七九至九四》，頁一一三至一一五。
587 胡克（Steven Hook）、斯帕尼爾（John Spanier）著，白雲真等譯，《二戰後的美國對外政策》（北京：金城出版社，二〇一五年），頁一五四至一五五。

成葡萄牙「承認澳門是中國一部分」的協議，實質解決還是有待前述中英協議簽訂之後。原來持觀望態度的葡萄牙，由於有中英談判經驗做為參考，雙方交涉過程便顯得順利許多。在一九八六年六月發表雙方將進行會談的聯合公報後，《中葡關於澳門問題的聯合聲明》隨即於翌年三月在北京簽署，在具體內容方面，除回歸時間（一九九九年十二月二十日）與香港不同外，其餘安排細節部分大致類似。[538]至此，港澳的收回問題終於告一段落，剩下的就只有台灣問題了。

兩岸主權爭議的新階段　在台灣問題方面，情況非常明顯，從權力要素現實看來，台灣根本不具備與北京抗衡的足夠能量，所以竟能維持長達半世紀以上的割裂分治局面，關鍵因素在於美國直接或間接之政策態度所致，而美國採取此種「雙軌性」外交政策之緣故，又源自它對冷戰以來全球戰略環境之判斷與安排。如同黎安友等人所言：「若沒有美國在防務上的承諾，台灣討價還價的談判地位將更像香港，台灣可能早就被納入中華人民共和國了，這就是為什麼北京認為台灣問題的核心並不是台灣與大陸分離，而是美國在使台灣與大陸永久分離上的作用。」[539]由此角度視之，台灣問題就法律本質而言固然是中國的內政問題，談判雙方始終並非兩岸領導者，而是北京與華府。對此，中共高層（甚至台灣）當然知之甚詳，因此早在一九五五年，周恩來便在亞非會議閉幕式上重申：「台灣地區緊張局勢的和緩與消除，應該由中國和美國坐下來談判解決，但不能絲毫影響中國人民行使自己主權，亦即解放台灣的正義要求。」[540]

換言之，對北京而言，「通往台北的捷徑，必然得經過華盛頓」。

儘管如此，在制約美國外交思維的冷戰態勢未曾消除之前，兩岸對峙僵局自然也無法化解。更甚者，為因應台灣安全由於一九五四年《中美共同防禦條約》簽訂而獲得鞏固之情勢，北京首先在一九五六年被迫釋出「和平解放台灣」訊息，翌年並由毛澤東親自提出了「第三次國共合作」的口號。其後，毛澤東不僅在一九六一年首度聲稱「如果台灣歸還祖國，那麼台灣的社會制度問題也可以留待以後談，我們容許台灣保持原來的社會制度，等台灣人民自己來解決這個問題」，一九六三年更提出一份類似「一國兩制」之「一綱四目」說帖，成為其對台政策第一個重要轉折點。[541]台灣方面雖於一九六五年輾轉收到此一訊息，對前述近乎投降而僅保有自治權的提議並沒有任何回應。其後，由於中共陷入高層政治鬥爭與長期文革之內部困境，內顧尚且不暇，對台互動也沒有明顯進展（期間只有前代總統李宗仁在一九六五年「回歸」大陸

---

538 香港與澳門的《特區基本法》分別在一九九〇年四月與一九九三年三月通過。

539 黎安友（Andrew J. Nathan）、陸伯彬（Robert S. Ross）著，何大明譯，《長城與空城計：中國尋求安全的戰略》（台北：麥田出版公司，一九九八年），頁三一五。

540 韓念龍主編，《當代中國外交》，頁七八。

541 一綱四目之內容為：台灣統一於中國後，除外交必須統一於中央外，台灣之軍政大權、人事安排等悉委于蔣中正；台灣所有軍政經濟建設一切費用不足之數，悉由中央政府撥付；台灣的社會改革可以從緩，待條件成熟並尊重蔣中正的意見，協商決定後進行；雙方互約不派遣特務，不做破壞團結之舉。

曾帶來一陣小高潮）。至於下一個重要轉折點，則是中共與美國在一九七八年底的完成正常化。

正如一再重述，影響兩岸對峙局面之關鍵行為者終究是美國，因此在華府重新審視國際戰略環境之新情勢，並以此思考其國家利益定位後，中美關係的解凍也若水到渠成一般迅速推進。為了掌握此一扭轉性契機，同時回應美國的要求，在美中開展正式外交關係的同時，北京也在一九七九年元旦宣佈全面停止砲擊金門，並由全國人大常委會發表所謂〈告台灣同胞書〉，希望從歷史淵源與民族情感角度「動之以情」，同時建議與台灣推動「三通」（通商、通郵與通航）及「四流」（亦即學術、文化、體育與科技交流）等全面性互動。[542]

一九八〇年，中共首度邀請台灣廠家參加廣東商展，並宣佈台灣產品銷往大陸時無須付進口稅。接著，葉劍英進一步在一九八一年發表所謂「葉九條」之政策方針，重點包括第一條「建議舉行中國共產黨和中國國民黨兩黨對等談判，實行第三次合作」、第三條「國家實現統一後，台灣可做為特別行政區，享高度自治權並可保留軍隊，中央政府不干預台灣地方事務」、第四條「台灣現行社會、經濟制度不變，生活方式不變，同外國的經濟、文化關係不變」，以及第五條「台灣和各界人士可擔任全國性政治機構的領導職務」等。值得注意的是，前述文字既極盡和平攏絡之意味，儘管雙方實力能量並不對稱，此時北京仍以「對等」姿態看待台灣。

美國在轉與北京建交後，雖未真正拋棄台灣，但改變其中國政策的結果，仍對台灣帶來相當大的震撼與影響。除了安全保障陷入不確定狀態之外，其次且更重要的，還是主權地位不確定之暗示。過去台灣在兩岸關係中的競爭手段，主要是透過依附於美國的全球「反共」意識型態來對抗中共，由於華府邁向和解使此種口號不復具有正當性，台灣乃被迫將主權競爭戰場由「意識型態」轉向「制度差異」之爭，此即一九八一年國民黨通過《貫徹以三民主義統一中國案》，並利用「一國兩府」或「一國兩區」來回應大陸的「一國兩制」，以爭取平行對等談判地位之緣故。[543]對此，北京方面的態度則是繼續堅持在最終「一國兩制」安排中的階層性不對等安排，並指責台灣的作法正偏離「一個中國」的軌道。[544]

總而言之，一九八〇年代初期的局勢，或許對中共較為有利，除終結動盪、完成內部權力結構調整，並大規模展開經濟改革建設外，與蘇聯的正常化進程已然啟動，美國也似乎透過三個《公報》配合著「一個中國」的步驟方向。

美中雙方都很清楚，「台灣並非不重要，但畢竟不是目前最重要的問題」，[545]正是基於此一共識，雙方在一九八〇年代努力將談判集中在合作而非衝突面向，北京的重點是維繫統一前景但不干擾美中互動，華府則在擴大與中共合作的同時，繼續拉住台灣這個關鍵談判籌碼。可以這麼說，由於美國仍舊重視台灣的工具性戰略價值，其次則在前述「總體外交」或「務實外

542 〈告台灣同胞書〉全文載於一九七九年一月二日，《人民日報》，頭版。
543 張亞中，李英明，《中國大陸與兩岸關係概論》（台北：生智出版公司，二〇〇〇年），頁二〇八至二〇九。
544 Li Jiaquan, "Comment on One Country, Two Regions," *Beijing Review*, 33（1990）, pp.14-16.
545 Robert S. Ross, *Negotiating Cooperation: The United States and China, 1969-1989*（Stanford: Stanford University Press, 1995）, pp.261-262.

交」等新倡議引導下，台灣雖面臨沉重外交壓力，也開始運用其經濟優勢條件，慢慢轉換其外交策略。[546]據此，不僅台灣的駐外代表處由一九七二年的十二個逐步增至一九八二年的三十八個，一九九〇年代末更一舉超過百個；在與大陸邦交戰方面，一九八九年還爭取到原與北京方面建交的賴比瑞亞、格瑞納達與貝里斯等國家，甚至在中共全面封鎖打壓下，台灣始終能維持二十以上的邦交國家，「此數目雖然不多，卻遠超過許多第三世界小國的大使館數量」。[547]

從這個角度看來，中共透過壓縮外交空間讓台灣「主權非法化」的計劃，不但未能圓滿實現，當然也引發對統一未來的不確定感，特別是一九八八年蔣經國去世後，為恐兩岸情勢有變，中共更在海南島進行大規模登陸演習，並於金門附近海域集結漁船，企圖用「武嚇」方式來促統。不過，兩岸互動在此期間也非全然朝負面方向發展。無論是鄧小平公開宣揚「一國兩制」或台灣以「一國兩府」加以回應，畢竟都在制度面上開啟了創意的起點，台灣在一九八七年開放對大陸探親旅遊，更建立起兩岸自分裂以來首度的直接聯繫，對彌補長期人員交流隔閡有其正面效應。再者，為聯繫爭取台灣的工商界人士，北京也自一九七九年起立法鼓勵兩岸貿易發展，結果使台灣輸往大陸金額由一九七九年的一點六億港幣（因主要由香港中轉，因此以港幣計值），短短時間內暴增至一九八〇年的十二億與一九八一年近二十二億港幣，中共雖不得不在一九八一年採取降溫措施，上述金額至一九八九年仍急遽攀升至二百二十六億港幣，顯示交易之持續熱絡狀態與兩岸互動之某種正面性。

歸納此一階段之兩岸外交發展與互動，可以發現，就在中共於一九八〇年代定調其對外關係主軸為「建立獨立自主外交政策」時，由於體認到國際情勢的轉變，特別是美國往中共靠攏不免犧牲台灣利益，後者在外交思維上也出現重大的調整，此即所謂「務實外交」，從某個角度來看，台灣方面不啻亦企圖朝「建立獨立自主外交政策」方向進行努力，其結果既延長了兩岸主權競賽的戰線，亦引發另一階段的邦交戰。當然，就在雙方各自根據利益展開理性盤算之際，下一個重大變數正悄然在千里之外埋下，這也就是一九八九年的東歐大變局與隨後冷戰之終結。

546 Erland Heigin, "Taiwan's Economic Role in East Asian Development," in Robert Sutter and William Johnson, eds., *Taiwan in World Affairs* (Boulder: Westview Press, 1994), pp.32-72.

547 Gerhard von Glahn, *Law among Nations: An Introduction to Public International Law* (New York: Macmillan, 1981), pp.68-69.

後冷戰

一九八九－二〇〇七

在一九八九年東歐變局與一九九一年蘇聯瓦解衝擊下，由於昔日兩極結構其中一端之崩塌消亡，長達近半世紀的「冷戰」時期跟著宣告結束。在舊社會主義集團遭到歷史巨輪輾壓後，蘊含著無限想像空間的新國際環境於焉誕生。對理想主義者而言，新時代意味著以衝突為主軸之舊結構思維即將被徹底顛覆，取而代之的是另一套以合作為方向之新行為模式。至於對現實主義者來說，則新時代至少將不可避免地帶來國際權力結構的重新洗牌，全球體系的內涵亦必然因此為之改觀。無論如何，充滿挑戰性將是下一階段歷史之特徵。更甚者，由於蘇聯崩潰，美國已成為世界上無可匹敵的唯一軍事大國，這意味著什麼？對世界而言究竟是災難前兆抑或福音？儘管未來很難被真正預知，但接下來世界格局之研究重心，勢必建立在此一特徵之上。

全球權力結構的重新調整　政治現實主義者向來認為，國際環境乃是影響國家行為及國際關係之最重要變數之一。特別是在以歐洲為火車頭，逐步帶來全球化浪潮後，由於國家之間互動日趨緊密，從而在權力分配過程凸顯出某種結構性「體系」現象。[548]基於不同歷史階段展現出來的時代特徵，體系並不具備一致之內涵。例如，一九四〇年代末期以來的世界，就被認為具有「兩極」特徵，[549]其中，美蘇兩國各自帶領一批具附庸性的集團國家彼此對抗，兩個領導國家皆企圖藉由吸納新成員以擴張勢力，達到取得絕對競爭優勢之地位，但儘可能迴避使用武力手段。[550]究其原委，則是為美蘇帶來霸權地位之核武的毀滅力量，反過頭來制約了其對外行為的緣故。

相較過去，「兩極」時期的國際體系具有三個特色：首先是「超強」（super power）國家的誕生，特別是冷戰初期的美國，不僅一度擁有核武壟斷權，[551]軍事預算與國民生產總值佔全世

---

548 James L. Ray, *Global Politics*（Boston: Houghton Mifflin Co., 1992）, pp.515-517.

549 Joshua S. Goldstein, *International Relations*（New York: Haper Collins Publishers, 1999）, p.76.

550 Theodore Coloumbis and James Wolfe, *Introduction to International Relations*（Englewood, N.J: Prentice Hall, 1990）, pp.50-51.

界百分之五十，工業產值更高達全球三分之二以上；[552]其次是體系的「全球化」，亦即競爭與活動範圍遍及全球，幾乎沒有國家能自外於這兩大集團的影響；第三則如加迪斯所言，「即便同時考慮其中的對抗、焦慮與無可置疑之危險，如同眾所周知，冷戰仍創造了二十世紀大國關係中最持久的穩定狀態」，這也是他傾向稱之「長和平」的緣故。[553]

不過，無論對「霸權」（hegemony）興衰的解釋有多少，[554]很明顯地，一九七〇年代乃冷戰體系轉型的第一個重大分水嶺。在第三世界勢力崛起，致使兩極內涵由「緊密」轉趨「鬆散」之後，包括美國親自摧毀由其一手建構的布萊頓森林金融體系，第一次石油危機帶來全球經濟動盪，日本與西歐迅速復興並逐漸形成威脅美國的競爭力，蘇聯經濟受長期軍備競賽拖累等因素，都讓曾經維繫長期和平的「兩極」架構為之鬆動，逐漸朝向更多元化或如尼克森所謂「五強世界」（a five-power world）方向邁進。[555]至於對冷戰兩極體系的最後一擊，則來自一九八九年的國際環境變化。

體系崩塌的關鍵在於蘇聯的發展。正如前述，美蘇雖常被並列為冷戰時期雙強，其實彼此存在著明顯之「不均衡對等」狀態，在各種指標（尤其經濟與工業程度）上，蘇聯都不具備真正與美國並駕齊驅的條件，所以能長期維持表面上之競爭態勢，除了美國主觀認定之外，主要或因極權政體提供之資源集中化效果，以及它迅速在核武製造技術迎頭趕上的緣故。無論如何，在經濟根基薄弱的情況下，此種「虛矯平行」狀態不可能存在太久，至於美國總統雷根在一九八三年提出的「星戰計劃」，不啻是以透過軍備競賽來強化對蘇聯經濟壓力之關鍵作為，[556]

一般認為也是「最後一根稻草」。其後，戈巴契夫在一九八八年底宣佈將自東歐撤軍，既反應出蘇聯已理性地將國家建設或競爭重點由軍事轉至經濟面向，同時預示著東歐變局的爆發，[557] 結果不僅是翌年的骨牌性民主化效應，在跟著引爆蘇聯境內複雜的民族問題後，[558] 這個共產集

551 自一九四五年七月美國試爆原子彈，至少到一九四九年八月蘇聯首度試爆之前，美國在相關技術上壟斷四年之久，甚至在一九五七年蘇聯發射人造衛星掌握洲際彈道飛彈技術前，美國由於擁有龐大的長程轟炸機群，也壟斷著核武打擊之「可信度」。

552 Frederic Pearson and J. Martin Rochester, *International Relations* (New York: McGrew Hill, 1997), p.41.

553 John L. Gaddis, *The Long Peace: Inquiries into the History of the Cold War* (Oxford: Oxford University Press, 1987), p.246.

554 Robert Gilpin, *War and Change in World Politics* (New York: Cambridge University Press, 1981); Paul Kennedy, *The Rise and Fall of Great Powers* (New York: Random House, 1987); Kenneth A. Oye, "Constrained Confidence and the Evolution of the Reagon Foreign Policy," in Oye and Donald Rothchlid, eds,. *The Reagon Era in American Foreign Policy* (Boston: Little Brown, 1987), pp.3-40.

555 Tom Switzer, "Nixon, the Balance of Power, and Realism," *The National Interest*, August 11, 2014; https://nationalinterest.org/feature/nixon-the-balance-power-realism-11048

556 戰略防衛倡議（Strategic Defense Initiative, SDI）俗稱星戰計畫（Star Wars Program），目標是建造太空雷射裝置做為反彈道飛彈系統，使敵方核彈在進入大氣層前受到摧毀。W.W. Rostow, "Eastern Europe and the Soviet Union: A Techological Time Warp," in Daniel Chirot, ed., *The Crisis of Leninism and the Decline of the Left* (Seattle: University of Washington Press, 1991), p.62.

557 D. W. Spring, ed., *The Impact of Gorbachev: the First Phase, 1985-90* (New York: Pinter, 1991); Jeffrey Engel, ed., *The Fall of the Berlin Wall: The Revolutionary Legacy of 1989* (New York: Oxford University Press, 2009).

團的老大哥終於被「埋葬在歷史的灰燼中」。

如同孔華潤（Warren Cohen）不無調侃的描述，「如果有人曾懷疑美國是否真是上帝選定的國家，那麼，發生在一九八〇年代的重大事件足以消除此等疑慮」，[559]隨著蘇聯以超乎各界想像之速度土崩瓦解，戈巴契夫雖在一九九〇年獲頒諾貝爾和平獎，卻在翌年失去了自己的國家，最終遭到同胞唾棄。[560]一九九一年聖誕夜，戈巴契夫在布爾什維克革命七十四年之後，親口為它宣讀了祭文：「冷戰、軍備競賽和我們國家瘋狂的軍事化已然結束，它曾經拖垮我們的經濟、扭曲了我們的思想、破壞了我們的道德，從現在起，世界大戰的威脅已不復存在。」[561]

雖然未必如「霸權穩定論」者所言，超強的存在將是世界體系中政治與經濟穩定的保障，[562]無疑地，主要霸權的衰落仍必然帶來一定程度的不穩定，或至少是體系內涵的轉變。原來的「兩極」體系已如過往雲煙，取而代之的則是個不確定的未來。

就短期而言，若干樂觀派美國學者雖認定由美國主導的「一元體系」時期將接續降臨，[563]自老布希以降的美國總統也一再倡議所謂「國際新秩序」，但畢竟美國自一九七〇年代以來相對優勢不斷削弱乃不爭事實，因此後冷戰初期的國際結構，或可稱為「單極多邊」或「一超多強」格局。至於就中長期來看，由於武器裁減與軍備管制概念逐漸成為普遍共識，區域經濟合作蔚為當下風潮，未來似乎是個「最好的時代」，但因冷戰解體以來民族紛爭戰亂不斷、南北經濟對抗日趨惡化，諸如糧食、人口與環保等全球性問題至少目前看來亦似乎暫時沒有解決的跡象，未來也很可能是個「最壞的時代」。無論如何，未來必定是個「機會的時代」，亦即在國際體系前景渾沌未明的情況下，唯有能掌握諸多變數中最為關鍵者，才能夠創造未來。

天安門事件與中國之外交頓挫　雖不像一九五〇年韓戰與一九六六年文革兩度外交挫折般影響深遠，一九八九年「天安門事件」對中共的國際形象仍帶來嚴重打擊，同時拖緩了兩岸的交往進程。表面看來，此一事件似乎僅是學生示威運動極端化、或恰因戈巴契夫訪問北京以致擦槍走火的結果，但正如史景遷所言，「後毛時代蓄積的內在張力以及提出的未來許諾，到了

---

558 Gail W. Lapidus, “Gorbachev’ s Nationalities Problems,” in Alexander Dallin and Lapidus, eds., *The Soviet System in Crisis*（Boulder: Westview Press, 1991）; Victor Sebestyen, *Revolution 1989: The Fall of the Soviet Empire*（New York: Pantheon, 2009）.

559 Warren Cohen, *The New Cambridge History of American Foreign Relations*, Vol.4（Cambridge: Cambridge University Press, 2015）, p.209.

560 William Taubman, *Gorbachev: His Life and Times*（New York: W.W. Norton & Co., 2017）.

561 Conor O’ Clery, *Moscow, December 25, 1991: The Last Day of the Soviet Union*（New York: Public Affairs, 2011）, p.223.

562 Charles P. Kindleberger, “Dominance and Leadership in the International Economy,” *International Studies Quarterly*, 25:2（1981）, pp.242-259; Robert O. Keohane, “The Theory of Hegemonic Stability and Changes in International Economic Regime, 1967-1977,” in Ole Holsti, Randolph Siverson and Alexander George, eds., *Change in the International System*（Boulder: Westview Press, 1980）, pp.131-162.

563 Charles Krauthammer, “The Uni-polar Moment,” *Foreign Affairs*, 70:1（1991）, pp.23-33; James Eberle, “A Fork in the Road Toward a New World Order,” *International Herald Tribune*, April 5, 1991, p.6.

一九八五年，彷彿都一一遽然而至。」[564]由於鄧小平主政後採取開放性政策，從而讓中國由相對靜謐、流動性低的社會，轉為更動態且具活力的新結構，結果則帶來許多改革者意料之外的挑戰。例如，當公有共享的社會主義思維被追求私人利潤的想法取代後，大量人口流動立即對都市與沿海地區造成公共安全壓力，至於開放國營企業自主改革但未曾先改良官僚習氣，亦滋長了貪污腐化的現象，又如為了抑制人口膨脹壓力而實施的「一胎化政策」，因直接牴觸了社會傳統，一方面造成對執政者的反動，也在社會底層出現無數墮胎或殺嬰悲劇。總的來說，起自一九八〇年代的普遍變革不僅扭轉了中國的經濟結構，也逐步修改其社會生活方式以及更重要之人民思維路徑。確切地說，「挑戰權威」的想法因此浮現開來。[565]

在這種情況下，風行於文革時期但一度沉寂的群眾運動，再度於一九八五年後重新燃起。一九八六年底，數萬名上海學生與民眾走上街頭並散發下列宣傳字句：「我們的指導原則是要在人民間宣傳民主的觀念，我們的口號是反對官僚作風與權威主義，為民主自由而奮鬥，把長久以來遭到壓抑的民主觀念重新喚醒的時代已經到來了。」政府對此的官方定調是，「一小撮人企圖破壞穩定和分裂團結，利用學生的愛國熱忱與對民主的渴望，擾亂生產與社會的秩序」，作法則為貫徹「政治緊、經濟鬆」之基本政策，「一條是堅持四項基本原則，一條是堅持改革、開放、搞活的方針，兩者互相聯繫而且缺一不可」，隨即封鎖並鎮壓相關活動。但類似運動仍隨著社會問題未解而日益擴大，終於在一九八九年爆發為大規模群眾示威事件。[566]這年正好是五四運動七十週年，中共建政四十週年，以及中美關係正常化十週年。

有關「天安門事件」之國內意涵並非此處焦點，值得一提的還是其外交影響。由於大批西方媒體正為採訪戈巴契夫訪華之行而群集北京，將學生運動經過即時傳送至世界各地，於是在國際輿論中掀起軒然大波。

正以「世界新秩序」領導者自居的美國立即做出回應，除由兩院通過包括停止美國海外公司擔保美商在大陸投資行為、停止美國貿易發展署在大陸資金運用、停止出口軍火、停止核子合作項目，以及停止放寬對中國輸出貨品與技術談判並加強管制等措施外，華府同時推動停止輸出衛星與飛彈零組件等制裁行為。[567]而歐洲共同體方面，立即取消原定六月五日在布魯塞爾與中共召開的貿易混合會議，並於同月底在馬德里通過譴責聲明，以及停止軍售、凍結部長級官員互訪、取消經濟合作計劃和暫停審核中共信用貸款等制裁措施。接著，日本也決定加入經濟制裁行列，包括凍結貸款並停止「中日友好環保中心」等合作計劃。值得注意的是，日本政

---

564 史景遷（Jonathan D. Spence）著，溫恰溢譯，《追尋現代中國：從共產主義到市場經濟》（台北：時報出版公司，二〇〇一年），頁九八一。

565 Orville Schell, *Discos and Democracy: China in the Throes of Reform*（New York: Praeger Press, 1988）, p.132.

566 C.Y. Cheng, *Behind the Tiananmen Massacre*（Boulder: Westview Press, 1990）, Ch.1.

567 *China and the United States: from Hostility to Engagement, 1960-1998*（Washington D.C.: The National Security Archive, 1999）, Document 01148; 楊中美，《中共外交教父錢其琛》（台北：時報出版公司，一九九九年），頁一四二至一四三。

府對此並不以「制裁」稱之，僅認為是種暫時中止貸款支付的措施，顯然是想保留日後和緩空間。態度最平靜的，當屬剛剛與中共完成關係正常化不久的蘇聯，最高蘇維埃甚至指責他國不應干預中共的內政問題。至於台灣方面，則趁此契機擺脫長期外交劣勢的陰霾，在一九八九至九〇年間連續爭取了九個邦交國。

面對如此惡劣之國際局勢，鄧小平首先擬定「冷靜觀察，韜光養晦，站穩腳跟，沉著應付，朋友要交，心中有數」方針，[568]隨即召開駐外使節會議凝聚共識，並推動高層密集出訪，例如外長錢其琛在一九八九至九一年間便出訪達七十五國次。這些作為儘管有助於部分突破外交困境，真正關鍵還在於美國的態度，以及特別是在一九九〇年底科威特戰爭之後續情勢。陷入與中共「交往」或「圍堵」抉擇的美國，在不確定之中東局勢挑戰下，由於有出兵波斯灣以維護利益的必要，此決定又有賴身為安理會常任理事國之中共的配合，[569]於是給了北京一個突破孤立的難得契機。

在第一次波灣戰爭塑造之有利環境中，中共既順勢強化與美國高層互訪，也配合其要求釋放若干政治犯來表達善意。以此為基礎，一方面老布希政府自一九九二年起開始將對中共政策主軸定調為「交往而非對抗」，[570]同年底上台的柯林頓政府更接著將振興美國經濟、以推動政治民主與經濟自由之擴大戰略取代圍堵政策、重新評估後冷戰國際局勢，以及透過國際多邊機制解決爭端等列為其外交目標，[571]愈發有助於北京擺脫孤立困境。只不過，儘管中共因此暫時消減了國際壓力，天安門事件對其國際形象的影響仍極深遠，自此也成為「中國威脅」主張者與國際人權份子口中的最佳論據，[572]因而如何走出此事件的陰影，對中共來說仍是個重要的長期議題。

夥伴外交與大國外交

長久以來，中共的對外方針與政策雖往往受某些個人與特定國內政局所左右，國際環境變化帶來的影響力仍舊無可小覷。[573]針對前述體系結構內涵之變化，並基於一九八〇年代改革開放以來釋出的活力及達成之正面效果，中共在綜合國力提升之餘，自我認知亦愈發正面化。例如，鄧小平便指出：「美蘇壟斷一切的情況正在變化。世界格局將來是

---

568 見《鄧小平文選：第三卷》（北京：人民出版社，一九九三年），〈社會主義的中國誰也動搖不了〉，頁三二八至三四；〈堅持社會主義，防止和平演變〉，頁三四六至四八；〈中國永遠不允許別國干涉內政〉，頁三六一至六四。有時也簡化為「冷靜觀察，韜光養晦，站穩腳跟，有所作為」之十六字方針，見唐家璇，〈當前國際形勢與我國對外關係〉，《解放軍報》，一九九四年三月七日。

569 George Bush and B. Scowcroft, *A World Transformed* (New York: A. Knopf, 1998), p.316.

570 見《中美關係專題研究，一九九二至九四》（台北：中央研究院歐美研究所，一九九〇年），附錄II，頁三五二至三五八。

571 Bradley Patterson, Jr. *The White House Staff: Inside the West Wing and Beyond* (Washington D.C.: Brookings Institution Press, 2000), pp.52-57.

572 Andrew D. Marble, "Why the 'China Threat' Debate," *Issue & Studies*, 36:1 (2000), pp.1-18.

573 Thomas W. Robinson, "Chinese Foreign Policy, 1940s-1990s," in Thomas Robinson and David Shambaugh, eds. *Chinese Foreign Policy: Theory and Practice* (New York: Oxford University Press, 1995), pp.555-602.

三極也好，四極也好，五極也好，蘇聯總還是多極中的一個，不管它怎麼削弱，甚至有幾個加盟共和國退出去。所謂多極，中國算一極。中國不要貶低自己，怎麼樣也算一極。」[574]

除了自我肯定外，北京決策高層還須解決緊跟著新時代來臨的相關發展。首先是所謂「和平演變」問題。類似概念早自一九四九年便已出現，當時美國國務卿艾奇遜曾對杜魯門說道：「中國局勢雖已成定局，……我們依舊相信中國的悠久文明和民主的個人主義終將勝利，中國將推翻外來制度，我認為應當在中國鼓勵現在或將來能促進上述目標的發展。」隨著東歐變局與蘇聯崩解，讓共產主義頓成弱勢概念，民主自由則不啻被提升為全球思潮主流後，身為碩果僅存少數共黨政權之一的中共，危機意識油然而生可以想見，這也是它為何宣稱天安門事件乃是「國際反動勢力企圖對大陸實施和平演變陰謀的結果」。事實上，此種想法或非全然出於臆測，部分西方國家（尤其美國）的確存在類似戰略意圖。儘管中共的政權合法性因此蒙受莫大壓力，鄧小平仍然呼籲「要頂住這股逆流，旗幟要鮮明，因為如果我們不堅持社會主義，最終發展起來只不過是一個附庸國，而且連想發展起來也不容易。」

至於頂住的辦法，對內是繼續強調「四個堅持」與「改革開放」的平行性，對外則實施決不當頭的「睦鄰政策」並建構有利的關係，所謂「夥伴外交」策略便是一例，至於其定義，根據俞正梁等人的看法為：「夥伴外交假定，日益加深的相互依存，……使國家間的共同利益多於衝突利益。基於這個假定，夥伴外交試圖發展和其他國家的普遍合作關係，來推進本國對外的政策目標。……夥伴策略不否認夥伴國經常出現矛盾，不過這些矛盾將不涉及兩國的核心利益。」[575]從某個角度看來，此種策略作法一方面希望透過擱置意識型態爭議來迴避和平演變的國際壓力，同時代表中共在邁向真正強權途中所採取的過渡手段，亦即以類似「準同盟」關係收到拉攏接觸重要國家之效，又暫時無須付出任何義務。

因應美俄在一九九四年高峰會後的〈莫斯科宣言〉，對建立雙方「成熟的戰略夥伴關係」之說法，以及北約在同年與中東歐國家建立「和平夥伴關係」，中共一方面在一九九四年江澤民訪俄後，宣佈與其建立「建設性夥伴關係」，[576]接著在同年宣稱迎接「面向二十一世紀的新型國際關係」並經兩年規劃後，新的「夥伴外交」階段也自一九九六年上路。[577]在北京迄今超過一百七十個邦交國當中，大約有八十個左右國家與其建立了名稱與內容各異的夥伴關係。從時間來看，由於美國在二〇〇三年頂著全球輿論壓力仍執意發動伊拉克戰爭，不僅使其自陷中東泥沼並嚴重戕害威望，也讓中國的夥伴外交攻勢在二〇〇三至〇六年達到第一波高潮。接著，在全球金融海嘯重創傳統體系核心（美國與西歐）的同時，既使中共取得挑戰權與更大外交空

574 見《鄧小平文選：第三卷》，頁三五三。
575 俞正梁等，《大國戰略研究》（北京：中央編譯出版社，一九九八年），頁三三八。
576 畢英賢，〈中共與俄羅斯關係：從正常化向夥伴關係過渡〉，《問題與研究》，第三十三卷第十一期（一九九四），頁五。事實上，北京建立的第一個夥伴關係乃一九九三年與巴西之間的「長期、穩定、互利的戰略夥伴關係」，但與俄羅斯的互動仍較具象徵意義。

間，其夥伴外交攻勢亦在二〇一〇至一四年攀向第二波高峰。其次，儘管因中國領導者經常會在不同場合中「隨興」描述某些雙邊關係，致使追蹤夥伴外交之語意變化並不容易，但至少北京與其建構夥伴關係對象國家之間的關係稱謂並非一成不變，例如有超過二十個國家與中國夥伴關係的稱謂便發生過變化，更甚者，中國官方也常常以建立夥伴關係來形容雙邊互動的「升級」或「深化」過程，或暗示這些稱謂之間可能存在某種「進階性」關聯。[578]所以隱然存在前述類別區分的原因，當然與中共及其夥伴國家之親疏遠近直接相關。

總的來說，所謂「夥伴關係」在一九九〇年代末大致上朝機制化方向發展，[579]此一作法同時源自中共對自身國際定位之態度演進，正如閻學通所言：「冷戰結束後，中國崛起的勢頭愈來愈明顯，國人也感到中國在世界上的國際地位不斷提高，於是認為中國崛起的國際環境不錯。」[580]這種崛起論調，在某種程度上乃跨入新世紀前夕中共菁英的共識，也是「大國外交」重要論證基礎。正如江澤民在「十五大」報告中對國際情勢的評估：「多極化趨勢在全球或地區範圍內，在政治與經濟等領域都有著新的發展，世界上各種力量出現新的分化與組合，大國之間的關係經歷著重大而又深刻的調整。」更甚者，隨著國際局勢的急遽變化，奧森柏格（Michel Oksenberg）進一步指出：「由於蘇聯解體與冷戰落幕，自十九世紀末葉所形成的這個（東亞）區域體系，首度出現一群國家和另一群國家間沒有被分割的現象。……中國不必在到處是衝突的背景中考慮國防問題，……首度可以同時和所有國家相交，……經濟影響力與軍事力量日益強盛的中國可以在塑造其週遭環境時，扮演一個更積極的角色。」[581]

據此，不僅錢其琛在總結一九九三年外交成果時，曾自言「中國正在世界的東方崛起」，[582]另外一些人口大國（例如印度、俄羅斯、巴西與印尼等）也被認為有成為經濟與政治大國之潛質。當然，這種樂觀的評估其來有自，包括中國在一九七九至九三年間高達百分之十六點八的奇蹟式平均成長率，以及在共產集團瓦解與第三波民主化浪潮壓力下，北京仍能抗拒政治性結構調整等事實，都使觀察家認定美國雖將持續其霸權，亦提醒中共將成為新的競爭者。[583]

---

577 房樂憲，〈當前中國全方位外交新特點〉，張玉良主編，《面向二十一世紀的國際戰略規劃》（北京：國防大學出版社，一九九八年），頁一二九至一四二。

578 其發展可歸納為以下四類（括號內是該類關係常用的修飾詞）：一般性（睦鄰、全面、合作）、進階性（建設性、全面友好合作）、關鍵性（戰略、戰略合作），以及核心性（全面戰略）夥伴。

579 俞邃，〈世界格局與大國關係若干問題探討〉，《現代國際關係》，第二期（一九九八），頁三八至四四。

580 閻學通等，《中國崛起：國際環境評估》（天津：天津人民出版社，一九九八年），頁五八。

581 奧森柏格，〈中國：舉步維艱地走上世界舞台〉，帕斯特（Robert Pastor）編，《二十世紀之旅：七大強權如何塑造二十世紀》（台北：聯經文化，二〇〇〇年），頁三三四。

582 閻學通，《中國國家利益分析》（天津：天津人民出版社，一九九七年），頁五九。

583 Joseph S. Nye, Jr. *Bound to Lead* (New York: Basic Books, 1990); Gerald Segal, "Does China Matter?" *Foreign Affairs*, 78:5 (1999), pp.29-32.

反霸或稱霸之抉擇　一九九五年前後，關於中國「威脅」或「崩潰」之正反論辯，逐漸成為國際學界關注焦點。[584]特別在東亞，由於蘇聯瓦解後連帶使其區域影響力出現明顯消退，美國在短期內雖儼然成為全球唯一超強，並未立即改變自一九七〇年代「尼克森主義」以來的消極旁觀政策，至於日本內部在一九八〇年代雖有修改和平憲法以重建軍備的倡議，一方面受限國內隨即爆發的經濟泡沫化浪潮，東亞各國基於二戰的歷史情結，輿論上多半不支持日本的重新整軍政策。在此情況下，由於中共總體經濟實力隨著改革開放與日俱增，做為潛在區域強權之態勢乃愈發明顯。[585]

不管是否正如毛思迪（Steven W. Mosher）之主觀論斷：「身為霸主是中國夢寐以求的國家定位，這發軔於其國家認同，更與其對國運的詮釋息息相關。不願向任何外國強權屈服的心態，植根於中華帝國曾為亞洲支配強權的歷史，以及華人對自己文化優於別族的堅強信念。」[586]無論如何，樂觀看待中共之未來國際地位仍有事實依據。特別是自啟動改革開放，乃至一九九〇年代中期中國除經濟總量躍居世界第七位，煤鋼與水泥產量在全球名列前茅，發電量為全球第二，原油產量也居世界第五位，於此同時，大陸此時已擁有世界第二高的一千五百億美元外匯存底，並為全球第十大貿易國，經濟實力若以加權合成法計算，僅遜於美國、日本與俄羅斯等國。總的來說，在推動經濟改革後的二十年間，中共綜合國力呈現所謂「三長兩短一快」特徵，亦即資源總量、軍事實力與經濟發展速度均排在世界前列，科技能力與社會發展依舊低落，不過對外經濟活動則仍舊快速擴張。其中，大陸雖屬全球六大資源國家之一，由於同時擁有全世界五分之一人口，相對使其顯得壓力沉重，但相較早已渡過現代化起飛期的歐美諸國，在可見未來仍可望朝「全面強國」邁進。[587]

暫且不論有關「中國崛起」之爭辯，在此更重視的，還是此一背景對中共外交政策之可能影響。柯林頓在一九九八年訪華時對北大學生提出的問題頗值得參考：「處於具有重要影響力的大國當中，特別需要決定如何去闡釋他們的大國意義，……對中國來說也是一樣。你們將要依據國內和國外的情況去決定中國要成為二十一世紀大國是什麼意義？是表示你們會有巨大

584 Michael E, Brown, Sean M. Lynn-Jones and Steven E. Miller, eds., *East Asian Security*（Cambridge, Mass.: MIT Press, 1996）; Davis S. Goodman and Gerald Segal, eds., *China Rising*（London: Routledge Press, 1997）; Avery Goldstein, "Great Expectations: Interpreting China' s Arrival," *International Security*, 22（1998）, pp.36-73; Gordon G. Chang, *The Coming Collapse of China*（New York: Random House, 2001 ）.

585 Denny Roy, "Hegemony on the Horizon: China' s Threat to East Asian Security," *International Security*, 19:1（1994）, pp.149-168; Nicholas D. Kristof, "The Rise of China," *Foreign Affairs*, 72:5（1993）, pp.59-62.

586 Steven W. Mosher, *Hegemon: China's Plan to Dominate Asia and the World*（San Francisco: Encounter Books, 2002）, p.1.

587 World Bank, *Global Economic Prospects and the Developing Countries*（Washington D.C.: World Bank, 1995）, p.78; Voichi Funabashi Oksenberg, and Heinrich Weiss, *An Emerging China in a World of Interdependence*（New York: The Trilater Commission, 1994）, p.2.

的經濟成就？是表示你們會有巨大的文化？是表示你們將能在解決世界問題中扮演重要的角色？或表示你們能以某種形式或方法去控制你們的鄰邦，而不管它們是否願意？這些都是每個大國所必須做出的決定。」

事實的確如此。從實際國力與外交政策之互動關係來看，一九九〇年代的中共正處於從一九五〇至六〇年代的「依賴期」與一九七〇至八〇年代的「自主期」，轉而朝「擴張期」新階段邁進的轉捩點上。與前一時期相較，此階段政策特性乃介於「反霸」與「稱霸」之間的曖昧過渡狀態。在很長一段期間內，由於缺乏實質競爭能量，同時面臨中蘇共分裂後帶來的邊界防務壓力，使它在結束文革的不理性外交後，理所當然朝「聯美制蘇」策略前進，戰略目標則是貫穿中美間三個公報的「反霸」精神，雖未曾在條文當中明言，假想敵顯然就是蘇聯。不僅胡耀邦曾於「十二大」中說「反對霸權主義，維護世界和平，是今天世界人民最重要的任務」，趙紫陽在六屆人大二次會議稱「中國絕不謀求霸權，……不管誰在什麼地方搞什麼樣的霸權主義，我們都堅決反對」，[588]鄧小平在一九九〇年也再度提醒「我們千萬不要當頭。……這個頭我們當不起。……中國永遠站在第三世界一邊，中國永不稱霸，中國也永遠不當頭。」[589]

從國際實踐看來，霸權政策本來就是種客觀條件與隱性策略的結合，首先必須有實際國力基礎的配合，否則只會製造出諸如春秋宋襄公式的假霸權，其次則是歷史上此起彼落的大國本即鮮少有公開以追求霸權做為國家政策者。因此，一國是否存在謀求霸權的目標，還是得由其實際作為來觀察。對此，無論為破解美國圍堵安排而必須採取預防性遏制戰略，為了防止西方支持大陸內部分離主義或台灣的獨立勢力，抑或為繼續爭取一個有助於落實改革之國際環境，從本身做為國際政治中「一極」或世界「五強」之一的期許出發，[590]北京透過「大國外交」主軸進行的高層互訪、建立彈性夥伴關係架構、軍備的大幅汰舊更新，以及藉由安理會常任理事國地位進行發言等提高分貝的動作，不僅有助於進一步提升自身國際地位，也有愈來愈多觀察家推論中共未來將成為與美國「並駕齊驅的競爭者」，[591]結論或者就是中共的稱霸。

當然，是否果真如此，還是得從現實去做科學性歸納檢證才行。

新安全觀與亞太戰略環境變遷　根據外交政策與國家利益之間的連結，辛頓（Harold C. Hinton）認為，中共外交政策希冀完成的目標主要為國家安全、追尋權力與影響力，以及領土統一等三個方向，[592]其中最重要者，厥為與國家生存密切相關的安全利益。進一步來說，此種利益既為保障國家的完整性，亦來自該國對內外在戰略環境之瞭解與體認。北京自一九九〇年

588 中共中央文獻研究室編，《十二大以來重要文獻選編》（北京：人民出版社，一九八六年），頁四三、四九八。
589 《鄧小平文選：第三卷》，頁三五八。
590 杜攻主編，《轉換中的世界格局》（北京：世界知識出版社，一九九二年），頁七。
591 Thomas E. Ricks, "Changing Winds of U.S. Defense Strategy," *Herald International Tribune*, May 27-28, 2000.
592 Harold Hinton, *Communist China in World Politics* (Boston: Houghton Mifflin, 1966), pp.107-121.

代起採取某種「準霸權政策」（quasi-hegemonic policy）的原因，當然也在於此。鄧小平早在一九八二年的「十二大」便指出，當今世界的主要問題乃是「和平」與「發展」，其中，和平乃發展的前提，發展則是確保和平的保證。[593]更甚者，藉由實施霸權政策所獲致的威望利益，既能提昇其國際發言權與行動力，又可內化為對內統治力量的來源，藉此壓制因開放政策而日漸升高的分離主義聲浪，不啻是塑造和平環境的最佳政策。

從另一角度視之，安全利益雖構成北京戰略安排之主要思考，所謂「新安全觀」的形成同時受到它如何理解區域環境變化之影響。

對中共來說，後冷戰來臨雖導致蘇聯力量抽離，並促成了中蘇關係正常化，無形中化解自一九六〇年代以來國家所面臨最大的長期潛在威脅，由於美國暫時沒有正面介入跡象，從而塑造了有利於建立霸權的環境（儘管官方說法仍堅持「反霸」立場），亦即多極化世界格局，[594]隱憂並非毫不存在，主要變數仍來自美國。華府雖不排除尋找與中國的共同利益，[595]仍可能藉由三個層面來間接壓制其擴張：首先是繼續遂行「保台制中」策略，其次是藉由擴大《美日安保條約》範圍來強化代理人功能，最後是透過區域飛彈防衛系統（TMD）強化對東亞甚至全球的影響力。面對此等潛在挑戰，中共也採取兩個步驟進行反制，亦即擴大軍備更新以及強化對區域議題之介入。軍備方面，改革重點是透過「軍轉民」政策提昇管理效率與製造技術水準，[596]並建立新一代戰機、艦艇與飛彈部隊來增加戰力；接著是拉高太空科技與偵察衛星技術，以達到戰略現代化的目標，[597]以及採取精兵政策，逐漸減少過於龐大的傳統武力；最後值得注意的則是總體戰略觀的轉變，也就是從傳統以陸權為主，轉而追求開闢「海洋國土」。

儘管毛澤東在一九五三年便立下「為抵抗帝國主義侵略，必須建立強大海軍」的目標，在一九七八年以前，由於美國封阻與北京自身的閉鎖，其海軍始終困於以岸防為主的沿海防禦策略，直到鄧小平於一九七九年要求建立「一支具有現代化戰鬥能力的強大海軍」，一九八二年啟動軍事現代化建設後，中共才逐漸脫離「近岸海軍」的格局。加上受一九九〇年波灣戰爭影響而提出之「質量建軍」目標，江澤民甚至在一九九七年要求「建立國家海上長城」，目標是希望建立遠洋打擊能力。[598]

中共採取新戰略觀並積極介入區域事務的第一個影響，便是南海問題白熱化。由於存在資

---

593 Gerald Chan, *Chinese Perspectives on International Relations: A Framework for Analysis* (New York: St. Martin's Press, 1999), p.131.

594 李寶俊，〈中國新安全觀的提出及其主要內容〉，《中國外交》，第七期（二〇〇一），頁一四至一八。

595 Ezra F. Vogel, *Living with China: US-China Relations in the Twenty-first Century* (New York: W.W. Norton, 1997).

596 Evan Medeiros, "Revisiting Chinese Defense Conversion: Some Evidence from the PRC's Shipbuilding Industry," *Issue & Studies*, 34:5 (1998), pp.79-101.

597 Mark Stokes, *China's Strategic Modernization: Implications for the United States* (Carlisle: U.S. Army War College, 1999).

598 柯爾（Bernard D. Cole），〈中國的海軍戰略〉，收於浦淑蘭（Susan M. Puska）編，《未來的中國人民解放軍》（台北：玉山社，二〇〇一年），頁二八一至三二七。

源爭奪（特別是捕漁權與石油蘊藏）與領土糾葛等紛爭，南中國海地區始終是東亞潛在衝突熱點之一，當北京尚無力擴張而其他相關國家也缺乏解決共識時，此一議題乃暫時處於表面穩定狀態。無論如何，繼一九八二年《海洋法》關於兩百海浬專屬經濟區之規範開了第一槍，中共自一九九〇年代以來致力建設遠洋海軍，則不啻深化了其爆炸性。[599]

除此之外，中共的戰略轉型也影響了中日關係發展，特別在北京積極介入南海事務並以軍事演習恫嚇台灣後。由於從東海經台灣海峽再穿越南海的航道，長期以來便是日本的經濟生命線，為確保該條航路之暢通與安全，[600]日本的反制之道主要是強化與美國的關係：首先是藉一九九二年〈東京宣言〉建構更平等之互動，接著在美日於一九九五年各自發表《東亞戰略報告》與通過《防衛計劃大綱》後，兩國續於一九九六年共同公佈題為「美日安全聯合宣言：邁向二十一世紀的同盟」之〈新安保宣言〉，最大的突破點是讓日本取得比過去更大的彈性防衛空間，得以在「遠東出現緊急事態」時派遣自衛隊協同美軍作戰。當然，中共乃是其主要的假想敵。

值得一提的是，儘管「中國對集體安全體系的敏感性源自它對其他大國控制此類機制的擔憂，倘若中國將自己置於這種控制之下，國家利益勢將受到損害」，[601]其實它並不反對透過和平對話來解決爭端，或者進一步來說，中共更偏好的是在其積極獨立參與下（特別是非由美國主導）推動的集體行動，此即主動的「睦鄰外交」政策。正如錢其琛所言：「同周邊國家發展睦鄰友好關係，創造一個和平友好的周邊環境，是我國獨立自主和平友好外交政策的重要組成部分，……睦鄰安邦符合中國和鄰國人民的共同利益，也有利於促進亞洲地區的和和平與發展。」[602]

根據前述前提，中共首先保持與「東協區域論壇」（ARF）的溝通，自一九九六年起成為東協「全面對話夥伴」，並於一九九七與九九年分別參加以東協為中心的「十加一」與「十加三」非正式高峰會，二〇〇三年更與東協簽署了自由貿易區協定。除此之外，針對南海爭議，中共自一九九九年起參與研擬《南海區域行為準則》，並與相關國家於二〇〇二年發表〈南海各方行為宣言〉。至於更廣泛的亞洲事務，中共在一九九八年提出建構區域論壇倡議後，於二〇〇一年正式成立「博鰲亞洲論壇」機制。當然，類似發展既以中國經濟的高速發展，以及所謂「東亞世紀」或「太平洋世紀」的來臨做為背景，後續演變也深繫於此。

曲折前進之兩岸關係

在面對後冷戰的同時，不僅台灣內部進入了民主化的重要階段，

599 宋燕輝，〈南中國海之領土爭議與亞太安全〉，田弘茂主編，《後冷戰時期亞太集體安全》（台北：業強出版社，一九九六年），頁八三至一〇八。

600 何思慎，《擺盪在兩岸之間：戰後日本對華政策》（台北：東大圖書公司，一九九九年），頁一九二。

601 Ji Guoxing, *Maritime Security Mechanisms for the Asian Pacific Region* (Stanford: Stanford University Press, 1994), p.16.

602 錢其琛，〈獨立自主，努力開拓〉，《人民日報》，一九九一年十二月十六日。

兩岸關係也遭遇相當大的變化起伏。大致上而言，兩岸關係在一九九〇年代初期是朝向正面發展的，台灣在每年赴陸人次超過一百萬，對陸轉口貿易額亦達四十億美元之際，首先在一九九〇年成立「國家統一委員會」，一九九一與一九九二年再分別通過《國家統一綱領》與《台灣地區與大陸地區人民關係條例》，一九九一年成立了行政院「大陸委員會」與「財團法人海峽交流基金會」（簡稱海基會）負責處理兩岸事務後，同年五月一日正式宣佈終止長達四十三年的「動員戡亂時期」，並針對長期以來的外交困境，提出加強以「保持我國尊嚴，以中國統一為最終目標，與並非金錢外交」為原則的全球性務實外交策略。[603]相對台灣方面之政策與制度調整，北京也在一九九一年同步結合中共中央「台灣工作小組」與國務院轄下「台灣事務辦公室」，接著成立「海峽兩岸關係協會」（簡稱海協會）做為海基會對口單位，策略上依舊以「一國兩制」做為對台宣傳主軸，搭配諸如「以經圍政」、「以商促統」與「以民逼官」等實際作法。[604]

只不過，兩岸在朝正面互動的同時，並未忘卻競爭。北京繼一九九〇年拉走沙烏地阿拉伯後，一九九二年與南韓建交也讓台灣在亞洲陷入「零邦交」窘境。[605]相對地，台灣隨即在中共抗議下，自美國爭取到一百五十架F16戰機軍售案，進而拉高了兩岸的軍備競賽。儘管如此，兩岸在一九九二年非正式地達成各自表述「一個中國」的原則後，海基會董事長辜振甫與海協會會長汪道涵在一九九三年於新加坡完成歷史性的首次「辜汪會談」，[606]表面上雙方雖僅為民間機構，其準官方身分已構成兩岸自一九四九年分裂以來的首度和平接觸，具有極關鍵的歷史意義。

值得注意的是，台灣非但同時自一九九三年起推動「重返」或「參與」聯合國的活動，[607]倡議在亞太地區建立集體安全體系，一九九四年公佈《台海兩岸關係說明書》時更強調：「中國現已分裂為兩個政治實體，即實施民主自由體制的台灣地區以及實施社會主義制度的大陸地區。……在分裂分治的歷史和政治現實下，雙方應充分體認各自享有統治權，以及在國際間為並存之兩個國際法人的事實，至於其相互間之關係則為一個中國原則下分裂分治之兩區。……中共這項主張（按：指一國兩制），主觀上我們絕不接受，客觀上也不可行。」[608]事實上，錢復

---

603 胡為真，《美國對華一個中國政策之演變》（台北：商務印書館，二〇〇一年），頁一四九至一五〇。

604 吳安家，〈後冷戰時期中共對台灣政策〉，收於周煦主編，《後冷戰時期中共對外政策》（台北：政治大學外交系，一九九四年），頁一六九至一八二。

605 早自一九八〇年代初期，中共與南韓貿易來往便急遽上升；Jonathan D. Pollack, "China's Changing Perceptions of East Asian Security and Development," *Orbis*, 29 (1986), p.786.

606 海基會編，《辜汪會談紀要》（台北：海基會，一九九三年），頁一二至三九。雙方藉此簽署了《辜汪會談共同協議》、《兩岸公證書使用查證協議》、《兩岸掛號函件查詢與補償事宜協議》與《兩會聯繫與會談制度協議》等四項文件。

607 胡為真（前引書）雖認為台灣並未使用「重返」二字（頁一六七），根據外交部所編《外交報告書：對外關係與外交行政》（一九九二年，頁二二九）卻明白出現此二字，至於所謂「重返」，理論上應指推翻二七五八號決議案的代表權問題。

608 大陸委員會編，《臺海兩岸關係說明書》（台北：行政院陸委會，一九九四年），頁七。

在一九九一年便瞭解到，「我國爭取加入聯合國一事，對兩岸對峙問題的影響是惡性的」，對北京來說，此舉不啻「涉嫌製造兩個中國」並「危害和平統一大業」。[609]更甚者，在美國國務院因國會施壓而於一九九四年九月公佈《對台政策檢討報告》，[610]參眾兩院也在一九九五年分別以壓倒性多數通過邀請李登輝訪問美國後，兩岸陡然陷入對立局勢。

雖然江澤民在一九九五年元旦提出所謂「江八點」，主張發展兩岸經貿，並倡議兩岸領導人可在適當時機進行互訪，李登輝隨即以「李六點」回應，堅持和平解決兩岸爭端，但繼續強調兩岸分治事實，這波文字互動並未能讓僵局解套。由於美國與日本於同年擴大解釋安保適用範圍，致使台灣問題增添障礙，[611]再加上一九九六年台灣總統大選帶來的不安定因素，導致北京首先在一九九五年八月於東海實施大規模實彈演習，又於一九九六年三月在台灣鄰近海域試射飛彈，幾乎將兩岸情勢帶至戰爭邊緣。

正如前文一再重述，「中美台小三角」的發展關鍵在於中美關係，美國更為其中最主要動能來源，其態度舉措對兩岸關係至關重要，在一九九六年危機時亦復如此。雖然美國立即出動兩個航空母艦戰鬥群前往鄰近海域巡弋，畢竟華府此時的對華政策仍以交往為主，除在一九九七年與其建立「建設性戰略夥伴關係」外，柯林頓在一九九八年訪問大陸時更口頭表示「不支持台灣獨立、不支持兩個中國或一中一台，不支持台灣加入以國家為成員之國際組織」等所謂「新三不政策」。[612]在此情況下，向來以美國為後盾的台灣一度被迫軟化姿態，同意在一九九八年於上海進行二度「辜汪會談」，期間汪道涵再度重申「世界上只有一個中國，台灣是中國的一部分」說法，辜振甫亦強調「分治」與「對等」的現實與主張，除對主權問題仍維持各說各話，會中亦達成恢復兩會制度性協商等若干共識。

無論如何，由於李登輝在一九九九年七月接受德國媒體訪問時，提出所謂「特殊國與國關係」（一般通稱兩國論）來解釋兩岸現狀，聲稱將強化自一九九六年以來採取對中國大陸的「戒急用忍」政策（該政策至二〇〇一年表面上被劃下句點），從而引發北京極度不滿，於是又使彼此關係進入了另一個緊張狀態。值得注意的是，美國對前述政策態度並不表支持，柯林頓甚至隨即重申「一個中國、兩岸對話與和平解決」等中國政策「三大支柱」，至於北京則再度發動宣傳攻勢，例如在二〇〇〇年台灣總統大選期間公佈〈一個中國原則與台灣問題〉，引用「全面繼承」理論來否定台灣的主權地位以及台灣強調的「制度」之爭，同時提出「如果出現台灣被以任何名義從中國分割出去的重大事變，如果出現外國侵略台灣，如果台灣當局無限期

609 事實上，中共在一九九三年也發表了《台灣問題與中國統一白皮書》，內容不脫前此的和平宣傳，且依然將台灣置於次主權地位，這或許是後者公佈前述《說明書》之背景。

610 該份檢討報告確定了台灣駐美機構名稱、雙方官員往來及互訪級別和限制、洽談公務地點、台灣高層領導人過境原則，以及對台灣參與不涉及主權國際組織之支援等。

611 楊伯江，〈日本冷戰後的安全戰略〉，閻學通等，《中國與亞太安全》（北京：時事出版社，一九九九年），頁一五七至一六二。

612 The White House, "Remarks by the President and the First Lady in Discussion on Shaping China for the 21st Century," Shanghai Library, PROC, June 30, 1998.

拒絕通過談判和平解決兩岸統一問題」等動武條件，並在大選後的十月間公佈《中國的國防》白皮書，正式將前述「三個如果」列入官方政策範疇。

大體來說，台灣在一九八七年「解嚴」與一九八九年北京的「六四」事件，不啻為此際兩岸關係帶來重大變數。前者激發了民主化運動，且在自我認同升高的同時，既讓擴大國際參與成為具共識之對外議題，加上自一九七〇年代以來向大陸傾斜之外交壓力所累積之抑鬱，以及配合國際上對中共人權議題之韃伐聲浪，於是一度強化了兩岸之外交對抗，致使夾在其中、略趨被動的美國極為無奈。[613]進一步來說，正因為台灣在一九九〇年代採取「拉寬談判縱深」策略，亦即在大陸佔有主權競賽優勢的情況下，儘可能迴避「一個中國」問題以增加未來交涉籌碼，加上從李登輝到陳水扁等部分領導者被認定具分離主義傾向，從而將兩岸關係在二〇〇〇年後推入「寒冬期」。儘管雙邊經貿交流趨勢有增無減，[614]前此溝通努力幾乎全遭凍結，直到二〇〇八年後才部分回暖。在此期間，北京大體上以「一國兩制」的統一政策主軸、全面封鎖的外交政策、以商圍政的統戰策略，與拉攏美國的最後手段來對付台灣，後者則在劣勢下僅能愈發依賴美國保護，繼續堅持透過民主制度下的全民公決以選擇未來的消極主張。

北京的全方位外交布局　中共國際地位崛起的徵兆，不單彰顯在與美蘇等超強重新調整關係，也反映在與全球各區域之廣泛聯繫上，特別是在一九七〇年代解決聯合國代表權爭議與結束國內文革動盪後，其國際參與愈見活躍，對外連結交往亦愈發頻繁。

在對歐洲部分，西歐國家本即最早向中共政權表達善意的地區，自一九八〇年代以降，雙方一直保持頻繁之高層互訪。正如德國前總理施密特所言：「蘇聯沿中蘇邊界部署重兵，使中國憂心忡忡，因而對一個強大的歐洲甚感興趣；歐洲受到蘇聯威脅，也關注中國這根支柱，……深知利用中國抑制蘇聯的重要性。」[615]描述可謂傳神。隨著中共深化改革，經濟與技術合作成為彼此互動重要範疇，隨著雙邊貿易額由一九九〇年的一百三十七億美元增至一九九七年的四百三十億美元，北京也與歐盟在一九九八年宣佈建立「面向二十一世紀長期穩定的建設性夥伴關係」。當然，例如荷蘭與法國對台軍售問題、若干國家對西藏政治地位之立場、中共對歐貿易承受之巨額逆差，以及一度因天安門事件而冷卻的雙邊互動等，都是雙方必須面對的挑戰，至少在後冷戰初期尚未構成衝突要件。至於東歐部分，即便在中蘇共分裂的情況下，中共仍與多數區域國家保持密切來往與技術合作，尤其改革開放後，東歐更以其潛在市場價值吸引北京的注意。

613 蘇起，《危險邊緣：從兩國論到一邊一國》（台北：天下文化，二〇〇三年），頁二三五。
614 以二〇〇一年元月啟動之「小三通」為例，往來船舶自二〇〇一年一百八十二船次，增至二〇〇二年五百九十船次，貨物貿易自二千六百萬台幣增至一億三千萬台幣，增幅相當明顯。在陳水扁執政期間，兩岸貿易額也從二〇〇〇年一百零六億增至二〇〇七年的九百零三億美元。
615 施密特（Helmut Schmidt）著，梅兆榮譯，《偉人與大國》（上海：同濟大學出版社，一九八九年），頁三三六。

在拉丁美洲方面，該區域在第三世界發展上具重要地位，曾產出過進口替代策略與依賴理論等學說，向來也是台灣外交重鎮，因此自然成為北京「挖牆角」的目標。概括說來，中共對此地區的政策，從一九五〇至六〇年代的消極宣傳期與一九七〇年代的積極爭取期，轉而在一九八〇年代進入加強合作期。[616]具體主張除與拉美國家共同倡導獨自自主並反對大國（尤指美國）之霸權干預外，根據一九九〇年提出之「四項原則」以及「五項建議」，更聚焦強化雙邊經貿與文化交流。[617]尤其自一九八二年爆發普遍債務危機以來，拉丁美洲幾個重要國家（例如墨西哥與巴西）經濟持續低迷，更增加中共與其接觸的機會。截至二〇〇〇年，拉丁美洲與加勒比海地區的三十三個獨立國家，已有十九個與北京建交，且中共與拉丁美洲貿易額也從一九八九年的三十億美元，十年內躍升至一九九八年的八十三億美元，由於對拉美國家來說，經濟利益經常是其衡量建立或維持邦交的主要標準，[618]前述發展對台灣顯然不利。

在中東部分，此地區由於盛產被稱為「工業之血」的原油，同時因一九五〇年代後以阿長期糾葛衝突，加上一九七〇年代以來數度引爆石油危機，向來被認為是國際重要「熱點」所在。儘管以色列首先表態承認中共並爭取建交，北京的主要政策仍是聲援阿拉伯國家對抗以色列（與美國）以爭取多數支持，亦藉此制衡美國（例如針對制裁伊拉克之政策）。[619]至於政策演變軌跡，則是由一九五〇至六〇年代支持反殖民運動，一九七〇年代因文革影響轉趨低潮，一九八〇年代起則表現出務實且積極的態度，[620]至於轉捩點出現在一九九〇年，由於該年成功與沙烏地阿拉伯建交，從而大幅提高北京在此區的影響力。至於在非洲方面，該地區自冷戰以來，向來是兩岸邦交拉鋸之主戰場，為減少台灣邦交國並增加對第三世界的影響力，北京在非洲向來標榜反對帝國主義、殖民主義與霸權主義，以及支援非洲內部團結、廣泛合作以發展友好關係等原則，自一九六〇年代以來不斷透過經援進行滲透後，一九九〇年代後更以頻繁高層訪問來強化雙邊關係。[621]相較台灣在此區仍以經濟與技術援助為工作主軸，中共的政策則大致是重點支援各國農業、改善信貸與債務，以及協助抵抗跨國公司壓力等，當然，兩岸在非洲的「金錢外交」競賽也是一九九〇年代的焦點。

接著在東亞部分，首先，中日自一九七二年建交後雖持續朝合作方向發展，美日同盟在一九九七年的強化仍無疑為中日關係投下變數，何況兩者還存在著釣魚台主權、戰爭賠償、日本遺棄化學武器，以及教科書修改問題等爭議，致使兩國未來互動仍舊充滿問號。在朝鮮半島方

---

616 鄧中堅、蔡東杰，〈邁向二十一世紀的中共對拉丁美洲外交政策〉，《國際關係學報》，第十五期（二〇〇一），頁一五九至一六四。

617 He Li, *Sino-Latin American Economic Relations* (New York: Praeger, 1991), p.5。

618 Kay Moller, "A New Role for the ROC on Taiwan in the Post-Cold War Era," *Issue & Studies*, 31:2 (1995), pp.69-70.

619 陳啟懋編，《中國對外關係》（台北：吉虹文化公司，二〇〇〇年），頁一八五至一八六。

620 Zhongqing Tian, "China and the Middle East: Principles and Realities," *Middle East Review*, 18:2 (1985), pp.7-9.

621 根據統計，除中國外長自一九九〇年起，例行以非洲做為首站，陸續展開全球訪問行程外，在一九九二至九九年間，共有五位中共國家領導人對十八個非洲國家進行過二十二次訪問；於此同時也有三十七位非洲元首至中國進行五十五次訪問。

面，一九九〇年代末除北韓因金日成去世衍生的繼承與所謂糧荒問題，一度傳出可能爆發武力衝突外，南韓也因受到一九九七年金融風暴波及，政經情況不甚穩定，為預先討論可能之潛在衝突，於是在美國主導下召開所謂「四方會談」。至於在東南亞方面，除南海問題之外，為尋求擴張國際空間並減少對大陸市場日漸升高之依賴，台灣在一九九四年制定了跨部會的《加強對東南亞地區經貿工作綱領》，並據此啟動了第一波「南向政策」，其後雖因一九九七年金融危機受到中挫，台灣仍試圖在一九九八年再度推動第二波政策行動。[622]

最後是中亞部分。首先是中共、俄羅斯、哈薩克、吉爾吉斯與塔吉克等五國於一九九六年在上海舉行高峰會，就解決邊境地區軍事互信問題簽署了《關於在邊界地區加強軍事領域信任的協定》，所謂「上海五國」機制因此得名。在一九九七至二〇〇一年間又陸續召開五度高峰會，進一步解決了歷史性邊界問題，同時深化彼此經貿往來，至於二〇〇一年高峰會更將此機制進一步制度化，成立了「上海合作組織」，乃迄今關於中亞區域議題最重要之討論溝通平台。

由前述可知，利用冷戰終結與特別是蘇聯瓦解所提供之歷史契機，加上鄧小平在一九七八至九七年間為中共提供之二十年政治穩定期，以及藉由經濟改革開放逐漸累積之龐大能量，在自信心與安全感同步並進之下，北京對外作為亦愈發積極且全面化，從而為其進入新世紀之國際地位奠下了相當正面之基礎。

面向新世紀之中美俄三角博弈　邁向新世紀前夕，中共國際地位之崛起既源自冷戰結束後國際體系與戰略環境的劇烈變化，亦根基於以「大國外交」為主軸之政策調整。進一步來說，中共的「大國外交」不僅強調增加與世界主要權力國家交往的頻率與層級，同時凸顯在某種自我肯定（自認為也算大國）的心理狀態，亦即希望中國未來能躋身全球性權力國家之列。

針對中共影響力在後冷戰時期明顯提昇，儘管部分美國學者主張應給予有效遏制以維護美國霸權與亞太安全，[623]也有人認為應正視中國崛起，設法將其引導進由美國主導的國際體系中，共同維護國際政治與經濟秩序。[624]無論如何，至少現階段乃至可見的未來，中共雖的確不具有威脅美國的能力，為未雨綢繆計，採取某種「預防性防禦」策略似乎仍有必要，[625]至於具體作法則是擴張《美日安保條約》適用範圍至「日本周邊地區」，並試圖自其國家飛彈防禦系

622 顧長永，《台灣與東南亞的政治經濟關係》（台北：風雲論壇出版社，二〇〇〇年），頁二六五至二六六。

624 Richard Bernstein and Ross Munro, "The Coming Conflict with America," *Foreign Affairs*, 76:2 (1997), pp.18-32.

624 Robert Ross, "Beijing as a Conservative Power," *Foreign Affairs*, 76:2 (1997), pp.33-44.

625 Robert J. Art, "Geopolitics Updated," *International Security*, 23:3 (1998/99), pp.90-91; Ashton B. Carter and William Perry, *Preventive Defense: A New Security Strategy for America* (Washington D.C.: The Brookings Institution, 1999), Ch.3.

統延伸出一道部署在西太平洋地區（特別是日本、南韓與台灣）的戰區飛彈防禦體系。[626]後項計劃自一九九七年開始推廣，其中，早自一九八八年起便與美國合作發展飛彈防禦系統的日本同意加入，南韓在一九九九年以「可能引發區域性軍備競賽」為由婉拒參加，台灣內部則因正反意見俱呈，加上美國內部亦無共識，最終也沒有加入。

針對美國上述區域性戰略安排，北京一貫採取反對與批判態度，認為此舉目的僅在幫助美國建立「霸權式和平」，甚至根本上只為了圍堵中國大陸。對此，中美雙方採取的都是「軟硬兼施」的兩手策略。在中共方面，它雖於一九九七年與美國推動「建設性戰略夥伴關係」，江澤民並親自訪美，但國際宣傳上始終以第三世界國家角度抨擊美國的霸權作為，內部且浮現以高科技來遂行不對稱戰爭之所謂「超限戰」觀點。[627]美國雖持續強化與中共的「戰略性貿易交往」，[628]柯林頓也強調「出現一個穩定、開放且沒有侵略意圖的中國，亦即擁抱自由市場、政治多元化、力行法治並與美國共建國際安全秩序的中國，而非一個閉鎖仇外的中國，對美國人民是最有利的結果」，[629]並在兩岸問題上親自釋放「三不」善意，但核子擴散、人權、西藏獨立與延長最惠國待遇等，始終是美國藉以制約北京的工具議題。

至於在邁向世紀之交時，中美關係也陷入多事之秋。首先是美國國會自一九九八年起開始自主調查中共竊取美國核武機密，接著在一九九九年五月發生美國誤炸中共駐南斯拉夫大使館的烏龍事件後，同月底發表之《考克斯報告》無異雪上加霜，[630]而後繼美國國會在二〇〇〇年二月通過《台灣安全加強法》，柯林頓也簽署了支持台灣參與世界衛生組織的議案，這些都讓中美互動陷入緊張。儘管雙方在二〇〇〇年藉「入世」談判以各自讓步態度暫時結束衝突爭端，由於二〇〇一年上台的小布希隨即將與北京關係由「戰略夥伴」調整為「戰略競爭對手」，自此開啟了一個新的戰略互動階段。

值得注意的是，相較中美分合未定，中俄關係卻在一九八九年完成正常化後，於一九九〇年代有了明顯正面進展，這也是繼一九四九年「一邊倒」與一九七二年啟動「關係正常化」以來，中美俄關係的第三度調整。

---

626 美國總統柯林頓在一九九三提出一項彈道飛彈防禦計劃，內容包括用於保護美國本土免受飛彈攻擊的國家飛彈防禦系統（National Missile Defense System, NMD）和用於保護美國海外駐軍及相關盟國免遭飛彈威脅的戰區飛彈防禦系統（Theatre Missile Defense System, TMD）。Stephen A. Cambone, "The United States and Theatre Missile Defense in North-East Asia," *Survival*, 39:3（1997）, p.66.

627 喬良，王湘穗，《超限戰》（北京：解放軍文藝出版社，一九九九年）。

628 J. David Richardson, "The Political Economy of Strategic Trade Policy," *International Organization*, 44:1（1990）, pp.107-135; Kenneth Lieberthal, "A New China Strategy," *Foreign Affairs*, 74:6（1995）, pp.35-49.

629 See "Speech by the President on the Eve of President Jiang Zemin's State Visit," in Alvin Z. Rubinstein, Albina Shayevich and Boris Zlotnikov, eds., *The Clinton Foreign Policy Reader: President Speeches with Commentary*（New York: M.E. Sharpe, 2000）, p.119.

630 根據眾議院在一九九八年六月成立之調查委員會，共和黨籍眾議員考克斯（Chris Cox）負責領銜起草了一份調查報告，全稱為《關於美國國家安全以及對華軍事與商業關係之報告》（*US National Security and Military/Commercial Concerns with the People's Republic of China*），該報告認定中共正藉由計畫性手段竊取美國核武機密以提升自身實力，並提醒政府應注意北京潛在卻明顯之競爭威脅。

在葉爾辛於一九九二年訪問大陸，以及江澤民在一九九四年訪俄，與其簽訂了《關於不將本國戰略性核子武器瞄準對方的聯合聲明》並建立「面向二十一世紀的建設性夥伴關係」後，[631]兩國在一九九六年將彼此互動提昇至「面向二十一世紀之平等互利與相互信任的戰略協作夥伴關係」後，二〇〇一年進一步簽署《睦鄰友好合作條約》，二〇〇四年的《國界東段補充協定》更終結了兩國一百餘年來的邊界問題，據此，兩國貿易額也從一九九二年的五十九億，二〇〇一年首度突破百億美元大關。

儘管各方對此種準戰略結盟之未來不無疑問，[632]歸結中俄兩國所以終結長期糾紛且走向合作的緣故，最關鍵者恐怕還是來自經濟與安全的雙重因素：首先，兩國自一九八〇年代以來，都將調整內部經濟結構做為國家發展首要任務，由此則和平的國際環境乃兩者所亟需的，雙方長達四千三百公里邊界線可能引爆的歷史糾葛，便有迅速解決之必要；其次，美國在後冷戰時期企圖於亞太地區發展戰區飛彈防禦體系，一方面讓中俄兩國基於地緣鄰接性而自然衍生出安全層次的共同利益，面對冷戰結束後有利美國之國際局勢，不僅北京致力建構起真正的大國地位，俄羅斯亦希望維繫昔日蘇聯時期的全球影響，因此，聯手制約美國以鞏固某種多極化格局，乃成為共同目標所在。

據此，面向新世紀的中美俄三角格局，似乎重新回到一九五〇年代的態勢，只不過差異在於，當時中共乃蘇聯的附庸國，如今兩者地位則較為均等。儘管如此，所謂中俄合作關係仍有其隱憂，特別是俄羅斯內部關於「大西洋主義者」（傾向西化）與「歐亞主義者」（反對過度西化）間的爭論，[633]以及對「中國威脅論」的反應，而北京基於過去之負面記憶，對於發展與俄羅斯的關係亦勢必保持謹慎態度。值得補充的是，俄羅斯在一九九二年首度論及「東方外交」後，在翌年正式頒佈之《俄羅斯聯邦外交政策構想基本原則》中，[634]既強調全方位交往，同時也落實在具體外交作為當中，例如在一九九〇年代拉近與北京交往的同時，一九九二與九三年也與台灣互設代表處，[635]充分顯示其外交彈性與中俄互動之不確定性。

美利堅帝國大夢及其終結　在蘇聯終於崩解後，正如《經濟學人》指出：「美國就像是一個跨坐在地球上的巨人，主宰著商業、貿易與運輸等領域，不但其經濟乃世界上最成功的，軍事力量也無人能及。」[636]在此情況下，美國的「無敵」將迫使其潛在對手調整敵對政策，讓傳統

631 Chen Qimao, "Sino-Russian Relations after the Break-up of the Soviet Union," *Proceedings of the Conference on Russia and Asia-Pacific Security*, SIPRI Research Report, Sept. 1999, pp.128-129.

632 Grigory Karisin, "Long-term Strategy for Russian-Chinese Partnership," *Far Eastern Affairs*, 2（1997）, pp.27-33; Sherman Garnett, "Russia, China Bury the Hatchet-But How Far?" *The Christian Science Monitor*, May 7, 1997, p.19.

633 Lesxek Buszynski, *Russian Foreign Policy after the Cold War* (London: Praeger, 1996）, pp.1-15.

634 王樹春，《冷戰後的中俄關係》（北京：時事出版社，二〇〇五年），頁一一三至一一四。

635 楊紹澄，〈中俄關係中的俄台問題因素〉，劉山，薛君度編，《中國外交新論》（北京：世界知識出版社，一九九七年），頁三四七至三四九。

636 See "America's World," *The Economist*, October 23, 1999, p.15.

盟邦選擇繼續接受保護，[637]從而使「單極時代」的來臨成為可以預期的結果。部分學者甚至在新世紀初進一步強調，冷戰後的美國應拒絕「僅扮演一個溫順的國際公民」，因為「新的單極主義不但將指出我們所存在之世界的獨特性，也象徵著美國後冷戰外交政策的新開端。」[638]

正因美國得以繼續扮演超強，在外交政策方面，關於建構「帝國」之類似積極論調也開始浮現。[639]例如，代表新保守派聲音在一九九七年創設之「新美國世紀計畫」（Project for the New American Century, PNAC）等，便著力支持美國實現建構帝國的目標。[640]儘管前述思維在學界中並未唯我獨尊，重視提高美國對全球事務積極度的意見仍佔據上風，在確認自身做為結構中單極霸權的前提下，多數人為美國設想的角色乃擔任各地區的離岸平衡者，目的在維持並符合其自身利益。[641]

值得注意的是，美國在後冷戰時期似乎擁有之「無敵」地位，很自然帶來了兩個政治效果：從外部看來，小布希政府傾向「先發制人」之政策，不但使其他主要國家擔心利益將受到威脅，[642]美國似乎不再依賴外交手段、援助與國際法，而是透過軍力、威脅恫嚇與金融體制來貫徹其利益的趨勢，在引發全球各界反彈之餘，也使「軟權力」此一新概念名詞應運而生；[643]至於在內部方面，冷戰終結其實同時為北京和華府提供了有利的「戰略機遇期」，中國得以藉此邁向大國之路，美國則如前述，希望能走完建構帝國的最後一哩路。利用二〇〇一年九一一事件提供之正當性基礎，美軍隨即在不到一個月內開拔，挺進有「帝國墳場」稱號的阿富汗。

在此之前，自一九六三年擴大介入到一九七三年全面撤出，將近十年、充滿記憶創傷之越戰曾被喻為美國歷史上「最漫長的戰爭」，[644]但起自二〇〇一年，至今依舊歹戲拖棚的阿富汗戰爭，早已打破此一紀錄。[645]相較二〇〇三至二〇一一年在「附帶」之伊拉克戰爭中，前後超過一

---

637 William Wohlforth, "The Stability of a Unipolar World," in Michael Brown et al., *America's Strategic Choices*（Cambridge, Mass.: MIT Press, 2000）, pp.305, 309.

638 Charles Krauthammer, "The New Unilateralism," *Washington Post*, June 8, 2001, p.29.

639 一般認為，所謂「新帝國論」源自卡普（Robert Cooper）在二〇〇二年的主張，他認為當前世界需要一種新的帝國主義，並聲稱由西方組成的後現代國家應採取雙重標準去面對（由部分前殖民地組成的）前現代國家與（例如中國與印度等）傳統現代國家，並以前現代國家乃當前世界動亂與威脅來源為由，推動新的帝國主義政策來確保國際安全。不過，卡普最初設想的帝國並非美國，而是歐盟。Robert Cooper, "Why We Still Need Empires," *The Observer*, April 7, 2002.

640 該智庫總部設於華府，除克里斯托（William Kristol）與卡根（Robert Kagan）等學者外，更重要的還是政界參與者，例如布希家族，以及在二〇〇一年布希政府中的副總統錢尼與國防部長倫斯斐。其長期目標乃建立「美利堅和平」（Pax Americana），短期方向則是「尋求對美國真正有利之政策」。

641 Ariel Cohen, John Hillen, Thomas G. Moore, James Phillips, James J. Przystup, Thomas Sheehy, and John P. Sweeney, "Making the World Safe for America," in Kim R. Holmes and Thomas G. Moore, eds., *Restoring American Leadership: A U.S. Foreign and Defense Policy Blueprint*（Washington, D.C.: The Heritage Foundation, 1996）, p.43.

642 Stephen Walt, *Taming American Power: The Global Response to U.S. Primacy*（New York: W.W. Norton, 2006）.

643 Joseph S. Nye, Jr., "The Changing Nature of World Power," *Political Science Quarterly*, 105:2（1990）, pp.177-192; *Soft Power: The Means to Success in World Politics*（New York: Public Affairs, 2005）.

644 George Herring, *America's Longest War: The United States and Vietnam, 1950-1975*（New York: McGrew-Hill, 2013）.

645 Peter Bergen, *The Longest War: The Enduring Conflict between America and Al-Qaeda*（New York: Free Press, 2011）.

百五十萬名美國人曾至此服役，整場戰爭耗費至少在三至六兆美元之間，阿富汗戰場的一兆美元經費看似略低，即便在二〇〇九年「意外」之諾貝爾和平獎的沉重國際道德壓力下，曾在競選期間誓言撤軍的歐巴馬，直到任期結束仍選擇食言，可見這場跨越三位總統任期的戰爭，對美國戰略意義之重大程度。

回到一九五〇年冷戰伊始，美國雖擁有無與倫比、遙遙領先的綜合國力，最終僅能退而求其次守住霸權地位，關鍵在於隔著兩大洋與歐亞世界島相望，既為優點卻同時帶來戰略劣勢之地緣位置。有關限制美國戰略選擇之原因，限於本書主題暫不贅述，總而言之，美國最後只能著眼於「邊緣地帶」，設法以「圍堵」世界島來消極地捍衛既得利益。無論如何，相較二次戰後處於擴張階段的蘇聯集團，一九九一年蘇共瓦解雖不啻讓世界島出現真空狀態，但在冷戰時期同樣受軍備競賽拖累的美國，此刻雖歡欣慶祝勝利，暫無追擊餘力，直到美國經濟在整個一九九〇年代受惠和平紅利快速復甦後，尤其九一一攻擊主謀賓拉登就藏匿在阿富汗，這也讓美國「以全球反恐為名」，光明正大挺進這個通往歐亞心臟地帶（中亞）的地緣跳板。小布希政府的盤算簡單明瞭，亦即「控制阿富汗便可前進中亞，進入中亞便可控制歐亞心臟地帶，控制心臟地帶便可控制整個世界島，控制世界島便可成功建立帝國」，因此，美國在初步控制阿富汗後，隨即於二〇〇二年在中亞的烏茲別克與吉爾吉斯建立軍事基地，接著在二〇〇三年藉口發動伊拉克戰爭，以建立一條從波斯灣至中亞的補給管道。不過，隨著阿富汗與伊拉克戰場同時面臨「泥沼化」窘境，美國在中亞的軍事存在自二〇〇五年以來持續存在爭議，至於中東到中亞的一大片戰略地帶，也成為華府難以承受的「雞肋」遺產。

美國最終撤離「帝國墳場」或許只是時間問題，更重要的是，這場美國史上最漫長的境外戰爭，終究將為美國霸權與世界秩序帶來何種結構性之深遠衝擊，既為值得關注之另一關鍵議題，至於它對美中關係與兩岸外交之影響，也是台灣方面無可迴避之挑戰與戰略現實。

邁向戰國時代　二〇〇八迄今

繼一九四七年以「意識形態之爭」或「反共」作為主軸，目標鎖定蘇聯所掀起的冷戰，二〇〇一年聚焦「全球反恐」口號或「文明衝突」暗示，為圍剿伊斯蘭基本教義派，所進行之一連串戰爭，無疑是美國自二戰結束以來的再度全球性擴張，目的當然還是鞏固美國優勢，但顯然加入了有限規模之熱戰手段，從而既升高了衝突性，亦衝擊了兩次大戰以來逐漸形成主流的非戰或和平解決爭端觀念。短期看來，前述趨勢在美國「無敵」的現實下，似乎阻力不大，隨著戰爭泥沼化與特別是爆發金融海嘯之影響，非但冷戰結束後的國際新秩序浮現陰影，尤其二〇二一年正式自阿富汗撤軍之後，甚至美國霸權之未來也開始出現問號。

金融海嘯來襲及其歷史意義　相較起自一九四七年杜魯門主義，終於一九九一年蘇聯自行崩解之所謂「冷戰時期」，一般雖將接踵而來的階段直接稱之為「後冷戰時期」，問題是：除了時間上的接續性，冷戰與後冷戰之間有何關聯？其特徵之異同如何？我們該如何看待所謂後冷戰？除了有著相對「明確」的起點之外，後冷戰有無終點？又該如何去界定其終點？

嚴格來說，除了從單純的「戰後」角度去理解後冷戰之外，從某個角度來說，其實後冷戰依舊是某種「冷戰的延續狀態」。若排除「虛偽」的兩極描述，以美國為中心不啻是自一九四五年以來，貫穿冷戰乃至後冷戰的結構特徵；此特徵一方面可由美國始終擁有無可匹敵之國力加以證實，也反映在美國從思想乃至制度的主流地位上。儘管華府慣於使用道德話語外衣與國際制度白手套來遮掩其霸權，其控制世界之思維早已「有如司馬昭之心，路人皆知」，只是少有人膽敢戳破，或即便真有人敢挺身而出，也幾乎沒有人敢附和跟隨罷了。

無論如何，這一切從二〇〇八年起，開始有了些微改觀。只不過，想說明白整個過程，還是得將視線放到略早之前：關鍵在於伊拉克戰爭。

一九九一年一月，老布希在前一年十一月取得聯合國安理會授權後，集結三十四個盟國共六十六萬大軍（美軍占百分之七十四），以「沙漠風暴」為代號橫掃伊拉克，雖然此次遠征大勝並未替他在翌年大選中帶來好運，結果仍再度將美國推向全球領導地位巔峰，並預示著該年底冷戰的走向終點；十二年後，作為史上第二對父子檔總統，小布希再度於二〇〇三年揮軍伊拉克，不同的是，這次他既無法取得安理會授權，且不僅只有三個國家願意加入其陣營，甚至還迎來全球各地的反戰大遊行。面對各國（尤其傳統歐洲盟邦）對美國「霸權」負評不斷的攻訐，新保守派代表卡根立即出面「澄清」並嚴正指出，聲稱孤立主義乃美國外交傳統之說法不過「部分歷史學家錯誤且充滿誤導之結論」，特別在面對歐洲時，美國不應繼續假裝雙方存在高度共識，且在「歐洲作為軍事強權早已衰落許久」的現實下，他奉勸美國只要堅定地走自己的路就行了。[646]

卡根的說法看似沒錯，問題是，儘管論斷美國霸權的「絕對衰落」為時尚早，它對國際關係影響力「相對比例」下降或為不爭事實，例如其國內生產總值佔全球比例從一九五〇年代將近半成，降至二〇一七年的百分之二十四，國防開支也從一九五〇年代佔全球比例一半，降至二〇一七年約百分之三十四（仍然為其後九國總和），目前雖然還是世界第一大經濟體，自二〇一三年起便不斷與中國拉鋸最大貿易國家地位，這還不包括一九五〇年僅約三千億，在二〇〇八年首次突破十兆後，二〇一七與二〇二一年又分別突破二十兆與三十兆大關的龐大國債，[647]以及一九七一年首度出現赤字後，二〇二二來到近乎失控之一兆兩千億美元的貿易逆差。至於其由盛轉衰的分水嶺，二〇〇八年爆發的全球金融海嘯絕對要記上歷史一筆。

源自二〇〇七年美國國內次級房貸風暴的全球金融海嘯，[648]猶如重演一九二九年美國股市崩盤帶來全球大恐慌的戲碼，類似之處在於，它們都源自在「夢幻、無窮希望與樂觀主義」

下，[649]過度貪婪且不理性操作金融槓桿的結果，其後也都波及歐洲並帶來極右民粹浪潮（例如一九三〇年代的納粹與法西斯主義），[650]差異在於，當時仍在崛起途中的美國最終藉第二次世界大戰登頂，此次則正面臨相對衰退階段，何況周圍還有一堆競爭對手虎視眈眈環繞在側。事實上，即便卡根指出，美國在一九八九至二〇〇一年對外動武頻率達到史上新高，甚至聲稱「這種擴張性、甚至是侵略性的全球政策，全然契合美國的外交政策傳統」，[651]對於美國霸權未來持

646 Robert Kagan, Of Paradise and Power: America and Europe in the New World Order (New York: Random House, 2004).

647 根據美國國會預算辦公室（CBO）在二〇〇八年中的悲觀估算，美國國債將於二〇四八年來到災難性的百兆大關；目前國內債權雖仍近八成，中國在大量減持後仍握有約百分之三的債權。

648 次級房屋借貸危機（subprime mortgage crisis）是因二〇〇五至〇六年美國房地產泡沫化，導致國內抵押貸款違約與法拍屋增加，在二〇〇七年引爆的金融事件，波及多家國際級融資機構，為解決問題，小布希總統在二〇〇八年提出一項一千六百八十億美元的刺激計畫，歐巴馬總統則在二〇〇九年追加六千億美元刺激景氣復甦，這也象徵著「雷根主義時代」（自由化新保守主義）的終結。

649 高伯瑞（John K. Galbraith）著，羅若蘋譯，《一九二九大崩盤》（台北：經濟新潮社，二〇〇九年）；此處借用其第一章的章名作為類比。

650 John Judis, *The Populist Explosion: How the Great Recession Transformed American and European Politics* (New York: Columbia Global Reports, 2016); William Galston, *Anti-Pluralism: The Populist Threat to Liberal Democracy* (New Haven: Yale University Press, 2018).

651 Robert Kagan, *The Return of History and the End of Dream* (New York: Vintage, 2008), p.60.

652 Andrew Bacevich, *The Limits of Power: The End of American Exceptionalism* (New York: Metropolitan Books, 2008); Vassilis Fouskas and Bulent Gokay, *The Fall of the US Empire: Global Fault-lines and the Shifting Imperial Order* (London: Pluto Press, 2012).

悲觀論調者著實不少；[652]當然，所以存在正反意見，主要還是由於美國依舊維持領先，且暫時沒有其他國家足以獨力加以對抗的現實，無論如何，傷害已然造成，後續發酵則有待觀察。

新集團與新平台之形成　在美國繼續保持領先之情勢下，目前雖仍缺乏夠分量且真正具潛力之挑戰者，但全球格局之重組跡象似乎也不容置疑。

例如，早在次貸危機與金融海嘯來襲之前，在俄羅斯倡議下，包括中國、印度與巴西等四個所謂「金磚國家」（BRIC），[653]便於二〇〇六年聯合國大會期間舉行了首次外長會晤，此後成為年度慣例；接著，在美國與西歐因金融海嘯衝擊蒙受沉重壓力的情況下，前述國家不僅在二〇〇八年日本舉辦八大工業國峰會期間進行會晤，二〇〇九年正式舉行首次高峰會，在二〇一〇年吸收南非加入成為「金磚五國」後，二〇一一年起更建立每年在金磚峰會與二十國峰會見面兩次的慣例，國際影響力與日俱增，一方面在二〇一三年峰會之後建立國家間工商理事會和智庫理事會，並推動共同設置金融銀行和應急儲備機制，二〇一四年又決議成立新開發銀行（New Development Bank, NDB）並提供一千億美元應急儲備基金，銀行總部決定設於上海，至於北京在緊急儲備基金中以四百一十億美元占最大比例，充分顯示它在此一機制中的地位。除此之外，金磚峰會也逐步與各區域組織展開對話，例如二〇一四年與南美洲國家聯盟、二〇一五年與上海合作組織、二〇一六年與孟加拉灣合作倡議等，二〇一七年起首次以「金磚＋」模式邀請五個非成員國家參與，二〇一八年非成員國領袖參與者更達二十二個。

在美國領導地位動搖與歐洲深陷債務危機之際，儘管此一新集團要求改革全球金融體系，以符合當前世界經濟現狀之呼籲，確實引發一定迴響，其自身發展未來並非全然沒有問題，例如俄羅斯經濟受國際油價下跌牽累、中印邊界衝突不斷、巴西經濟發展陷入低潮、印度前景不明，甚至中俄關係在中國對中亞影響力急速上升後亦不無利益矛盾。無論如何，畢竟其成員合佔全球人口四成與世界經濟規模的五分之一，中國經濟總量與俄羅斯能源儲備都舉足輕重，一旦傳統西方勢力無法有效處理目前所面臨挑戰，全球格局仍存在重寫的機率，尤其二〇二三年峰會決定納入阿根廷、埃及、衣索比亞、伊朗、沙烏地阿拉伯與阿拉伯聯合大公國等六國為新成員（儘管阿根廷因政府更迭暫緩加入），既堪稱成立以來最大規模擴員，影響與戰略暗示均不容小覷。

另一個值得注意之新平台，是源起於二〇〇八年全球金融海嘯衝擊之「二十國領袖峰會」（G-20），如同在一九七三年為因應石油危機與美國挑戰布萊頓森林體系所召開的六大工業國家峰會，[654]首度暗示了某種國際權力分散跡象一般，為因應一九九七年東亞金融風暴並避免其他

653 美國高盛（Goldman Sachs）投資公司分析師奧尼爾（James O' Neill）在二〇〇一年結合巴西、俄羅斯、印度和中國」等四個國家英文國名開頭字母，創造出「金磚」（BRIC）一詞，並於二〇〇三與二〇〇四年公布兩份研究報告，預言其未來之巨大發展潛力。

654 一九七六至九七年改稱七大工業國峰會，一九九八至二〇一三年又改為八大工業國峰會，二〇一四年迄今則重回七大工業國家峰會之規模。

區域重蹈覆轍，八大工業國集團最初雖以主導者姿態，邀集其他十二個重要之新興國家共同組成二十國集團，持續推動財政部長對話，但在金融海嘯直接衝擊核心的威脅下，二十國集團不僅在二〇〇八年首度召開峰會，翌年峰會在正式宣告取代八大工業國集團成為全球經濟對話主要平台之餘，二〇〇九至一〇年更曾各自密集召開兩次峰會以共商因應危機大計。

隨著金融海嘯度過危機高峰，二十國峰會自二〇一一年起改為每年一次，二〇一八年則在阿根廷迎來其十周年與第十三次峰會。從最初目的在控制危機蔓延，並作為八大工業國擴大代表性與正當性之平台，面對歐洲持續受困於債務危機與難民潮、美國在二〇一七年川普上台後隱然掀起一股新保護主義浪潮，加上全球兩大經濟體美中經貿對抗在二〇一八年直線升溫，以及各國民粹主義興起與地緣衝突加劇，如今，二十國集團當初的團結一致場景已不復見，取而代之的是愈趨空洞化之共同願景，以及主要領導人在會中之劍拔弩張與唇槍舌戰，至於主辦國則多半將其作為某種「主場外交」，藉此宣揚國家形象。

從某個角度看來，美國的領先優勢在短期內雖仍舊無可挑戰，從一九七〇至九〇年代此起彼落、不斷挑戰著全球經濟秩序穩定性之區域危機，到二〇〇八年爆發席捲全球之大規模金融動盪，以及八大工業國、金磚國家、二十國集團接連出現，乃至於一九九〇年代以來方興未艾之區域經濟整合浪潮，既暗示美國在二次戰後建構之秩序管理機制已然有了「失能」跡象，在美國自己甚至充當挑戰者（無論尼克森或川普）的矛盾尷尬情況下，可以這麼說，如同複製一九七〇年代尼克森時期的「新孤立主義」，川普的「退出主義」非但象徵著美國的政策轉向，再次於危機來臨時率先跳船，亦不啻親手重擊了冷戰以來以美國為中心的霸權秩序。

次於危機來臨時率先跳船，亦不啻親手為冷戰以來以美國為中心的霸權秩序，畫上最後句點。

中國崛起與美中區域對抗

崛起中的地區與新霸權　如同在二次戰後，倘使沒有蘇聯的「真實擴張」，美國所描繪莫斯科之「虛構威脅」也不會具說服力，更無由提供冷戰一個足夠之正當性基礎；在蘇聯崩解導致冷戰終結後，且不論美國是否真存在某種製造恐懼與敵人的文化，[655]它將中國崛起視為當前威脅自身利益之最主要來源乃殆無疑問。

值得一提的是，中國崛起雖為近年來最受關注的國際議題，「東亞崛起」態勢不但早自一九八〇年代起便相對明顯，世界銀行更於一九九三年的年度報告中肯定了「東亞奇蹟」的存在。[656]無論如何，經濟發展乃東亞與中國最引人注目的共同焦點；中國在一九七八至二〇〇四年間連續的兩位數成長，與美國在一八三〇至一九〇〇年進程極為類似，在全球外匯儲備前十名國家中，亞洲也占了六個（中國與日本分居前兩位）。隨著區域化浪潮在後冷戰時期

655 克黑朋（Marc Crepon）著，李鳳新譯，《製造敵人的文化》（台北：果實出版，二〇〇五年）。
656 World Bank, *The East Asian Miracle: Economic Growth and Public Policy* (New York: Oxford University Press, 1993).

來襲，[657]東亞也自一九九〇年代以來歷經一段整合步伐，但進展有限，對於「亞洲崛起」概念仍存在諸多爭議，[658]除此之外，儘管某種「無可避免的階層性秩序」確實引發部分東亞國家憂慮，[659]亦即崛起後的中國是否將根據其自身文明特質與傳統慣例重塑區域規範（例如重返朝貢體系），中國發展的正面前景已在區域內形成普遍性共識。[660]正如羅沃（Jim Rohwer）指出的：「歐洲大約花了一千五百年才取代中國，成為最先進的文明，目前全世界最重大的問題將是如何面對一個充滿自信、擁有核武，且掌握全球最大經濟體的中國」，[661]換言之，暫且不論政治前景，中國的經濟能量已無庸置疑。[662]

進一步來說，海權議題既直接關乎西太平洋地區穩定，也是中國是否可能領導東亞秩序的重要指標之一；尤其在一四三三年鄭和最後航行結束後，中國雖一度遠離周邊海權競爭，[663]甚至一八九五年甲午戰爭後還幾乎喪失自衛能力，如今則顯現出積極重返海洋舞臺的企圖心；實際上，目前中國承建了全球九成貨輪，[664]造船量自二〇一二年起便位列全球第一且為居次之日韓總和，至於二〇一一年首艘航母「遼寧號」正式下水，在展現中國擴大東亞（西太平洋）海域影響力之餘，亦升高了近年來本已存在的區域安全衝突與軍備對抗隱憂。[665]其後，無論後續兩艘自製航母接連在二〇一七與二〇二二年下水，抑或如同美國海軍情報局（ONI）的估算，解放軍艦艇數量已在二〇二〇年底超越美國（後者在總噸位數依舊領先）等，均無疑於數字面再度「證實」了所謂中國威脅的存在。

當然，除「客觀能力」外，「主觀意願」既是觀察中國未來政策走向的焦點，能否找到修正自一九八九年以來「韜光養晦」與「睦鄰友好」原則之足夠正當性，或許更為關鍵。對此，自從六四天安門事件以來，由於政權合法性受到直接衝擊，加上中國轉往市場導向經濟後，馬克思主義之意識形態主導性（更重要的是它作為共黨統治的正當性基礎）便無可避免地受到挑戰，北京似乎有愈來愈依賴民族主義的現象。[666]近代中國民族主義源自十九世紀末面對西方挑

---

657 T.J. Pempel, ed., *Remapping East Asia: The Construction of a Region* (Ithaca: Cornell University Press, 2005), p.19; Amitav Acharya, Constructing a Security *Community in Southeast Asia: ASEAN and the Problem of Regional Order* (London: Routledge, 2001); John Ravenhill, *APEC and the Construction of Pacific Rim Regionalism* (Cambridge: Cambridge University Press, 2001).

658 Kishore Mahbubani, The New Asian Hemisphere: The Irresistible Shift of Global Power to the East (New York: Public Affairs, 2008); Yasheng Huang, Capitalism with Chinese Characteristics (New York: Cambridge University Press, 2008).

659 Martin Stuart-Fox, *A Short History of China and Southeast Asia: Tribute, Trade and Influence* (Crows Nest, NSW: Allen & Unwin, 2003), p.6.

660 Martin Jacques, *When China Rules the World* (New York: Penguin, 2009), pp.409-413.

661 Jim Rohwer, "When China Wakes," *The Economist*, 28 November 1992, pp.3-18.

662 William Overholt, *China: the Next Economic Superpower* (London: Weidenfeld & Nicolson, 1993); Willem van Kemenade, *China, Hong Kong, Taiwan, Inc.: the Dynamics of a New Empire* (New York: Knopf, 1997); Geoffrey Murray, *China: the Next Superpower* (New York: St. Martin' s Press, 1998).

663 Gang Deng, *Chinese Maritime Activities and Socioeconomic Development, c2100 B.C.-1900 A.D.* (London: Greenwood Press, 1997).

664 Ian Storey, "China as a Global Maritime Power: Opportunities and Vulnerabilities," in Andrew Forbes, ed., *Australia and its Maritime Interests: At Home and in the Region* (Canberra: RAN Sea power Centre, 2008), p. 109.

665 Abdrew T.H. *Tan, The Arms Race in Asia* (New York: Routledge, 2014).

戰之反彈，相關論者經常將中國描繪成西方自私侵略與霸權擴張下的犧牲者，由於美國既同屬西方世界一份子並為既存霸權，自然成為反制對象之一，這也反映在一九九九年中國駐南斯拉夫大使館遭美軍誤炸後引發的一連串國內示威活動當中。[667]

相對地，正因中國崛起對美國霸權地位之威脅愈發明顯，多數國家更關切的毋寧是崛起的後續影響、中美之間出現「權力轉移」的可能性，[668]以及中國是否將改變其原先傾向「維持現狀」之政策路徑。[669]可以這麼說，無論中國的外交政策是否正趨於更積極主動，在二〇〇八年全球金融海嘯影響下，中國不僅在二〇〇九至一〇年間的二十國峰會中成為最受關注的對象，胡錦濤更在二〇一〇年《富比世》（*Forbes*）雜誌公布的「全球最具影響力人物排行榜」中，擠下歐巴馬高居首位，於此同時，包括中國經濟規模於二〇一〇年超越日本，攀升至全球第二，加上東亞乃金融海嘯以來全球最具成長潛力的地區。這些無疑都讓「中國」與「亞洲」這兩個關鍵詞的加乘效果愈發受到注目。在此情況下，北京的反應與作法又是甚麼呢？

相較一九五〇年與一九六六年分別因為參加韓戰與爆發文化大革命，兩度帶來外交挫折，由於與一九七九年啟動改革開放政策後的正面形象有著強烈對比，一九八九年爆發之天安門事件，對中共外交處境的影響或許更為深遠。對此，包括美國、歐洲與日本等主要國際行為者紛紛提出各種制裁與管制措施，至於國內效果則包括趙紫陽下台及所謂「第三代領導核心」江澤民的繼任，從十三屆四中全會被比為「新遵義會議」，並認為「老一輩無產階級革命家因此挽救了黨」看來，可見此際中共面臨的嚴峻形勢。面對此一挑戰，鄧小平務實地擬定了一系列方針，其中，具消極守勢意味的「韜光養晦」也成為此後二十餘年間中共處理對外關係時的核心原則。

無論如何，針對後冷戰初期國際體系架構與內涵的變化，中共在由於經改成功以致提高實質權力之餘，也開始調整其外交政策；除了自我肯定之外，中共高層更須解決因新時代來臨所出現的相關發展，特別是「和平演變」問題。在東歐變局致使共產主義頓成弱勢想法，民主自由制度則不啻成為主流後，身為少數碩果僅存共黨政權（或稱後社會主義國家）之一的中共政權，當然有一定程度的危機意識感；例如錢其琛便指出，「蘇聯的瓦解，及其所造成的國際局

---

666 Allen S. Whiting, "Chinese Nationalism and Foreign Policy after Deng," *China Quarterly*, 14 (1995), pp.316-317; Edward Friedman, "Chinese Nationalism, Taiwan Autonomy, and the Prospects of a Large War," *Journal of Contemporary China*, 6:14 (1997), pp.5-32; Erica Strecher Downs and Phillip C. Saunders, "Legitimacy and the Limits of Nationalism," *International Security*, 23:3 (1999), pp.114-146; James Townsend, "Chinese Nationalism," in Jonathan Unger, ed., Chinese Nationalism (Armonk, N.Y.: M.E. Sharpe, 1996), pp.1-30.

667 Robert S. Ross, "Navigating the Taiwan Strait: Deterrence, Escalation Dominance, and U.S.-China," *International Security*, 27:2 (2002), pp.48-85; "China's Naval Nationalism: Sources, Prospects, and the U.S. Response," *International Security*, 34:2 (2009), pp.46-81.

668 Ronald Tammen and Jack Kugler, "Power Transition and China-US Conflicts," *Chinese Journal of International Politics*, 1:1 (2006), pp.35-55; Thomas J. Christensen, " Fostering Stability or Creating a Monster? The Rise of China and U.S. Policy toward East Asia," *International Security*, 31:1 (2006), pp.81-126; Steven Chan, *China, the US, and the Power-Transition Theory: A Critique* (London: Routledge, 2008).

669 Alastair Johnston, "Is China a Status Quo Power?" *International Security*, 27:4 (2003), pp.5-56.

勢突變和世界社會主義運動的挫折，加上當時西方大國自一九八九年以來對我國施加的政治經濟壓力依然存在，這一切都使得中國所面臨的國際環境更為嚴峻和複雜」，[670]甚至以「黑雲壓城城欲催」來形容此時中共所承受的龐大壓力，這也是它宣稱天安門事件乃是國際反動勢力企圖對中國大陸實施和平演變陰謀的原因所在；事實上，西方也的確有向中共推動類似戰略的意圖與行動。[671]

值得注意的是，儘管天安門事件為後冷戰初期的中國對外關係，設下了一個至今難以突破的隱性限制，此時期國際體系所呈現之愈來愈趨於權力多元化的特徵，不啻亦埋下另一個政策變遷伏筆。正如眾所周知，北京向來認定當前世局基本上趨近所謂「一超多強」格局，[672]例如鄧小平便指出：「美蘇壟斷一切的情況正在變化。……所謂多極，中國算一極。中國不要貶低自己，怎麼樣也算一極」；至於中共對於自身作為國際當中「一極」的期許與肯定，一方面讓許多人推論它將成為可與美國「並駕齊驅的競爭者」，且由於認定美國最終獲不可能成功鞏固其單邊政策，世界新格局不僅將繼續朝權力分散特徵邁進，此種多極化結果將提供有利於改善其國際地位的「機遇期」後，[673]其對外政策認知也悄悄產生質變，例如，部分學者便指出，鄧小平的「韜光養晦，有所作為」乃是針對冷戰末期國際變局的暫時方針，「沒有任何證據表明它被當成中國外交的長期全面戰略」。[674]

不僅王逸舟將一九八九至二〇〇二年間視為中共對外關係在「冷戰結束後的適應與調整時期」，並將其後稱為一個「全新成長時期」，[675]於此同時，美國的二〇〇二年《國家安全戰略報告》（*National Security Strategy*, NSS）既指出必須維持足夠能力來因應可能的敵人（暗指中國），[676]其後，弗格森（Niall Ferguson）在二〇〇七年創造了「中美國」（Chimerica）這個新詞彙，強調由最大消費國（美國）與最大儲蓄國（中共）構成的利益共同體，將對全球經濟帶來重大影響，[677]伯格斯坦（Fred Bergsten）接著於二〇〇八年進一步提出所謂「G2」概念，主張中美兩國應建立平等協商領導全球經濟事務的模式。[678]這些討論都對美國西太平洋政策的轉變發揮一定的影響，且使美中互動成為華府在新世紀全球戰略佈局中最重要的一對雙邊關係。

更甚者，從經濟角度看來，若依國際金融機構根據購買力平價估算結果，中國的國內生產總值早在二〇一四年便超越了美國，從而凸顯並坐實它將成為後者權力地位新競爭者的趨勢。更重要的是，中共不僅擁有挑戰霸權的客觀條件，由於美國畢竟仍是既存霸權，美中關係在國際政治中重要性的提升，既給予其處理外交時更高的信心，北京也確有準備加入競爭的主觀積極作為，包括自一九九〇年代以來推動「大國外交」以提高國際地位，以及在二〇〇〇年十五

670 錢其琛，《外交十記》（香港：三聯書店，二〇〇八年），頁一九六。
671 黎文森、段宗志，《論西方國家的和平演變戰略》（杭州：浙江大學出版社，一九九二年）。
672 俞正梁等，《大國戰略研究》（北京：中央編譯出版社，一九九八年），頁三一七至三一九。
673 陳佩堯、夏立平主編，《新世紀機遇期與中國國際戰略》（北京：時事出版社，二〇〇四年）；徐堅主編，《國際環境與中國的戰略機遇期》（北京：人民出版社，二〇〇四年）。
674 楚樹龍、金威主編，《中國外交戰略和政策》（北京：時事出版社，二〇〇八年），頁一一六。
675 王逸舟、譚秀英主編，《中國外交六十年》，頁一六至二〇。

屆五中全會上首次明確提出「走出去」戰略等，都不啻是明顯例證。由此，美中雙方雖然藉由一九七〇年代末至八〇年代初的「大交易」（Big Deal），維繫了二十年左右之穩定互動，自進入新世紀伊始，則雙方是否能繼續「同床異夢」下去，[679]顯然是個大問號。

美中在東亞之勢力消長

大體言之，東亞既是近期美中博弈之主要場域，至於自二〇〇〇年左右迄今，中美在此一地區的影響力消長，可歸納出大約五個變化階段。[680]在第一階段（二〇〇〇至〇三年），延續自一九九七年亞洲金融危機期間，由於中國大陸堅持不讓人民幣貶值，以致其對東南亞地區影響力出現之明顯提升跡象，[681]北京首先在二〇〇二年與東協各國共同簽署〈南海各方行為宣言〉，以及《中國－東協全面經濟合作框架協議》、《農業合作諒解備忘錄》與〈非傳統安全領域合作宣言〉等文件，從而大幅推升彼此互動，其後又在二〇〇三年正式加入《東南亞和平友好條約》，成為第一個加入該條約的區域外主要國家，至於在東北亞部分，二〇〇三年八月召開的第一輪「六方會談」，亦暗示著各方默認中共在朝鮮半島議題上擁有某種優先發言權。

儘管如此，隨著美國發動伊拉克戰爭，亦開啟了美中影響消長的第二階段（二〇〇三至〇五年）。在此時期，一方面由於中共企圖隱匿「嚴重急性呼吸道症候群」（SARS）疫情，以致引發國內外輿論撻伐並重創其國際形象，在此同時，美國也積極拉攏被它視為全球反恐戰爭「第二戰線」的東南亞地區，而最關鍵的發展，不啻是和越南關係之實質突破。[682]不過，美國終究在二〇〇五年首屆東亞高峰會中缺席，仍然透露出某種重要警訊，並跟著將中美東亞影響力消長帶入第三階段（二〇〇六至〇八年）；尤其在堅實盟友日本首相小泉純一郎於二〇〇六年下台後，[683]整體戰略情勢開始浮現對美國較不利之發展。例如，早在南韓總統盧武鉉於二〇〇五年提出以「自主國防、自主外交、勢力均衡者外交」等為口號的「盧武鉉主義」新政策後，[684]南韓不僅於同年正式向美國提出收回戰時指揮權問題，一方面美韓同盟關係自此產生質變，從而也影響了美國在東亞影響力的強度，更甚者，不僅小泉的繼任者如安倍、福田與麻生等，紛紛選擇與北京改善關係，中日韓三國決定自二〇〇八年起，於東協框架外單獨召開三邊正式

---

676 U.S. White House, *The National Security Strategy of the United States of America*（Washington DC: U.S. White House, 2002）, p.30.

677 Niall Ferguson and Moritz Schularick, "Chimerica and the Global Asset Market Boom," *International Finance*, 10:3（2007）, pp. 215–239; see also Niall Ferguson, "What Chimerica Hath Wrought," *The American Interest*, 4:3（2009）, pp.119-123.

678 Fred Bergsten, "A Partnership of Equals: How Washington Should Respond to China's Economic Challenge," *Foreign Affairs*, 87:4（2008）, pp.57-69.

679 David Lampton, *Same Bed, Different Dreams: Managing US-China Relations, 1989-2000*（Berkeley: University of California Press, 2001）.

680 蔡東杰，《東亞區域發展的政治經濟學》，頁二四一至二四六。

681 Thomas Lum et al, *China's "Soft Power" in Southeast Asia*（Washington D.C.: U.S. Senate Committee of Foreign Relations, 2008）, p.2.

高峰會，對區域合作進程而言亦可謂一大轉捩點，加上同年底爆發的全球金融海嘯，重創了作為世界體系核心的美國與西歐地區，伯格斯坦甚至提出前述「G2」概念，主張中美兩國應建立平等協商領導全球經濟事務的模式，這些都影響了周邊國家的政策思考。當然，中國藉由主辦二〇〇八年夏季奧運會增加之國際影響力亦不容小覷。

正因中國崛起對美國霸權之威脅愈發明顯，二〇〇九年希拉蕊在就任美國新國務卿後，不但選擇東亞地區做為出訪首站（這也是一九六〇年代以來，美國國務卿首次將首次出訪地選在亞洲），同年底更高調宣布美國將「重返亞洲」，從而讓美中互動進入了第四階段（二〇〇九至一六）。以二〇一〇年南韓爆發「天安艦事件」作為契機，美國一方面開始啟動大規模的「演習外交」，同年底召開的東協高峰會決定讓美國與俄羅斯加入東亞高峰會，更使美國有機會填補自二〇〇五年以來的參與真空，亦象徵著其「重返亞洲」政策獲得區域內國家之正面肯定；相對地，無論是正面回應自身崛起或反制美國圍堵，中國大陸在二〇一五年召開「一帶一路建設工作會議」並通過《推動共建絲綢之路經濟帶和廿一世紀海上絲綢之路的願景與行動》白皮書，加上年底亞洲基礎設施投資銀行（AIIB）正式生效，既進一步推升了雙邊互動的熱度，隨著川普於二〇一七年正式就任新總統，也讓美中區域互動進入第五階段拉鋸戰，至於二〇一八年爆發之貿易戰則無疑是雙方對峙之某種「直球對決」，後續發展值得審慎觀察。

美中台三邊關係之挑戰　尤其從近期發展趨勢看來，美中台關係確實愈來愈無法適用所謂戰略三角理論來詮釋；如前所述，非但無論美台關係抑或兩岸關係，都受制於中美關係這組獨立變數，隨著兩岸能量對比拉大，台灣在此一「擬多邊」結構中的反操作空間也益形縮小。由於在「3T」問題（西藏、台灣與貿易）上未能形成共識，儘管在氣候變遷、國際反恐、防止核子擴散等議題存在部分合作空間，美中關係由「戰略合作」轉而傾向以「戰略競爭」為主，已愈來愈成為新現實。進言之，美中關係目前正處於不確定的尷尬時期；一方面不斷爆發的衝突，顯示雙方很難建立起真正的合作框架，但深陷複雜經濟互賴的現實，[685]似也暗示直接軍事對抗之不可能。據此，兩國當下存在的乃是某種既非熱戰，也非冷戰，或許可稱為「溫戰」（tepid war）的狀態。

儘管自一九九〇年代以來，由於中共外交逐漸由「反霸」趨於隱性「稱霸」，迫使美國在一九九四年公佈《對台政策檢討報告》後，一九九六年甚至公開介入台海飛彈危機，但在奈伊（Joseph Nye, Jr.）建議美國採取「戰術模糊」政策後，隨後浮出之「中程協議」概念，[686]仍使美

682 例如越南在二〇〇二年首次以軍事觀察員身分參與「金色眼鏡蛇聯合軍演」後，其國防部長在二〇〇三年底訪美，隨後美國軍艦也在越戰結束後首次訪問越南，接著在二〇〇五年，潘文凱更成為自一九七五年以來首位訪問美國的越南領導人。

683 麥考馬克（Gavan McCormack）著，于占杰、許春山譯，《附庸國：美國懷抱中的日本》（北京：社會科學文獻出版社，二〇〇八年），頁二三九至二四〇；有關美日互動在小泉時期的發展，同時參見黃大慧，《日本大國化趨勢與中日關係》（北京：社會科學文獻出版社，二〇〇八年），頁一六九至一七三。

684 李敦球，《戰後朝韓關係與東北亞格局》（北京：新華出版社，二〇〇七年），頁三一二至三二〇。

台關係在一九九八至二〇〇六年間，從一九七九年以來的「持續性準同盟」進入了某種「介入性次同盟」狀態，[687]這暗示美國自我設定之戰略位置雖仍然位於兩岸間，角色卻已顯著弱化。

在此新的互動時期中，雖有一九九九年的《台灣安全加強法》與二〇〇一年小布希上台後將北京視為「戰略競爭者」之發展，似乎拉近了美台關係，但在美國接連發動阿富汗戰爭與伊拉克戰爭後，二〇〇二年的《大中東計畫》既確認了華府將此地利益視為最高優先，二〇〇三年啟動的「六方會談」將主場置於北京，亦暗示美國試圖透過某種妥協（甚至交易）來安撫中共，以便集中能量來處理中東事務。在此情況下，即便二〇〇〇年上台的陳水扁努力與華府互動，小布希也曾在二〇〇一年公開宣稱，「美國很清楚有義務要保衛台灣，中國必須瞭解這一點」，畢竟此時白宮團隊中，鮮少有成員真正關注台灣議題（雖然它跟中國政策具自然連動性），加上當時民進黨執政團隊缺乏對美工作經驗，在美國另有焦點且或許溝通不良之影響下，尤其陳水扁在二〇〇三年宣示將推動公投之舉，在傷害美台互信之餘，也讓雙方關係急轉直下。陳水扁雖在二〇〇四年成功連任，台灣也只能延續並擴大二〇〇二年以來的「烽火外交」，不斷以衝撞方式來面對外交孤立窘境。

隨著二〇〇五至〇六年間，國內房產泡沫化蠢蠢欲動，次貸風暴大有山雨欲來風滿樓之態勢，且伊拉克戰場之泥沼化亦愈發明顯，此時華府施政重心既開始往內政議題收縮，外交「維穩」需求亦更加迫切。據此，美國一方面努力在二〇〇七年六方會談第六輪談判中獲致結論，美台互動也開始朝「調停性次同盟」方向演進，例如智庫蘭德公司在同年一份《台灣問題解決後之美中關係》研究報告中，便暗示美國應選擇某種「折衷方案」（以台灣自我節制獨立企圖為前提，推動兩岸簽署和平協議），[688]換言之，美國在台海問題中的角色已愈來愈從「介入者」轉向「誠實中間人」（honest broker）邁進。在馬英九於二〇〇八年上台後，其「趨統」立場雖然未必符合美國利益，至少「不統、不獨、不武」之政策宣示與華府此際想法有若合符節之處，從而讓台灣在美中之間得以維持微妙的平衡關係，亦為自身創造不少有利環境，但在享受和平紅利並樂觀地視其為理所當然時，情勢卻悄悄將台灣推向兩大之間難為小的新困境當中。

對台灣來說，由於當前東亞戰略環境中的兩個主要競爭者，同時是潛在假想敵（中國大

---

685 Zachary Karabell, Superfusion: *How China and America Became One Economy and Why the World's Prosperity Depend on It*（New York: Simon & Schuster, 2009）.

686 密西根大學教授李侃如（Kenneth Lieberthal，一九九八至二〇〇〇年擔任白宮國家安全委員會亞太事務資深專家）在一九九八年首次提出「中程協議」（Interim Agreement）之概念倡議後，包括國務院前亞太助卿陸士達（Stanley Roth）、前美國在台協會台北處長張戴佑（Darry N. Johnson）以及美國喬治華盛頓大學教授何漢理（Harry Harding）等，也曾先後詮釋過類似概念。主要是以「台灣不獨，大陸不武」作為政治前提，由兩岸擬出一個二十至三十年之穩定框架。

687 此處所謂持續性準同盟（sustainable quasi-alliance），指的是美台之間雖無名義上的同盟關係，但在美國主導下與同盟其實相距不遠，介入性次同盟（intervening sub-alliance）則是指美台戰略距離拉遠，美國甚至傾向以局外者（outsider）角度來切入台灣問題，至於下文所稱調停性次同盟（mediating sub-alliance）則顯示美國更具中間人（broker）角色，進一步淡化盟邦或夥伴色彩。

688 Roger Cliff and David A. Shlapak, *US-China Relations after Resolution of Taiwan's Status*（Santa Monica: RAND, 2007）, p.10.

陸）與主要外援來源（美國），其博弈結果將與自身安全未來休戚相關。對此，台灣長期所採取「略為向美國傾斜的等距外交」雖具一定說服力，隨著中國能量與影響力持續提升，台灣的利益勢將受到挑戰。[689]不僅巴尼特（Thomas Barnett）早在二〇〇五年便指出，美國盡一切代價保衛台灣的作法不但「並非一個可行戰略」，甚至是「扼殺這個時代全球化」的過程，「台灣很明顯不值得我們付出這個代價」，[690]尤其中國經濟總量在二〇一〇至一一年間一舉超越日本躍升世界第二，加上遼寧號正式下水海試，例如卡普蘭（Robert Kaplan）便認為，大約到了二〇二〇年左右，美國將無法具足夠能力保證臺灣的安全，[691]肯恩（Paul V. Kane）甚至建議，美國政府應思考犧牲台灣，以交換中國大陸在美國政府公債問題上的讓步。[692]除此之外，前美國在台協會主席白樂崎（Nat Bellocchi）雖然公開駁斥格拉瑟（Charles Glaser）建議美國不妨接受讓北京接管台灣以迴避不必要霸權戰爭的看法，[693]攻勢現實主義學者米爾斯海默（John Mearsheimer）仍於二〇一四年公開倡言美國應對台灣「說再見」。[694]此種看法在進一步擠壓戰略空間之餘，也一度帶來繼一九四九年兩岸分治與一九七九年中美建交以來，台灣第三次面臨之高度戰略危險期。

無論如何，自二〇一六年十二月在當選後與蔡英文總統通話，創下台美自一九七九年斷交三十七年以來，首度有美國總統當選人和中華民國總統直接通話的紀錄後，川普不僅於二〇一八年三月簽署《台灣旅行法》，接著在八月批准《二〇一九年度國防授權法案》，內容包括支持加強美台軍事合作、擴大聯合軍事訓練、對台軍售、安全合作及加強台灣自我防衛能力等，同年底批准之《亞洲再保證倡議法》則支持對台灣軍售常態化並增進雙邊外交及國防接觸。對台灣來說，這些發展不啻有「春燕歸來」的感受，同時讓二〇一六年起的美台關係，浮現從「調停性次同盟」轉回類似一九九八至二〇〇六年間「介入性次同盟」狀態之跡象。

事實上，在此一美台關係之新階段中，美國國會不僅在二〇一六年決議以書面形式表達〈六項保證〉，在二〇一七至一八年約莫一年之內，又密集提出了八項所謂「友台法案」（雖未必皆直接且單獨涉及台灣），其中，除《台灣旅行法》與《台灣國際參與法》外，幾乎都與國防安全議題相關；儘管多數法案仍處於審議階段，這些由國會提案之內容都強調根據《台灣關係法》與〈六項保證〉等，建議白宮應設置特別委員會，全面評估台灣目前的國防建設狀

689 Denny Roy, "Prospects for Taiwan Maintaining Its Autonomy under Chinese Pressure," *Asian Survey*, 57:6（2017）, pp.1135-1158

690 巴尼特（Thomas P.M. Barnett）著，孫學峰等譯，《大視野，大戰略：縮小斷層帶的新思維》（北京：世界知識出版社，二〇〇九年），頁一二八至一二九。

691 Robert Kaplan, "A Power Shift in Asia," *Washington Post, September* 23, 2011; http://www.washingtonpost.com/opinions/a-power-shift-in-asia/2011/09/23/gIQAhIdjrK_story.html

692 Paul V. Kane, "To Save Our Economy, Ditch Taiwan," *The New York Times,* November 10, 2011; http://www.nytimes.com/2011/11/11/opinion/to-save-our-economy-ditch-taiwan.htm

693 Charles Glaser, "Will China' s Rise Lead to War," *Foreign Affairs*, 90:2（2011）, pp.80-91.

694 John J. Mearsheimer, "Say Goodbye to Taiwan," *National Interest*, March-April 2014, pp.29-39.

況，加強對提升台灣防衛的承諾，並協助具體改善台灣的軍事能力。可以這麼說，這些進展既受美中關係本質變化影響，與二〇一六年台灣政黨輪替後，由於民進黨上台以致兩岸關係再度陷入冰點也不無關係。

在日本防衛省二〇一七年版的《中國安全戰略報告》中，也特別以「不斷變化的中台關係」為題，指出在面對近年中國崛起形勢時，美國內部在激烈爭論下產生了以下三項選項，亦即：放棄台灣、加強與台灣關係、維持現狀。據此，認為美國應該減少或完全收回承諾之「棄台論」雖應運而生，川普上台後一連串「友台」作為似乎抵銷了「棄台」議題之發酵，至於美中隨後之對峙激化，則讓日本在二〇一八年版報告中改以「站在岔路口的美中關係」為題，認為雙方在亞太將環繞北韓、南海、台灣等三個議題展開戰略博弈，並指出台灣「始終是美中關係的核心問題」。

不確定之世界均勢

美國觀點中的美國霸權　隨著二十一世紀將近走完五分之一，即便關於美國霸權「相對衰退」之討論依舊不絕於耳，其「無敵」仍可從下列四個角度獲得驗證，包括：投射範圍涵蓋全球之無遠弗屆的軍事能力、繼續坐穩龍頭的總體經濟能量、藉助第三波工業革命得以更上層樓的科技優勢，以及透過好萊塢強力加持之庸俗大眾文化。換言之，無論對美國霸權面貌有著正反之殊異評價，沒有人能否認它還是當前無疑的世界領導者。儘管如此，即便到後冷戰時期，由於蘇聯崩解，美國看似獨坐在權力金字塔頂端，「不對稱戰爭」的威脅與陰霾也隨著全球化浪潮與科技革命而瀰漫開來，最後終於在二〇〇一年的九一一事件裡成為現實。

唯一可確認的是，無論美國未來向上提升或朝下沉淪，都會對世界造成無法忽視的影響。對此，在柯林頓政府時期擔任過國防部助理部長的哈佛學者奈伊，曾在一九九〇年出版了《責無旁貸的領導》一書，不僅極力反駁美國霸權即將衰落的論點，甚至由於美國仍無可避免是全球最強大國家，因此應無可懈怠地繼續負起領導責任；不過，在九一一事件爆發後，他隨即在二〇〇二年出版了《美國霸權的矛盾與未來》，[695]從該書副標題「何以單一超強無法專斷獨行」看來，奈伊顯然對美國所擁有權力與實際影響力之間的落差，以及雖想領導卻又力不從心的困境深有感觸。如同《經濟學人》對小布希政策的評論，「美國正採取平行式的單極主義，也就是只有在對美國有利時才願意遵守國際規範，否則便準備用政策來加以對抗或限制」；奈伊認為，正是這自我矛盾情況戕害了美國的「柔性權力」，並導致其陷入霸權發展的困境。奈伊進一步指出，「所謂衰落這個名詞涵蓋兩個不同的層面，一是因為本身的衰敗所造成的絕對

695 Joseph S. Nye, Jr., *Bound to Lead: The Changing Nature Of American Power* (New York: Basic Books, 1990) ; *The Paradox of American Power: Why the World's Only Superpower Can't Go It Alone* (New York: Oxford University Press, 2002) ; *Soft Power: The Means To Success In World Politics* (New York: Public Affairs, 2005) .

696 Joseph S. Nye, Jr., *The Future of Power* (New York: Public Affairs, 2011) .

697 David Roche, "Another Empire Bites the Dust," *Far Eastern Economic Review*, 171:8 (2008) , p.11.

698 Joseph S. Nye, Jr., *Is the American Century Over?* (London: Polity Press, 2015) .

衰落，一是由於喪失有效使用自身資源的能力，在其他國家更有效運用資源的情況下，帶來相對衰落」，[696]充分顯現對美國「恨鐵不成鋼」的感受。即便隨著金融海嘯爆發，「華爾街的崩毀似乎預示了全球結構的變遷，亦即美國終於衰落了，自此，權力一度臻於巔峰的偉大帝國與文明，已然成為歷史紀念碑」，[697]奈伊依舊在二〇一五自問「美國世紀果真終結了嗎」，並努力為美國找出一條通往未來的道路。[698]

相較奈伊永不放棄之「無可救藥的樂觀主義」，索羅斯雖曾肯定奈伊的看法，卻也在二〇〇三年寫了《美國霸權的泡沫化》，[699]希望重新思考美國的角色。與奈伊相同的是，索羅斯也認為美國當前遭遇的霸權困境，乃來自過度使用傳統權力手段（特別是軍事行動）的結果；他指出，由於堅持某種粗糙的社會達爾文主義，並且太過誇大透過軍事霸權型態來捍衛國家利益的重要性，致使今日美國義無反顧走上絕路。其實，索羅斯不過回應了甘迺迪在一九八七年《霸權興衰史》書中的論點罷了；後者認為，任何強權都不免走上傾頹的命運，美國也將因過度擴張而導致國力江河日下，至於索羅斯則進一步藉由「泡沫經濟」觀點來詮釋，認定美國早已偏離了理性路徑。

相對奈伊與索羅斯各自站在比較樂觀與悲觀的兩端，曾在卡特政府時期擔任國家安全顧問的布里辛斯基，則在二〇〇四年出版《美國的抉擇》，企圖尋找自己的答案。他首先強調美國跟以往強權所處環境並不相同：相對於過去帝國所控制世界大多與外界隔絕，美國一方面霸權可達全球，本土卻也異常危險，換言之，美國雖是第一個全球性的霸權，卻越來越受到許多實力不強者（恐怖組織或北韓）威脅，致使其人民必須習慣身處危險當中。無論如何，布里辛斯基也承認美國的優勢終將逝去，其消退速度雖可能比某些人希望得慢，但絕對比多數美國人想像得快，重點是，美國霸權變遷並非單單僅是它自己的問題，同時牽動著全球格局的變化；對此，布里辛斯基主張，美國若能做到漸進而有秩序地失去霸權，則可塑造一個更具共同利益的國際社會，並使超國家組織得以取代傳統的國家體系。[700]

嚴格來說，無論奈伊、索羅斯或布里辛斯基，他們其實都沒有完全放棄希望，並將美國霸權的未來繫於其政府的理性程度上，只不過奈伊認為理性應該存在，索羅斯否定理性決策的可能，而布里辛斯基則殷切期盼理性出現罷了。

後美國時代之世界秩序　如前所述，在冷戰終結的最初時刻中，儘管美國自身亦並非毫髮無傷，華府對於繼續維繫一個以美國為中心的霸權秩序，無疑極為樂觀。[701]暫且不論其主觀想法如何，早在二〇〇一年的九一一恐怖攻擊前，柯林頓雖在一九九九年一月於國會演說指出，美國取得之重大進展已為「下一個新的美國世紀奠下重要基礎」，以同年十一月西雅圖世界貿

699 George Soros, *The Bubble of American Supremacy* (New York: Public Affairs, 2003).

700 Zbigniew Brzezinski, *The Choice: Global Domination or Global Leadership* (New York; Basic Books, 2004); *Second Chance: Three Presidents and the Crisis of American Superpower* (New York; Basic Books, 2008).

701 Mortimer B. Zuckerman, "A second American Century," *Foreign Affairs*, 77:3 (1998), pp.18-31.

易組織部長會議開端，[702]在二〇一一年九月「佔領華爾街」運動中臻於高峰的反全球化浪潮，不僅衝擊了後冷戰時期的和平假想，潛藏其中的「反美」隱喻，更直接威脅了美國形塑世界秩序之正當性基礎。

相較於從奈伊到布里辛斯基等學者，偏重於從相對權力結構與理性決策面向，來理解美國霸權現狀並嘗試提出解方，另一群學者則無意為白宮找答案，主要在於客觀勾勒出美國領導權之現實及其可能（或正）遭遇的挑戰。例如，針對白宮於一九九四年首度提出且持續更新所謂「流氓國家」名單，並號召全球進行制裁之舉措，杭士基在二〇〇〇年指出，「一個流氓國家不單是一個犯罪的國家，更是一個違背強權命令的國家，當然，對那些強權而言，他們是豁免於所謂流氓國家稱號的」，[703]由此直指自認為世界秩序捍衛者的美國，或許才是最大的超級流氓國家，於此同時，約翰遜的說法更直率，「我們美國人往往深信自己在世界舞台上是美德的化身，所作所為幾乎都是利人利己的，即使這些做法最終帶來災難，我們還是相信自己的動機是真誠的；儘管如此，愈來愈多證據顯示，在冷戰結束後，美國愈來愈少依賴國際法來推行其政策，而是訴諸威脅、武力和金融投機手段」。[704]至於曾任雷根政府貿易談判代表的普雷斯托維茨，一方面被迫呼應英國《衛報》在二〇〇一年的說法，「美國這個不可或缺的國家，逐漸變得宛若終極流氓國家」，也承認其他國家疏遠美國的速度正益發明顯，美國的海外形象也愈來愈醜陋，[705]尤其在二〇〇二年退出《反彈道飛彈條約》與二〇〇三年發動伊拉克戰爭後，甚至連傳統盟國也紛紛站到美國的對立面。正是因為對此種發展深感擔憂，奈伊才自二〇〇四年起不斷透過所謂「軟權力」論述，試圖勸說華府改弦易轍。

事實證明，陷入單極迷思並汲汲於壓制所有潛在挑戰者的美國，至少暫時無意去面對各種負面批判，且最終在中東戰爭泥沼與國內金融風暴內外夾擊下，被動地迎來了一個新時代。如同札卡瑞亞在二〇〇八年透過《後美國世界》這個聳動書名描述的，目前世界正在經歷一個「群雄並起」（the rise of the rest）的階段，「在政治和軍事層面上，我們仍然處於單一的超強世界裡，但產業、教育、社會、文化等其他面向，則權力正在轉移並逐漸脫離美國支配；這並不表示我們進入了一個反美的世界，而是說我們已邁向一個由許多地區和個人共同界定與監督的後美國世界中」；[706]在這個新時代中，一度傾頹的俄羅斯正重新崛起，歐洲目前步履蹣跚但未來不可小覷，中國實力雄厚且影響勢必無可迴避，日本與印度雖各有內部問題但潛力可觀，

702 Nicholas Guyatt, *Another American Century? The United States and the World after 2000* (New York: Zed Books, 2000), conclusion.

703 Noam Chomsky, Rogue States: *The Rule of Force in World Affairs* (Cambridge, Mass.: South End Press, 2000).

704 Chalmers Johnson, *Blowback: The Costs and Consequences of American Empire* (New York: Metropolitan Books, 2000), pp.216-217.

705 Clyde Prestowitz, *Rogue Nation: American Unilateralism and the Failure of Good Intentions* (New York: Basic Books, 2003), pp.1-2.See also William Blum, *Rogue State: A Guide to the World's Only Superpower* (New York: Common Courage Press, 2000).

706 Fareed Zakaria, *The Post-American World* (New York: W.W. Norton & Co., 2008), pp.4-5.

至於中東、拉丁美洲與非洲等地區儘管缺乏有力競爭者，卻是重要的地緣問題製造來源。[707]正由於前述高度不確定性，布雷默認為目前世界已然進入一個「人人為己」的「零集團」狀態當中。[708]

於此相呼應的是，自習近平上台後，非但其外交部發行之刊物《世界知識》在二〇一三年宣示，中國外交正在從「韜光養晦」向「主動作為」轉變，二〇一四年底習近平在中央外事工作會議上的講話，亦總結指出近期中國外交不僅應「著眼於新形勢新任務，積極推動對外工作理論和實踐創新」，且須把握「當今世界是一個變革的世界，是一個新機遇新挑戰層出不窮的世界，是一個國際體系和國際秩序深度調整的世界，是一個國際力量對比深刻變化並朝著有利於和平與發展方向變化的世界」之視野，據此，《紐約時報》在同年底直指習近平已放棄「韜光養晦」政策的說法，[709]顯然並非完全只憑臆測而來，自此，所謂「世界格局正朝向多極化發展」也屢屢出現在北京對國際情勢之判斷與發言當中。

當然，基於既存霸權地位，依舊維持領先的美國仍握有政策主動權，問題是：該消極或積極一些？是要保守克制、稍安勿躁，抑或主動出擊？如同莎士比亞在《哈姆雷特》劇中的名言，「To be or not to be, that is a question」，當前美國確實陷入某種難以抉擇的兩難處境。

競爭成為美中關係主軸線　即便在可見的來未（最快於二〇三〇年前後），中國之經濟能量確實存在後來居上的可能性，美國在二〇一八年的六千一百億美元國防開支（二〇二四年將增至八千四百二十億之歷史新高），仍為同時期中國一千五百億美元的三點五倍，且相較中國直到二〇一七年才啟用第一個海外基地（非洲吉布地），美國迄今仍擁有遍布世界各地超過三百七十座基地，以及派駐在約一百五十個國家的二十七萬海外駐軍；若論硬實力，北京看來確毫無勝算。

不過，如同奈伊對衰落的兩種觀點一般，或許崛起的定義也有兩種，一是獲致無可匹敵優勢的絕對崛起，其次則是在主要競爭者（或既存領先者）眼中無法忽視的「崛起態勢」，至於所謂無可忽視，主要反映在某種「遏制」作為上。例如，美國所以自二〇〇九年以來，逐漸將戰略重心往東亞轉移，主要便為因應日益明顯的中國崛起態勢及其對自身霸權的潛在威脅。

隨著近年來亞洲各國在經濟、外交與軍事方面與中國愈來愈接近，中國確實有愈來愈自然往區域領導地位靠近的跡象。[710] 尤其從西方式主流權力平衡邏輯看來，由於中國崛起暗示著權

---

707 George Friedman, *The Next Decade: Empire and Republic in a Changing World* (New York: Anchor, 2012).

708 Ian Bremmer, *Every Nation for Itself: Winners and Losers in a G-Zero World* (New York: Penguin, 2012).

709 Jane Perlez, "Leader Asserts China's Growing Role on Global Stage," *New York Times*, December 1, 2014; http://cn.nytimes.com/china/20141201/c01china/en-us/

710 David Shambaugh, "China Engages Asia: Reshaping the Regional Order," *International Security,* 29:3 (2004/05), pp.64-99; Brantley Womack, "China and Southeast Asia: Asymmetry, Leadership and Normalcy," *Pacific Affairs*, 76:4 (2003/04), p.526; Paul H.B. Godwin, "China as Regional Hegemon?" in Jim Rolfe, ed., *The Asia-Pacific Region in Transition* (Honolulu, Hawaii: Asia-Pacific Center for Security Studies, 2004), pp.81-101.

力將重新分配，因此制衡力量（例如中日衝突與美國重返亞洲）的出現既可以想見，所謂「制衡」亦就是強化自身軍事存在，包括強化軍備內容以及對外締結同盟等。[711]事實上，隨著中共自一九八〇年代開始啟動軍事現代化改革後，[712]特別由於海洋戰略所具有之擴張與對外性質，例如在中國自二〇〇八年起派遣護航艦隊前往亞丁灣和索馬利亞海域後，不僅讓華府更加關切其海軍從「近海防禦」往「遠海防禦」過渡之趨勢，無論國防部長潘內塔（Leon Panetta）於二〇一二年「香格里拉對話」（亞洲安全會議）中聲稱，美國海軍艦隊將於二〇二〇年前將主力移轉至太平洋地區，以遂行其「再平衡」亞太新戰略的舉措，抑或美日在二〇一五年通過新版防衛指針，強調無縫接軌並去除過去「周邊有事」對日本之行動障礙等，不啻都充滿了制衡與因應中國崛起之暗示意味。

美國或非完全無的放矢。無論如杭廷頓所言，「中國的歷史、文化、傳統、規模以及經濟活力和自我形象等，都驅使它在東亞尋求一種霸權地位」，[713]還是米爾斯海默所謂「中國將首先尋求在本地區的霸權，然後在去擴張其勢力範圍，最終控制整個世界體系」，[714]這些呈現出西方學界從歷史邏輯或陰謀論角度對於中國區域戰略的判斷，長期以來，多半是種主觀認定下的結果，相對地，自二〇一二年「十八大」以來，關於中國是否放棄「韜光養晦」，轉而更積極於推動大國外交政策，不僅是各方關注焦點，繼二〇一三年習近平在當選國家主席演說中連續九次提及「中國夢」後，一方面外長王毅在二〇一四年將五月主辦亞洲相互協作與信任措施會議（亞信會議）和十一月主辦亞太經濟合作領導人非正式會議，首度冠以「主場外交」之名，自此每年沿用，於此同時則所謂的「中國特色大國外交」也成為官方宣傳重點。更甚者，在一九九七年「十五大」提出「兩個一百年」目標後，「十八大」更進一步確認了目標內容，亦即第一個一百年是在中國共產黨成立百年（二〇二一）時「全面建成小康社會」，第二個一百年則是在建政百年（二〇四九）時「建成富強、民主、文明、和諧的社會主義現代化國家」。

進言之，在北京自信增強與目標明確化背後，既反映出美中差距拉近之主觀計算結果，如同美國國務卿布林肯（Antony Blinken）在二〇二一年上任伊始指出，在應對中國問題方面，美國的基本政策態度是「該競爭就競爭，能夠合作就合作，倘若真得對抗時也絕不迴避」，國安會印太事務協調官坎貝爾（Kurt Campbell）也表示，中美「接觸」時代已然結束，未來主導雙方關係之典範就是「競爭」，面對此種緊繃對峙，中國學者王緝思隨即刊出〈反華陰謀？北

711 JKeir Lieber and Gerard Alexander, "Waiting for Balancing: Why the World is Not Pushing Back?" *International Security,* 30:1（2005）, pp.109-139; James D. Morrow, "Arms Versus Allies: Tradeoffs in the Search for Security," *International Organization*, 47:2（1993）, pp.207-253.

712 JEllis Joffe, *The Chinese Army after Mao*（Cambridge, Mass.: Harvard University Press, 1987）; Paul H.B. Godwin, *The Chinese Defense Establishment: Continuity and Change in the 1980s*（Boulder: Westview Press, 1983）; Larry M. Wortzell, ed., *China's Military Modernization*（New York: Greenwood Press, 1988）.

713 Samuel Huntington, *The Clash of Civilization and the Remaking of the World Order*（New York: Simon & Schuster, 1996）, p.229.

714 John Mearsheimer, "Clash of the Titans," A Debate with Zbigniew Brzezinski on the Rise of China, *Foreign Policy,* 146（2005）, pp.46-49.

京眼中的新華盛頓共識〉一文，[715]強調美國菁英似乎已經逐漸凝聚成一股堪稱「新華盛頓共識」之共同信念，以致美中正捲入一場比冷戰在內的現代史上更為持久的競爭。

台灣議題再度成為全球焦點 從某個角度看來，至少對北京而言，台灣問題絕對是測量美中關係以及美國霸權是否正在衰落的重要溫度計以及最關鍵的觀察指標，尤其在美中權力消長之際，由於華府更積極利用台灣問題進行牽制，美中台三邊關係之質變乃成為可以想見之發展方向。

在一九九六年台海危機後，林霨曾如此描述美中台三邊關係發展：「自尼克森總統訪問中華人民共和國以來，四分之一個世紀過去了，在這段時期中，可以說每件事情都變了，也可以說沒有事情跟以前不一樣；就美中關係而言，各方面都出現極大變化，但談到美台關係，則除了外交禮儀有所不同，其他方面幾乎沒甚麼改變」；這種現象看似矛盾難解，實則凸顯了一個關鍵要素，亦即兩岸關係不僅是美中關係之依變數，直到二十世紀末為止，美國在對中關係上也始終佔據著主導性上風。正因無此，即便華府將一杯「甜美毒酒」貫穿美中三個《公報》，也就是「美國與台灣斷絕外交關係只有一個必要條件，那就是中華人民共和國必須實質上放棄對台灣使用武力」，[716]北京也得忍痛咽下去，《台灣關係法》講得更加直接明瞭，「美國決定和中華人民共和國建立外交關係之舉，乃基於台灣的前途將以和平方式解決此一期望」，這也成為迄今兩邊關係之互動架構基礎所在。

當然，前述基礎既必須以北京的妥協作為前提，而此一妥協又存在三個變數：首先是美蘇冷戰對峙與中蘇共分裂，前者決定了外部環境基本限制，後者則迫使北京必須遷就並配合華府戰略來爭取生存安全；其次是台海軍力平衡，兩岸雖看似土地與人口規模差距甚大，由於台灣提早經濟起飛，一九九二年約二千兩百三十一億美元之國內生產總值幾達中國大陸四千九百五十六億美元之半數，[717]加上長期接受美援與美式裝備，量的方面雖顯劣勢，質的部分仍足以抗衡，根據一九九〇年代推估，解放軍攻台在二〇〇五年以前依舊面對極大風險；最後亦是最重要者，乃美中軍力差距，由於雙方存在著短期內不可能彌補之武力對比鴻溝，即便美國對台灣之安全保障不過「口惠而實不至」，也可達到相當之嚇阻作用。

無論如何，自一九九六年台海危機以來，又過了四分之一世紀。除了冷戰早在危機前便因蘇聯崩解告終，中俄在危機同年建立「戰略協作夥伴關係」後，迄今從經濟至外交層面都存在愈來愈密切之互動，在二〇一二至一七年間推動常態性海上聯合演習之餘，共同「抗美」更

---

715 Wang Jisi, "The Plot Against China? How Beijing Sees the New Washington Consensus," *Foreign Affairs*, 100:4（2021）, pp.48-57.

716 林霨（Arthur Waldron），〈回歸基本面：兩岸關係的美國觀點〉，李潔明等編，《台灣有沒有明天？台海危機美中台關係揭密》（台北：先覺出版，一九九九年），頁三五六、三六一。

717 中國大陸經濟估算在一九八五年以前採取蘇聯式物質平衡表系統（MPS），其後開始與聯合國的國民經濟核算系統（SNA）接軌，一九九二年後始完全轉換。

為其中顯而易見之利益共識；其次，不僅中國大陸在二〇一七年超越十二兆美元之國內生產總值，比起台灣的六千一百億已拉開近二十倍差距，更別說相對台灣自一九九〇年代末以來長期面對軍備更新困境，中共則無論在質或量上都有顯著提升，甚至自二〇〇三年軍備開支更躍升全球第二，僅次於美國（雖差距明顯但不斷拉近當中），據此，兩岸軍力失衡不啻已成既定現實。

特別是在美中關係轉向以「競爭」為主的情境之際，如同現任國安顧問蘇利文（Jake Sullivan）與印太事務協調官坎貝爾（Kurt Campbell）在二〇一九年的看法，「台灣曾是美中關係史上最大的共同成功，但也是一個潛在的導火索」，[718]此種意見確實反映了某種長期歷史現實，至於梅惠琳（Oriana Skylar Mastro）則試圖指出，[719]隨著中國綜合實力崛起且愈發具備自信，對台動武之可能性已愈來愈不能排除，與此類似，非但前新加坡外交官考斯甘（Bilahari Kausikan）表示台灣乃美中關係「最危險」之衝突熱點，澳洲前總理陸克文（Kevin Rudd）也指出，二〇三〇年之前或將進入一個中國認真檢視各種統一台灣選項的新階段。[720]從外交層面來看，因為美中建交致使台灣邦交國數量在一九七九年來到二十二個之谷底窘境，雖然因為兩岸恢復交流在一九九五年一度攀升至三十個，由於李登輝「特殊國與國關係」乃至陳水扁「一邊一國」之傾獨論調，台灣邦交國在二〇〇八年重回二十三個低點，其後雖因馬英九時期推動「活路外交」與兩岸「外交休兵」暫時止跌，由於二〇一六年民進黨再度執政加上美中關係競爭激化之故，此一數字更在二〇二四年來到十二個之史上最低點（相較北京為一百八十四個），儼然浮現

「雪崩」態勢。

隨著兩岸情勢愈發嚴峻，美國外交關係協會（Council on Foreign Relations, CFR）所屬「預防行動中心」二〇一九年首度將「美中因台灣爆發危機」列進其年度衝突預測報告，至二〇二〇年先歸入第二級風險，翌年被提升至最高級優先後，二〇二三年更躍升全球潛在衝突「榜首」位置，[721]於此同時，《經濟學人》（The Economist）在二〇二一年五月封面故事以「地球表面最危險的地方」來描繪當下台灣處境，[722]既非空穴來風，由於二〇二二年美國眾議長裴洛西（Nancy Pelosi）訪台引發北京首度「圍島軍演」更被視為繼一九九六年飛彈危機以來，台灣海峽再度面對另一次戰爭邊緣挑戰。值得注意的是，台灣雖長期做為一枚戰略工具棋子，由於涉及高度敏感之中國「統一」問題，美國在操作上向來極謹慎保守，近來華府在打「台灣牌」上

718 Kurt Campbell and Jake Sullivan, "Competition without Catastrophe: How America Can both Challenge and Coexist with China," *Foreign Affairs*, 98:5 (2019), pp.96-100.

719 Oriana Skylar Mastro, "The Taiwan Temptation: Why Beijing Might Resort to Force," *Foreign Affairs*, 100:4 (2021), pp.58-67.

720 Yen Nee Lee, "Taiwan is the most dangerous flashpoint in U.S.-China relations, says former diplomat," CNBC, June 30, 2021; http://www.cnbc.com/2021/07/01/taiwan-is-most-dangerous-flashpoint-in-us-china-relations-ex-diplomat.html

721 Paul B. Stares, "Preventive Priorities Survey 2023," Center for Preventive Action, CFR, p.6; https://cdn.cfr.org/sites/default/files/report_pdf/CFR_CPA_PPS23.pdf

722 "The Most Dangerous Place on Earth: America and China must work harder to avoid war over the future of Taiwan" *The Economist*, May 1, 2021; http://www.economist.com/leaders/2021/05/01/the-most-dangerous-place-on-earth

顯然頻繁升溫，或意味美國若非已無牌可打，便是選擇兵行險著，值得繼續觀察。

新冷戰下之全球新情勢 展望未來，川普在二〇一八年發起「貿易戰」顯示美國已放棄迂迴間接路線，選擇直接發起對抗，儘管核武依舊制約大國爆發熱戰之可能，但貿易衝突或已驗證所謂「修昔底德假設」，[723]只不過形式並非傳統途徑（軍事對抗）罷了。無論如何，將當前美中關係形容為一場「新冷戰」似乎成為普遍共識。[724]

面對近乎「僵局化」之美中互動，不僅弗格森（Niall Ferguson）在二〇一九年不無悲觀地承認美中「新冷戰」已然揭幕，[725]曾任川普政府貿易顧問的威廉斯（Clete Willems）亦公開表示，「美中之間的緊張關係正急劇升高，我們必須誠實地面對現實，這是新冷戰的開始」；[726]至於美國駐中大使伯恩斯（Nicholas Burns）在二〇二四年聲稱美中競爭乃「一場理念的競爭與戰鬥」（It's a competition of ideas, a battle of ideas），內容關乎於哪一方理念應該引領世界的說法，亦不啻回應了一九四七年杜魯門國情咨文當中將美蘇互動描述為「兩種生活方式競爭」的論調。

至於就白宮之具體作為而言，儘管所謂「我們的目標不是改變中國，而是塑造它所處的戰略環境」，[727]或為二〇二二年拜登政府《印太戰略報告》之核心目標，猶如二〇一九年川普政府版本直指中國影響力擴張乃印太格局變遷之主要原因，新版報告同樣聚焦中國從經濟、外交、軍事、技術等全方位帶來之挑戰，並首度提及最為敏感的台灣問題，承諾將「維護台灣海峽和平與穩定，包括支持台灣自衛能力，以確保台灣的未來能夠和平解決並符合台灣人民意願和最佳利益」，致使許多觀察與分析都從「抗中」角度來理解此份戰略報告。[728]更重要的是，如同長期以來的連動性結構與台灣所處之夾縫性地位，隨著美中互動愈發「競大於合」，兩岸關係既難以樂觀，台灣未來將面對更艱險之外交處境或將難以避免。

總而言之，儘管相較所謂後冷戰時期，美國霸權相對衰退確實帶來某種「多極」面貌與潛在性，美中競爭也再度喚起大家對於冷戰階段美蘇抗衡之印象，畢竟全球格局內涵乃至中國發展之未來仍舊存在諸多不確定變數，下一階段世界面貌之呈現依舊有待時間驗證。

---

723 Graham Allison, “*The Thucydides Trap: Are the U.S. and China Headed for War*,” The Atlantic, September 24, 2015; *Destined for War: Can America and China Escape Thucydides’s Trap*（New York: Houghton Mifflin Harcourt, 2017）.

724 Ho-Fung Hung, *Clash of Empires: From Chimerica to the New Cold War*（New York: Cambridge University Press, 2022）; Ian Williams, *The Fire of the Dragon: China’s New* Cold War（Edinburgh: Birlinn, 2022）.

725 Niall Ferguson, “The New Cold War? It’ s With China, and It Has Already Begun,” New York Times, December 4, 2019; https://cn.nytimes.com/opinion/20191204/china-cold-war/en-us/

726 Yen Nee Lee, “This is the Start of a new Cold War,” CNBC, May 5, 2020; https://www.cnbc.com/2020/05/05/coronavirus-ex-trump-trade-official-clete-willems-on-us-china-tensions.html

727 White House, *Indo-Pacific Strategy of the United States,* p.5.

728 David Brunnstrom and Michael Martina, “U.S. Vows Stepped-up Indo-Pacific Effort in Push Back against China,” Reuters, February 12, 2022; https://www.reuters.com/world/asia-pacific/us-vows-stepped-up-indo-pacific-effort-push-back-against-china-2022-02-11/

後記

個人始終認為，人類歷史發展具有既連續又斷裂的雙重特質；其中，所謂連續指的是「時間」本身的不可能切割，這應該很容易瞭解，至於斷裂，既來自人類「進步」帶來可見發展差異的結果，也基於人類群體在「地理」上的分散與歧異性，亦即大家既慣於各掃門前雪，也很難干預別人的生活。值得注意的是，我們雖偶而會注意到前者，例如在歷史研究中的「分期」概念便是一個例證，後者卻往往受到忽視，尤其西方自近代以來先創造出「一個歐洲」的虛擬歷史後，還推而廣之去形塑「一種人類」的普遍全球史，據此，由於人類被認定身心「都是一樣的」，這意味著交流不應該存在問題，倘使出現某種溝通不良現象，必然是「其中一方」（非西方）無法理解掌握「正確訊息」（主流意識形態）之故。

很顯然，前述看法不僅完全忽略所謂斷裂與差異，更甚者，如果把有問題當成沒問題，其結果當然只能帶來更多解決不完的問題。這或也是過去一個半世紀迄今，人類世界紛爭不斷的主因之一吧。

反過來說，倘若我們正視前述問題，則架設某種「跨越性思考橋梁」便有迫切之必要性。以解讀近代中國為例，首先是如何去建構一道橫跨於被認定迄於清末之古代史與近代史之間的橋樑，這也是本系列第一部《中華帝國》的努力方向，其次，本系列第二部《帝國之翳》則嘗試在中國與所謂西方（從極簡角度看來）之間提供另一道橋樑，至於在一九四九年分治後，理解兩岸關係又何嘗不需要一道橋樑？進一步來說，橋梁之目的既在凸出歧異，更在提醒溝通與理解客觀全局之必要，亦只有接受溝通之必要性，各方之主觀意願才有達成之可能。

除了提供思考橋梁，起自十九世紀中期，處於「大轉變」分界點之清季以來的中國對外關係，一直是個人長期研究興趣；為了重新爬梳二十餘年來的思考與努力結果，個人設定了一個「中國三部曲」的寫作計畫，本書便是其中的第三部。

本書舊作為二〇〇一年出版之《兩岸外交策略與對外關係》，主要特徵在於，無論汗牛充棟的中華人民共和國外交研究，還是卷帙不多的中華民國對外關係研究，描述中雖無法迴避對方，畢竟還是各以自身作為本位，相較起來，本書應該是迄今設法「同步處理」一九四九年以來兩岸對外互動的唯一嘗試，且不論敘述比例很難對稱之挑戰，所以將兩岸外交放在一起討論，乃因事實本即如此。自一九四九年以來，至少到二十世紀末為止，無論北京或台灣，處理兩岸關係都是其外交政策中最關鍵之核心議題，一方面台灣迄今依然，至於近期北京之對外政策雖開始有「去兩岸化」跡象，仍舊未能完全迴避。更甚者，兩岸關係非但長期作為北京與台灣共同聚焦之主軸，由於其時空背景在多數時間中乃美蘇對峙下的兩極冷戰世界，外部結構之制約自然不容忽視，這也是新版書名以「冷戰、霸權秩序與兩岸外交」做為副標題之故，目的在進一步凸顯外在環境對決策內涵之影響，於此同時，由於對象乃某種長期分裂態勢，且中國過去數十年在結構上更經歷了一段明顯深刻之「去古改制」變化，因此，《裂變中國》也成為本書最終決定的書名。

由於與舊作出版相隔逾二十年，除潤飾字句與增添文獻之外，改動幅度超過三分之一以上；如同書名所示，新作之目的乃更多地將兩岸關係鑲嵌進外部結構當中，且隨著冷戰終結、新世紀來臨，乃至另一場新冷戰隱約浮現，究竟目前與可見未來之新結構特徵如何？美國霸權地位有何變化，可能如何影響其自身外交政策？兩岸行為者如何回應這些新的外部結構特徵？我們又該如何去掌握下一階段兩岸外交與全球環境之互動發展？這些都是本書改作之努力方向。

二〇一九年不僅是兩岸分治的第七十個年頭，由於試圖將視野與論述歷史背景往前推至一九一八年，這也代表本書所描繪的是一部「百年史」。在一個世紀的時間中，面對中國種種滄桑變化，除不禁有「眼見它樓塌了，又見它起高樓」之感嘆，在追尋無數前人對中國發展與世局變遷之預測與分析時，更深深覺得學無止境，因為變化的不單單只是中國，過去兩百年來，整個人類世界又何嘗不是經歷了一場無以形容、天翻地覆之顛覆性演化。從某個角度來看，或許只有從更宏觀角度去掌握發展脈絡，才能理解這一連串事件之來龍去脈。

如同法國文學家巴爾札克（Honoré de Balzac）所言，「自滿、自大與輕信，乃人生中必須避開的三大暗礁」，正所謂「盡信書，不如無書」，本書之目的亦僅在分享個人一點小小的學術試驗與心得，至盼能發揮拋磚引玉之效，若引發更多人討論此一議題，誠個人之所衷願也。

The Third of THE CHINA TRILOGY

The Divided China in Transit: Cold War, Hegemonic Order and Cross-Strait Foreign Relations

中國三部曲之三

裂變中國

冷戰、霸權秩序與兩岸外交

作　　者　蔡東杰
編　　輯　龐君豪
封面設計　綻然設計洪紹昌
版面設計　曾美華

發 行 人　曾大福
出版發行　暖暖書屋文化事業股份有限公司
地　　址　台北市大安區青田街 5 巷 13 號
電　　話　886-2-2391-6380　　傳真　886-2-2391-1186
出版日期　2024 年 07 月（初版一刷）
定　　價　480 元

總 經 銷　聯合發行股份有限公司
地址　231 新北市新店區寶橋路 235 巷 6 弄 6 號 2 樓
電話　02-2917-8022　　傳真　02-2915-8614

印　　製　成陽印刷股份有限公司

國家圖書館出版品預行編目 (CIP) 資料

裂變中國 : 冷戰、霸權秩序與兩岸外交 / 蔡東杰著 . -- 初版 .
-- 臺北市 : 暖暖書屋文化事業股份有限公司 , 2024.07

面；　公分

ISBN 978-626-7457-00-9(精裝)

1.CST: 中國外交 2.CST: 國際關係 3.CST: 兩岸關係

574.18　　113003369